Ulrich Mann · Schöpfungsmythen

Die Leuchtkraft des mythischen Lichts reicht nicht
in die letzten Tiefen von Gottes Unendlichkeit hinein,
die uns ewig verschlossen bleiben müssen – zu unserem Heil.
Sie ersetzt auch nicht einfach das Lämpchen
der fleißigen wissenschaftlichen Naturerhellung;
schließlich muß der Physik und der Genetik
ja ihr Freiraum zur Forschung offenbleiben.
Dennoch reicht diese Leuchtkraft ungemein weit, so weit,
daß alles für unser menschliches Existieren Wesentliche
von ihrem Lichtkreis erhellt wird.
Das war schon in primitivsten Verhältnissen so,
aber so ist es heute noch.
Um dies verstehen zu helfen, ist dieses Buch geschrieben.

Buchreihe Symbole

Inhalt

Vom mythischen Denken

Schöpfungsmythen wollen Ur-Kunde vermitteln, sie künden vom geheimnisvollen Ursprung der Welt und also unser selbst. In jeder Religion gibt es solche Kunde, ohne sie gäbe es kein zulängliches Verständnis dessen, was der religiöse Mensch selbst ist und was die Religion sich deshalb von ihm zu fordern anheischig macht; ohne diese Kunde gäbe es aber auch kein Verständnis dessen, was die Gottheit ist, welcher der Mensch dient. Das muß nicht heißen, daß Schöpfungsgeschichten auch dem historischen Ablauf nach schon am Anfang jeder Religionsentwicklung auftauchen; bei den Hochreligionen, welche seit dem Ende des zweiten vorchristlichen Jahrtausends als Stiftungsreligionen auftreten, scheint sogar das Gegenteil die Regel zu sein. So steht am Anfang der Religionsgeschichte Israels, der ältesten unter diesen Religionen, die Bundesstiftung Gottes mit seinem Volk und die Weisung für dieses durch die Thora, und erst später, sozusagen ergänzend und erläuternd, kommen die Schöpfungsberichte hinzu. Der Buddhismus hat seinen Ansatz mit der Lehre vom Ausweg aus dem Zwangsgefüge dieser Welt genommen; das Christentum begann historisch mit dem Ruf zur Umkehr und der Verkündigung vom Nahekommen des Gottesreichs; der Islam hebt an mit der Preisung des »Königs am Tag des Gerichts« und dem Hinweis auf die Barmherzigkeit Gottes gegen die, welche sich jetzt schon dessen erhabenem Willen fügen (Quran Sure 1). Doch folgen dann allenthalben Schöpfungsberichte nach, und das aus innerer Notwendigkeit. Bei den sogenannten »primitiven« Religionen ist naturgemäß ein korrektes historisches Bild vom Zeitpunkt der Ausbildung ausführlicher Schöpfungsmythen mangels schriftlicher Quellen nur schwer oder gar nicht zu gewinnen; feststeht jedoch, daß solche Berichte nirgends völlig fehlen. Schöpfungsmythen gehören zum Grundbestand jeder Religion.

Streit um den Mythos

Der Ausdruck Schöpfungsmythen hat sich in der Religionswissenschaft fest eingebürgert, wenngleich der Begriff der »Schöpfung« selbstverständlich, als vom biblischen Verständnis vorgeprägt, in einer nichttheologischen Disziplin bewußt nur als Chiffre, als andeutendes Kennwort, verwendet wird; darüber kann man sich aber leicht verständigen. Problematischer sieht es allerdings mit dem anderen Teil des Doppelbegriffs aus: Der Begriff des Mythos, angewandt auf die biblischen Schöpfungsberichte, ist im theologischen Bereich noch immer umstritten. Man behilft sich da manchmal mit merkwürdigen Auskünften, etwa mit der auch von Karl Barth vertretenen These, Mythen seien typisch für die nichtbiblischen Religionen, im biblischen Denken aber – das man dann gar noch gern als »nichtreligiös« bezeichnet – könne man höchstens von »Sagen« sprechen, was offenbar einen größeren Wahrheitsgehalt bezeichnen soll. Doch ist das nicht bloß ein innertheologisches Problem. Auch in der Religionsphilosophie, und keineswegs bloß der christlichen, ist der Mythenbegriff nicht unumstritten. Das aber hat eine lange Vorgeschichte; der Streit um den Mythos ist nahezu so alt wie die literarische Verwendung des Begriffs selbst.

Über die langwährende und höchst komplexe Bedeutungsgeschichte sowie über den ursprünglichen Sinn des Wortes Mythos – seine Etymologie – geben die philologischen, philosophischen und theologischen Wörterbücher Auskunft, wir können nur weniges davon streifen. Wesentlich ist, daß Mythos zunächst einmal »Wort« bedeutet, sodann auch eine Geschichte, schließlich die metaphysische Wirklichkeit, die hinter einer solchen Geschichte steht. Früh schon hat sich ein Verständnis herausgebildet, wonach die mythische Geschichte jeweils eigentlich die hinter den Worten stehende »höhere« oder »tiefere« Wirklichkeit meint, die sich nur andeutend, chiffrenhaft bezeichnen läßt, was vor allem bei Platons Mythen deutlich wird: Nachdem der Philosoph zunächst im dialektischen Teil seiner Dialoge darstellt, wie im gesprächshaften Hin und Her der Argumente die falschen, bloßen »Meinungen« zerpflückt werden, läßt er im zweiten, mythischen Teil seinen Helden – Sokrates – ohne weiteren Einwurf die gleichnishaft erzählte, eigentliche, »ideale« Wirklichkeit vortragen. Hier zeigt sich erst richtig in vollkommener, klassisch gültiger Ausprägung Platons einzigartige Dichterkraft, aber, mehr noch, seine geradezu seherische Wirklichkeitserfassung, die aber doch immer auch ihren Platz in der Gesprächsrunde kritischer Philosophen sich zu wahren weiß. Es gibt eben Wahrheiten, die nur mythisch berichtet und bezeugt werden können, und

Platons Mythen geben niemals den Anspruch preis, philosophisch gültige Wahrheiten zu vertreten, so zu vertreten, wie sie eben kraft ihrer Realität einerseits, kraft ihrer Idealität andererseits bezeugt werden müssen und auch nur bezeugt werden können.

Platon bezeugt aber damit, unwillentlich, auch eine Schwierigkeit, eine »Aporie«, in welche die Mythendeutung gerät, wenn sie sich, wie damals der Fall, einer aufgeklärt-kritischen Mentalität stellen muß. Er, der große Denker des frühen vierten Jahrhunderts, war ursprünglich Tragödiendichter gewesen; die Begegnung mit dem erleuchteten Sokrates bewog ihn, seine poetischen Dramenwerke zu verbrennen und die inzwischen zum unverbindlichen Unterhaltungsstück entartete Tragödie preiszugeben; er verlegte den tragischen Dialog mythischer Gestalten in die Runde aufgeklärter, »sophistischer« und doch der wirklichen »Sophia« – Weisheit – ermangelnder Philosophen. In dieser Grenzsituation zwischen noch lebendiger mythischer Wirklichkeit hier und schon nach der Herrschaft greifender rationalistischer Realitätserfassung da konnte das angehen, ja war es die dem Augenblick voll gemäße Ausdrucksweise für Wahrheiten, die weder in der einen noch in der anderen Sphäre voll aufgingen. Doch das sollte sich rasch ändern. Mit Aristoteles schon mußte die »Wasserscheide«, von der Heinrich Weinstock spricht, überschritten werden: Nunmehr wollte schlechthin alles in völlig rationalen Begriffen ausgesagt werden; das Mythische galt als unscharf, verschwommen, ja schließlich als bloße Phantastik. Rationale Metaphysik statt poetischem Mythos, das war von nun an die Forderung, der sich nicht mehr entziehen konnte, wer den Philosophenmantel zu Recht tragen wollte.

Damit setzt sich nun für lange Zeit jene Auffassung durch, wonach Mythos die Bezeichnung für erfundene Fabelei ist. Dieses Verständnis herrscht auch im Neuen Testament, wo das Wort Mythos ganz im negativen Sinn gebraucht wird (1.Timotheus 1,4; 4,7; Titus 1,14; 2.Petrus 1,16), so daß in Kittels theologischem Wörterbuch zum Stichwort Mythos mit gewissem Recht gesagt werden kann: »Der Logos des NT verträgt sich nicht mit dem Mythos«; wobei freilich anzumerken ist, daß zum einen das Erscheinungsjahr des betreffenden Bandes 1942 eine scharfe Abgrenzung gegen den damals propagandistisch verfälschten Mythenbegriff verständlich macht, zum andern aber der Verfasser des betreffenden Artikels sich ganz am Schluß und sehr behutsam abgesichert doch nicht der Erkenntnis verschließen will, daß auch im Mythos sich Samenkörner des Logos bergen. Diese Konzession ist deshalb unumgänglich, weil sich seit Aufklärung und Romantik ein der Spätantike und dem Mittelalter gegenüber vertieftes Verständnis vom Mythischen angebahnt hat, was ja auch der Grund dafür ist, daß die moderne Religionswissenschaft ohne die Kategorie des Mythos nicht auskommen kann.

Für ein neues Mythenverständnis

Die Geschichte des neueren Mythenverständnisses vom achtzehnten Jahrhundert an wurde von Karl Kerényi durch eine sehr instruktive Textsammlung verdeutlicht; von den aufgerufenen Zeugen seien nur einige wenige Namen genannt: Giambattista Vico, Johann Gottfried Herder, Friedrich Schlegel, Joseph Görres, Friedrich Creuzer, die großen Philosophen Hegel und Schelling, Johann Jakob Bachofen, Max Müller, Wilhelm Wundt, Ernst Cassirer, Walter Friedrich Otto, Carl Gustav Jung und schließlich Kerényi selbst – eine erlauchte Reihe. Es mag genügen, wenn wir, und auch das nur kurz, bei zweien der Genannten nähere Auskunft einholen. Es sind Walter Friedrich Otto und Carl Gustav Jung; beide übten noch bis in unsere Jahrhunderthälfte ihre Lehrtätigkeit aus, ohne einander je zu beachten, und sie hätten doch beide einander so viel zu geben gehabt. Otto ging an das Mythenproblem sozusagen von außen heran, von der klassischen Philologie und Religionsgeschichte aus, Jung von innen her, von der archetypischen Wirklichkeit des Seelischen aus, dem Instrumentarium des lebendigen Mythos. Erst diese zweifache Perspektive aber führt zum vertieften Verständnis des Mythischen gegenüber der herkömmlichen Geringschätzung; die exakt philologische und religionswissenschaftliche Methode erstellt die feste historische Basis des Faktenbestands, die tiefenpsychologische Methode läßt die eigenartige Kraft des Mythischen erst voll verständlich werden.

Otto geht aus vom Vergleich der Bedeutungsgehalte, welche den verschiedenen griechischen Begriffen für »Wort« innewohnen. Logos, Epos, Rhema, Mythos – alles kann mit dem deutschen Begriff Wort übersetzt werden, doch jeder dieser Ausdrücke meint etwas Besonderes. Am deutlichsten wird es beim Vergleich von Logos und Mythos. Meint Logos, in seiner ursprünglichsten Bedeutung, das vorbedachte, auf ein konkretes Ziel ausgerichtete Sagen, so Mythos das Reden vom Woher, vom Grund, vom Ursprung und vom eigentlichen Sinn des Seins, dem ersten und somit natürlich auch dem letzten Sinn. Logos zielt auf konkret-praktische Zwecke, Mythos dagegen vermittelt einen ganzheitlichen, wir können geradezu sagen religiösen Sinn. Das gilt freilich nur für den ursprünglichen Bedeutungsgehalt. Auch der Logosbegriff hat dann, schon bei Heraklit und später in der stoischen Philosophie bis hin zum johanneischen Begriffsverständnis, einen durch und durch religiösen Sinn erhalten: Logos tritt also in jene Rolle ein, die ursprünglich dem Wort Mythos vorbehalten war, wogegen Mythos eben dann das bloß Phantastische bezeichnete.

Dazu kommt ein Zweites. Otto stützt sich auf Forschungen des Religionshistorikers Raffaele Pettazzoni, der deutlich gemacht hat, daß sogenannte »primitive« Volksgruppen ein sehr klares Bewußtsein davon haben, was eine sich chiffrenhaft ausdrückende Bildrede ist, eine Metapher oder Fabel, der auch durchaus ein Wahrheitsgehalt innewohnen mag, den man anders eben nicht vortragen kann, und andererseits eine Kunde – »Sage« –, die wirklich das Prädikat des Mythischen verdient. Das läßt sich an einem eindeutigen Sachverhalt ablesen. Mythisch im Vollsinn ist nur, was sich unmittelbar in religiösem Tun auswirkt, sprich: in einem rituellen Verhalten. »Echter Mythos« – so nennt ihn Otto im Unterschied zur bloßen Fabel – ist nur da, wo ihm ein Kult entspricht.

Wollte man sich bei Otto erkundigen, woher denn der »echte Mythos« seine kultbildende Kraft habe oder, noch schärfer, woher er denn eigentlich komme, so würde, vereinfacht, die Auskunft lauten, sein Ursprung liege in der Offenbarung jener Wirklichkeitsmächte, die heute wie je das Dasein bestimmen und die in der Antike mit Götternamen bedacht wurden, welche nicht mehr vergessen werden können. Otto beruft sich also letztlich auf Metaphysik und Theologie, und zwar jene eigentümliche, die typisch für Ottos ganzes Denken war. Tiefenpsychologische Deutungen weist er weit von sich. Das ist zu bedauern, denn gerade hier hätte er nicht vorschnell ausweichen sollen. Die Tiefenpsychologie C. G. Jungs hat nämlich keineswegs die Absicht, die Otto ihr zuschreibt, das Übermenschliche wegzuerklären und alles in einen innerweltlich total aufgehenden Verstehenszusammenhang aufzulösen. Sie erklärt zwar aus der empirischen Beobachtung des Seelischen gewiß all das, was sich als empirische Gesetzlichkeit erkennen läßt, also beispielsweise was sich neurotisch auswirken muß, wenn es, worauf vor allem Freud hingewiesen hat, gewaltsam »verdrängt« wird. Aber darin erschöpft sich Jungs Tiefenpsychologie keinesfalls wie auch nicht die des Freudianers Erich Fromm. Der Freud-Schüler Jung sieht sich vielmehr, wie auf seine Weise auch Fromm, genötigt, darin über seinen Lehrer hinauszugehen, daß er die nicht mehr empirisch und kausal ableitbaren seelischen Funktionen, wie sie vor allem in der religiösen Mythenbildung wirksam sind, von einer mit äußerster Behutsamkeit vertretenen Ganzheitsschau her verstehbar macht. Es ist eben nicht so, daß Jahwe nur das Projektionsbild einer »Vater-Imago« ist, die durch einen tyrannischen Religionsstifter hervorgerufen wurde und sich dann verfestigt und verewigt hat; Zeus ist nicht bloß die bildhafte Projektion der frühen Polisordnung, Athena nicht bloß die neu aufstrahlende Vernunft, und so fort. All das ist gewiß mit im Spiel, aber eben nur mit, nicht allein.

Freud selbst hat natürlich nicht so primitiv gedacht, wie wir es hier karikierend andeuteten, aber in der Freudschule kommt es weithin doch schließlich auf derartiges hinaus, und daran ist der große Lehrer nicht ganz unschuldig. Deshalb mußte Jung weitere Horizonte erschließen. Wir gebrauchten das Wort Ganzheitsschau. Dieser Begriff ist in der Tat für das Verstehen von Jungs Denken unentbehrlich. Wir halten uns dabei zunächst vor Augen, daß Ganzheit ein Grenzbegriff ist, was ja allein aus der Überlegung hervorgeht, daß ich »das Ganze« niemals als einen mir gegebenen, vor Augen liegenden Gegenstand untersuchen kann, weil zum Ganzen auf jeden Fall ich selbst als Untersuchender mit hinzugehöre. So bin ich also beim Denken über das Ganze selbst mit betroffen. Ich kann aber auch keine Grenzen des Ganzen nach außen hin erkennen, denn das Ganze wäre nicht das Ganze, gäbe es

Grenzen, hinter denen noch irgend etwas oder auch das sogenannte Nichts läge, zumal ja auch das reine Nichts gar nicht denkbar ist. Dennoch muß Ganzheit unabdingbar gedacht werden, wenigstens als Idee – Kant würde sagen als »regulatives Prinzip« –, jeder Mensch hat ein solches Verständnis vom Sein, von der Wirklichkeit als der schlechthinnigen Ganzheit, und so ist es immer schon gewesen. Dies ist ein nicht zu verdrängendes Urbedürfnis der Seele; diese muß einfach Ganzheit denken.

Mythos und Ganzheit

Wir dürfen ein solches Ganzheitsdenken freilich nicht kurzschlüssig am Weltbild der Naturwissenschaft orientieren, denn das ergäbe entweder eine verkehrte Naturwissenschaft oder eine verkehrte Philosophie. Eine verkehrte Naturwissenschaft: Diese ist nämlich auf empirische, exakte Forschung begrenzt, und in deren Horizont kommt Ganzheit nicht vor; käme sie vor, so müßte Naturwissenschaft sofort aufhören zu forschen, weil ja damit das Ganze schon erforscht wäre. Das Erforschtsein kann jedoch immer nur für Teilgebiete gelten, aber niemals sich auf den wirklichen Sinn von Ganzheit als Grenzbegriff beziehen – man muß dabei nur wieder daran denken, daß ich als Forschender dann ja auch mich selbst zur Gänze »erforscht« haben würde, was doch nur ein Banause behaupten könnte. Eine verkehrte Philosophie: denn Atome und Galaxien, selbst wenn sie, »theoretisch« wenigstens, in ihrer Totalität bekannt wären, wären deshalb doch immer noch nicht die »ganze« Wirklichkeit, das Sein; mindestens wäre diese Philosophie ja dann auch die Auskunft schuldig, woher denn die Atome und Galaxien kommen, denn auch deren *Zeit* gehört mit zur Ganzheit, deren Zeit in der Vergangenheit wie auch in der Zukunft. Eine solche Philosophie müßte dann sinnvoll vom Ursprung und Ziel des Weltganzen zu sprechen vermögen, aber, wohlgemerkt, dabei das Weltganze mit seiner gesamten Sinntendenz gleich vorweg und undiskutierbar als ein rein materielles und als solches exakt erforschbares ausgeben, wie das allerdings in der Vulgärphilosophie des dialektischen Materialismus tatsächlich der Fall ist. Darin geht aber schon die äußere Natur nicht auf – wovon noch mehr zu sagen sein wird –, und erst recht nicht jene innere Welt, die wir »Psyche« nennen; wiederum ein letztlich unermeßliches »Ganzes«, die Psyche, von der das forschende naturwissenschaftliche Denken nur ein begrenzter Teil ist; und hierbei ist noch besonders zu bedenken, daß ja eine Grunderkenntnis der modernen Physik darin liegt, daß das Erforschen den erforschten Gegenstand selbst verändert, den wir also nie »rein«, nie »an sich« zu Gesicht bekommen – wieder bleibt da ein Rest, der von Ganzheit zu reden verbietet.

Ganzheit selbst hat keine Grenze, sonst wäre sie nicht Ganzheit; aber Ganzheit umschließt zahllose Abgrenzungen, die nicht übersehen oder verletzt werden dürfen, soll das Denken nicht heillos in die Irre führen. Die beiden geschilderten Verirrungen lassen sich grundsätzlich als schlimme Grenzverkennungen, Grenzmißachtungen oder gar Grenzverletzungen beschreiben, und es darf jetzt schon gesagt werden, daß aus solchen Grenzverstößen die ganze Misere unseres heute so gestörten Verhältnisses zur Natur und Geschichte und Seele stammt; darüber gleich noch mehr. Bei der verkehrten Natursicht – deren sich übrigens die Naturwissenschaftler vom Fach und von Rang im allgemeinen am wenigsten schuldig machen –, bei dem Flachsinn, der uns zu den unsinnigsten Umweltzerstörungen verleitet, handelt es sich um die Verletzung jener Grenze, die zwischen dem exakt naturwissenschaftlichen und dem mythischen Denken verläuft. Man annektiert dabei einfach den Bereich des Mythischen und behauptet, ihn rational zur Gänze ausleuchten zu können, indem man ihn als »primitiv« abstempelt, um ihn damit als Überbleibsel archaischer Denkweisen ins Museum abzuschieben. Bei der verkehrten Philosophie – verdient sie diesen Ehrentitel überhaupt? – handelt es sich um die Verletzung eben derselben Grenze, nur hier ins Geisteswissenschaftliche übertragen, das heißt: Man verstößt in unverzeihlicher Weise gegen die Sicherungslinien, mit denen Kant unzulässige »Erschleichungen« der bloßen Vernunft zu verhindern wußte, man gibt als »metaphysische« Wirklichkeit aus, was nur Idee ist. Das geschah damals, indem man beispielsweise Gott rational beweisen wollte; das hat Kant widerlegt, aber nicht etwa um Gottes Existenz rational zu widerlegen, was ebenfalls eine solche Erschleichung wäre, sondern »um zum Glauben Platz zu bekommen«. Heute dagegen setzt man mit der gleichen unverfrorenen Erschleichungsmethode die »Materie« – was immer das sein mag – in den Rang der letztgültigen, absoluten Wirklichkeit ein und vergottet sie damit; und das, darin liegt der eigentliche Trugschluß, indem man eben dies als rational beweisbar ausgibt. In all diesen Fällen hat man als Ganzheit ausgegeben, was nicht Ganzheit ist.

Wir wollen mit diesen unseren Erwägungen ja keinesfalls beanstanden, daß exakte Naturwissenschaft sich ein Bild davon macht, wie das Ganze nach dem jeweiligen Stand ihrer Forschung etwa beschaffen sein könnte; aber sie wird das behutsam, chiffrenhaft andeutend tun, etwa nach den Richtlinien, die Werner Heisenberg in seinem schon klassisch zu nennenden Werk »Der Teil und das Ganze« aufzeigt. Das gleiche gilt auch für die Philosophie, der wir durchaus nicht zumuten, sich auf Dauer mit den heute üblichen Begriffsanalysen zu begnügen, die gewiß wichtig sind, aber doch auch nicht allzu wichtig; eine ihren Namen verdienende Philosophie muß, um es wieder mit Kant auszudrücken, sagen können, was sich unter den letztgültigen »regulativen Prinzipien« Seele, Welt und Gott eigentlich denken lasse. Sie muß also letztlich ihr Denken auf den Gott der Philosophen, auf den »Deus philosophorum« ausrichten, mag sie dabei auch, mit Wilhelm Weischedel, sich mit dem Prinzip der »radikalen Fraglichkeit« begnügen müssen: Was fraglich ist, das bleibt immerhin des Fragens würdig, und dies nun also im radikalen Sinn, negativ sowohl wie positiv. Mehr noch dürfen wir uns dabei an Martin Heidegger halten, der in seinen späteren Schriften geradezu das »dichterische Sagen des Seins« fordert und auch meisterhaft zeigt, wie man das macht. Hier wird gültig dargelegt, wie Grenzen respektiert werden müssen, aber auch, wie und wo und wann man sie, mit dem gehörigen und wohlausgewiesenen Respekt versteht sich, überschreiten darf, ja überschreiten muß.

Aber bei all dem bleibt die Philosophie doch immer noch in einem vorletzten Bereich stehen. Sie hat es mit Ganzheit zu tun, daran kann kein Zweifel sein. Aber sie muß es doch einer anderen Instanz überlassen, Ganzheit im vollen und ganzen Sinn zu vermitteln. Philosophie kann Ganzheit im chiffrenhaften Denken anvisieren, aber sie zum Erlebnis zu bringen, das ist nicht ihr Auftrag. Jene andere Instanz, die wir hier in den Blick bekommen, ist die Religion.

Philosophie stellt immerhin denkende Beziehung zum Ganzen her, gewiß; Religion aber vermittelt »ganzheitliche Beziehung zum Ganzen« – so habe ich es in mehreren Veröffentlichungen formuliert und erläutert. Ganzheitlich, das meint eben nicht bloß das Denken, wiewohl dies gewiß auch: Religion ist in unserer Zeit gerufen, »denkende Religion« zu sein (Carl Heinz Ratschow) und als solche das zu werden, was wir Hochreligion nennen; ganzheitlich, das bezieht sich ebenso auf das Gefühl, das Empfinden und das Intuieren (C. G. Jung), es greift in den tiefsten Seelengrund hinein und hinab, und es wirkt sich schließlich bis ins Leibliche hinein aus. Bis ins Leibliche: Selbst der ritenarm gewordene Protestantismus verzichtet nicht auf das andächtige Sich-Erheben beim Verlesen des Evangeliums und auf das demütige Händefalten beim Gebet. Er hat es nur noch nicht gemerkt, sollte es aber endlich lernen, daß den alten, ihm zu veräußerlicht erscheinenden Gesten und Riten wie dem prozessionalen Schreiten, dem Sich-Niederwerfen, dem Sich-Verhüllen und Sich-Öffnen, dem Erheben der Hände unentbehrliche Elemente religiösen Existierens innewohnten. Alte Sitten lassen sich zwar nicht imitieren im Sinn einer äußerlichen Nachahmung, können aber sehr wohl in einer durchaus unspektakulären Weise geübt und gepflegt werden, und das mitten im Alltag unserer technisierten Welt, so etwa als andächtig aufnehmendes Stehen und Gehen, Sitzen und Sich-Niederlegen und, vor allem, Atmen; nicht von ungefähr findet ja in kleinen Kreisen aller Konfessionen die östliche Meditationspraxis zunehmend Aufmerksamkeit, insbesondere in jener für uns Abendländer besonders eingängigen Form, wie sie von dem großen Denker und Vermittler östlicher und westlicher Religiosität Karlfried Graf Dürckheim gelehrt wird.

Mythos und Tiefenpsychologie

Wir haben etwas ausgeholt, doch der Umweg war nötig, um an die Stelle zu gelangen, wo C. G. Jung seinen Beitrag zu unserer Thematik einfädelt. Jung hat seine empirischen Forschungen, die durch über 80000(!) schriftlich archivierte

Traumanalysen exakt belegt sind, in einen ganzheitlichen Verstehenshorizont eingefügt. Dieser Verstehenshorizont erschließt uns nun die Innenseite des Mythischen, wie Otto uns, neben vielen anderen Mythenforschern, die Außenseite erschließt. Dabei ergibt sich freilich zunächst eine gewisse Schwierigkeit aus dem Umstand, daß Jung nicht eigentlich viel zum Thema Mythos sagt – Mythos verstanden als religiöses Grundphänomen, wie wir es hier im Auge haben. Für ihn spielt eine weit wichtigere Rolle der Begriff Symbol. Mit ihm müssen wir uns kurz befassen.

Unter Symbol verstehen wir gewöhnlich ein »Zeichen«, das auf irgend etwas hinter ihm liegendes, aber doch zeichenhaft verständliches Anderes hinweist. Ein solches Symbol ist etwa der römische Adler, der auf die Macht, Weitsicht und Hoheit des Imperiums zeichenhaft hinweisen soll – »Wie im Reich der Lüfte König ist der Weih«. Jung unterscheidet jedoch streng zwischen Zeichen und Symbol. Das Zeichen, Signum, Signal, weist auf etwas hin, was es selbst nicht ist; das Symbol jedoch enthält die angedeutete Wirklichkeit schon geheimnisvoll in sich selbst. Ein Symbol, so verstanden, ist zum Beispiel das Abendmahlsbrot und der Abendmahlskelch, jedenfalls nach römisch-katholischer und lutherischer Auffassung, nicht jedoch nach der Zwinglis, der gerade das bloß Zeichenhafte gelten lassen wollte und das Symbolische – im Sinn Jungs – ausschloß.

Jungs Symbolauffassung ist nur verständlich von seiner eigentlichsten Wirklichkeitsentdeckung aus, der Entdeckung der von ihm so genannten »Archetypen«, der »Urbilder« – nach Jacob Burckhardt –, die sich im Traum, aber auch in hellsichtigen Visionen des Wachseins manifestieren. In ihnen erkennt Jung einen, sozusagen »mythischen«, Grundbestand allgemein-menschlichen psychischen Seins. Über alle Zeiten und Zonen hinweg ergibt sich bei vergleichender Prüfung da eine unübersehbare Ähnlichkeit, ja letztlich Gleichheit archetypischer Phänomene, wiewohl – was Jung an einigen Stellen deutlich genug zeigt – je nach zeitlich, geographisch und historisch bedingten verschiedenen Voraussetzungen auch durchaus verschiedene Ausprägungen des Archetypischen vorkommen. Dennoch sind Strukturähnlichkeiten unübersehbar. Das zeigt, daß wir im archetypischen Grund der Psyche auf jenen geheimnisbergenden Nährboden gelangt sind, aus welchem die Bilder und Symbole erwachsen, die sich in Träumen und Visionen manifestieren; aber nicht nur das, sondern die sich schließlich auch in dem Überlieferungsbestand niederschlagen, den wir als das Arsenal des »echten Mythos« philologisch untersuchen können. Hier reichen sich die Kontrahenten Otto und Jung endlich doch die Hand.

Mythos und Symbol sind im Grund eines und dasselbe. Nach Jungs Verständnis ist das Wesentliche am Symbol ja seine Lebendigkeit, das echte Symbol, der Archetypos, löst immer ein Geschehen, also eine Geschichte aus. Das gilt ebenso für Ottos Begriff des »echten« Mythos. Wir können sagen: Mythos ist das Sich-Ereignen der symbolischen Gestalt; Symbol ist die Gestalt des sich mythisch Ereignenden. Und beidemal leuchtet Ganzheit auf, genauer: ganzheitliche Beziehung zum Ganzen! So ist das echte Symbol, ist der echte Mythos der lebensträchtige Keim lebendiger Religion.

Erst dadurch, daß wir Jungs Aspekt von der psychischen »Innenseite« des Mythischen dem Ottos von der »Außenseite« hinzufügen, gewinnen wir jenes zureichende Gesamtverständnis, das uns dazu verhilft, die von Otto mit Recht postulierte »Echtheit« des Mythos in der richtigen Tiefendimension zu erfassen. Das aber heißt im besonderen: Wir können gewiß, im Sinn Ottos, bei einem sehr alten oder sehr fremden Mythos die Echtheit formal daran ermessen, inwieweit diesem ein kultisches Verhalten zugeordnet ist oder auch nicht; aber das allein verhilft uns in einer großen Zahl der Fälle doch nicht dazu, den mythischen Gehalt eines für uns heutige Abendländer meist sehr unzugänglichen Sagenstoffs, etwa des alten Sumer oder der Eskimos, in unserem Innern so nach- und anklingen zu lassen, daß auch wir unmittelbar erspüren: Ja, das ist wirkliche Ur-Kunde vom Sein der Welt und des Menschen, ist Grundwahrheit aus der Sphäre des Göttlichen, die uns heute und hier noch Hilfreiches für die von uns geforderte Lebensbewältigung und Sinnfindung zu sagen hat. Das muß sie aber zu sagen haben, wenn der Mythos »echt« war oder ist. Erst in der Tiefenschicht der Seele befindet sich das sozusagen musikalische Organ, welches solche Klänge aufzunehmen vermag. Diese Musikalität läßt sich nun, zu einem guten Teil wenigstens, durchaus erlernen, sie ist keineswegs bloß Sache einer bestimmten romantischen Veranlagung und dergleichen oder Geheimwissenschaft für Auserwählte; nein, die Archetypenlehre der Tiefenpsychologie läßt sich erlernen, mindestens soweit sie zum Verständnis mythischer Stoffe notwendig ist, und man darf sich dabei getrost daran halten, daß es sich bei diesem archetypischen Faktenbestand um Material handelt, das empirisch exakt geprüft ist, dauernd psychologisch weiterbearbeitet wird und sich therapeutisch in zahllosen Fällen praktisch bewährt. So gesehen ist die Beschäftigung mit Mythen keineswegs bloß eine harmlose Liebhaberei, brauchbar bestenfalls für Quiz-Spiele im Fernsehen; das Sich-Befassen mit alten und fernen Mythenstoffen führt uns unmittelbar in die Tiefe des eigenen Seelengrunds, zu den Wurzeln des Bewußtseins, ja des menschlichen Existierens überhaupt. Der »echte« Mythos erweist sich, bedenkt man seine tiefenpsychologische Realität, als niemals bloß »gemacht«, etwa im Sinn des Marxismus konstruiert von einer unaufgeklärten Priesterkaste mit der Absicht, leichtgläubigen Untertanen das Fürchten und Gehorchen zum Zweck der Ausbeutung beizubringen; der echte Mythos ist vielmehr eine Wahrheit, die unversehens aus der Tiefe aufleuchtet. Er stammt gewiß aus der »Wahrheit, die im Verborgenen liegt« (Psalm 51,8), doch ist diese Verborgenheit nie so groß, daß von ihr überhaupt nichts zu ahnen wäre. Die Echtheit des Mythos läßt sich am eigenen Erspüren immer, wenngleich natürlich immer nur annähernd, nachprüfen. Sie ist also letztlich doch konstatierbar.

Mythos, Sage, Märchen

Wir reden künftig nur von »echten« Mythen. Mythos, so sagten wir schon, ist eine Kunde, einc Sage, eine Geschichtserzählung. Man pflegt zu unterscheiden zwischen den literarischen Formen Mythos, Sage und Märchen. Sage ist nach der gängigen Gliederung vorwiegend bezogen auf historische Vorgänge: So bezieht sich der Sagenstoff der Ilias auf die realen Auseinandersetzungen zwischen dem föderalistisch gegliederten Reich der mykenischen Achaier – den Vorläufern der späteren Griechen – und dem Bund der Dardaner, Hethiter und Kyprier, der einen Verteidigungsschwerpunkt in dem

Stadtstaat Ilion-Troia zu halten suchte; die Sage sagt das freilich so nicht, sie spricht vom Zorn des Achilleus und vom dadurch verschuldeten Tod des Patroklos und von der Schleifung der Leiche Hektors. Die Nibelungensage bezieht sich auf den vom Cheruskerfürsten Arminius erbeuteten Varusschatz, auf einen Frankenfürsten Segifrid, auf die Niederlage des Burgunderkönigs Gundakar gegen die Hunnen und vielleicht auf die Merowingerin Brunichildis; sie spricht aber vom Drachenkampf und vom Zwergenkönig Alberich, vom grimmen Hagen und Etzel und Dietrich von Bern und Hildebrand, Jahrhunderte dabei kühn überspringend. Es wäre nun freilich abwegig, diese kühnen Sprünge als »primitive« Unfähigkeit zu streng historischem Denken abzutun – wen faszinierte denn dann noch die Ilias, das Nibelungenlied oder Wagners Ringdichtung? Es kommt dem Sagenerzähler vielmehr gerade darauf an, im Kostüm der Historie das Gültige, Bleibende, Wahre zu berichten. Sieht man es so, dann wird deutlich, daß die Sage im Grund vom Mythischen lebt! Spielen auch im Nibelungenlied, anders als in der altnordischen Überlieferung, keine Götter mehr mit, so kündet doch auch diese Sagenerzählung, ganz mythisch, unmittelbar vom Ursprung und vom Sein selbst – Hebbel hat dies dichterisch veranschaulicht, indem er die Ablösung der Odin-Welt durch die Christus-Welt zum Zielpunkt seiner Trilogie machte.

Das Märchen spricht vom allgemein Menschlichen, aber es bedarf dazu keiner Erinnerung an historische Germanenfürsten oder gar an Götter, es begnügt sich mit ungeschichtlichen Feen, Werwölfen, Zwergen und Hexen, wie sie bekanntlich überall und immer vorkommen. Mehr als die Sage ist das Märchen am überall und immer sich Ereignenden orientiert, mehr als der Mythos am innerweltlich Geschehenden, wie es jedem Hänsel und jeder Gretel widerfahren kann. Und doch, auch das Märchen zielt auf das Gültige. Das gilt sogar für Kunstmärchen, wie die von Goethe, von E. T. A. Hoffmann, Tieck, Brentano und Andersen – nicht freilich für die Erzeugnisse jener Märchenmacher, die heutzutage die lieben Kleinchen durch vom Schrecken gereinigte und ideologisch nützliche Kunstprodukte unterhalten und ausrichten wollen. Das wirkliche, echte Märchen erzählt, so hart wie die Wirklichkeit ist, vom Sein; und es bedient sich dabei, wenn auch zurückhaltend, doch auch des Kostümfundus und Arsenals der sowohl archetypischen wie historischen Welt – Beispiel Hoffmanns Student Anselmus –, genaugenommen hängt es voll und ganz von der mythischen Wirklichkeit ab. Wir tun also gut daran, das Mythische nicht allzu scharf vom Sagen- und Märchenhaften abzugrenzen; die Grenzen sind letztlich doch fließend, bei gewiß verschiedenartig gelagerten Schwerpunkten.

Was ist nun eigentlich der echte Mythos, auf seinen konkreten Inhalt hin befragt? Gibt es nicht so zahllose Mythenerzählungen mit Kultentsprechung, daß schlechthin alles, was in der weiten Welt der Religionen als »heilige Rede« (hieròs lógos) laut wird, die Charakterisierung als echter Mythos in Anspruch nehmen kann? Und dabei gilt es noch die denkbar krassesten Widersprüche auszuhalten: Was der fromme Hindu heute in Andacht aus seinen heiligen Schriften über die Götter liest, verträgt sich keineswegs mit dem Bekenntnis, das der Muslim täglich betet: »Kein Gott außer Gott!«, und das wiederum läßt sich kaum vereinbaren mit einem Wort wie: »Ich und der Vater sind eins« (Johannes 10,30). Wir rühren damit an das eigentliche und fundamentale Problem unserer gesamten Untersuchung in theologischer Hinsicht. Wenn die Mythen in der weiten Welt der Religionen letztlich nur im Widerspruch zueinander stehen, hat es wenig Sinn, sie in einer zusammenfassenden Schau nebeneinander aufzuführen; das könnte ja dann nur in der Absicht geschehen, aufzuzeigen, welches der »wahre« – etwa christliche – Mythos sei und welche Verirrungen sich dagegen die anderen Religionen leisten. Das kann aber, wie nach dem bisher Ausgeführten schon deutlich geworden sein dürfte, unser Interesse gerade nicht sein; wir haben ins Auge gefaßt, das zu erheben, worin mythische Aussagen aus aller Welt miteinander übereinstimmen und was sie uns gerade zum Verständnis unserer eigenen Religion Hilfreiches zu sagen vermögen.

Wir tun gut daran, uns zunächst mit einer formalen Differenzierung vertraut zu machen: Wir unterscheiden zwischen Mythos und Mythologie. Gehen wir aus vom letzteren Begriff. Darunter kann man verstehen die ordnende Erforschung des Mythenbestands der Welt; dies versuchen wir ja auch hier in einem bestimmten Ausschnitt, insofern betreiben wir »Mythologie«, zu verstehen als Mythenkunde. Doch das ist es gerade nicht, was hier gemeint ist. Der Begriff Mythologie hat auch noch einen zweiten Sinngehalt. Mythologie ist auch der Ausdruck für jenen Bestand an bildhaften Berichten und Erzählungen über Manifestationen des Göttlichen, wie er sich als Zusammenhang der Vorstellungen einer bestimmten Religion darstellt. Die griechische Mythologie ist so gesehen das Gesamt der Vorstellungen und Geschichten von Göttern, Halbgöttern, Helden und Naturgeistern wie Nymphen, Dryaden, Najaden, Tritonen und so fort, wie sie in wissenschaftlichen Nachschlagwerken gesammelt vorliegen. Doch in der Systematisierung ist das Mythologische nie voll auszuschöpfen, es drängt von seinem Wesen her zur Anschaulichkeit. Zum Mythologischen gehören immer Kostüm und Requisiten der Zeit und der Kultursphäre, in der sich der jeweilige Sagenstoff gültig ausprägte und niederschlug. Hermes trägt den griechischen Reisehut der klassischen Epoche, Athena den Prunkhelm, Zeus Lorbeerkranz und Zepter wie eben damals für Herrscher üblich; so haben uns die Bildner diese Vorstellung überliefert, und so sind diese schließlich ins bleibende Arsenal des mythologischen Bestands eingegangen. Gerade darin liegt natürlich die Gefahr des Veraltens. Aber vergessen wir nicht, auch der auferstandene Herr der Christenheit wird in spätrömischen und byzantinischen Bildwerken im damaligen Herrschergewand dargestellt, Maria auf dem Silbermond als antike oder mittelalterliche Königin in Blau und Rot, und diese Fresken und Mosaiken, etwa in San Clemente oder in der Hagia Sophia, sprechen uns auch heute noch religiös an. Das mythologische Requisit muß nicht unbedingt zur Erstarrung und zum schließlichen Absterben einer religiösen Vorstellung führen; es wäre vielmehr die Aufgabe der den lebendigen Ritus begleitenden fortwährenden Deutung, der Predigt und Lehre also, solche stets drohende Erstarrung immer neu zu überwinden und damit Raum zur lebendigen religiösen Begegnung in der jeweils neuen Gegenwart zu schaffen.

Wir sollten uns nicht daran stören, daß hier von Mythologie auch hinsichtlich des Christlichen die Rede ist: Sowenig wir den echten Mythos als das bloß Fabulöse auffassen, sowenig auch die entsprechende Mythologie. Es kommt uns hier vielmehr darauf an, zu zeigen, daß der Mythos grundsätzlich in mythologischem Gewand erscheint, in der Tracht und Ausstattung seiner Zeit und Sphäre also. Das Mythologische gehört also unabdingbar zu ihm. Es ist die Form seiner Vergegenständlichung, seiner Objektivierung. Der Gehalt des Mythos geht aber niemals so darin auf, daß er ein gegenständliches Etwas würde, mit dem man nach Belieben umgehen, das man auch nach Bedarf dann als veraltet beiseite schieben und abtun könnte; dazu ist der echte Mythos viel zu lebendig und zu mächtig. Er erzwingt es einfach, solange die betreffende Religion lebt, daß die mythologische, zeitgebundene Form auf ihren mythischen bleibenden Gehalt hin gedeutet, also religiös interpretiert werde. Zugleich aber erzwingt er auch die Respektierung der zeitgebundenen mythologischen Form; der Mythos bliebe ohne mythologische Form ein augenblickhaftes mystisches Erleben, das sich jeder Weitergabe entzieht. Anders ausgedrückt, der Mythos erscheint nie »nackt«, seine Unmittelbarkeit wäre für sterbliche Augen und Ohren unerträglich, so wie Schillers verschleiertes Bild zu Sais oder gar, wie Luther es ausgedrückt hat, der »Deus nudus« (der nackte Gott), der nicht ausgehalten werden kann.

Alles, was am Mythos mythologisch ist, trägt also die Spuren einer bestimmten Zeit und Sphäre an sich. Wir können von da aus einen Schritt weitergehen. Die Ausprägung des Mythologischen ist immer schon grundsätzlich bestimmt durch jeweilige historische Sachverhalte. Diese wollen genau beachtet sein, will man den Gehalt des jeweiligen Mythos richtig erschließen. So ist beispielsweise die Indra-Mythologie, wie sie den Hymnen des Rig-Veda zugrunde liegt, nicht verständlich ohne gebührende Berücksichtigung der historischen und geographischen Verhältnisse: Das Eindringen und Burgenbrechen der frühen Arier im Indus-Tiefland, welches alljährlich neu befruchtet wird durch die den Eispanzer des winterlichen Himalaya durchbrechenden Fluten, all das spiegelt sich unverkennbar in diesen Gedichten wider. Das gleiche gilt von der Flutsage der alten Sumerer und weiterhin von all den Mythen, die wir im folgenden betrachten werden. So ist die Mythologie durchgängig strukturiert.

Das könnte zu dem Schluß führen: Also gilt es, in jedem Fall den zeitlosen Gehalt des Mythos hinter und unter dem zeitgebundenen mythologischen Gewand aufzuspüren. Doch halt – damit hätten wir uns ja wiederum darangemacht, den Mythos nackt sehen zu wollen! Da bleibt dann nur der umgekehrte Weg. Gewiß gilt es, die Zeitgebundenheit der mythologischen Form zu erkennen; nun aber eben nicht in der eben erwähnten Tendenz, im Streben nach dem Minimalgehalt des nackten Mythos also, sondern umgekehrt, in der Tendenz auf die Vielgestaltigkeit, auf die Fülle und den Reichtum des Mythischen hin. Darin, genau darin liegt die unserer Zeit gemäße Aufgabe der religionsphilosophischen, religionspsychologischen und schließlich theologischen Interpretation des Mythischen. Denn das charakterisiert ja unsere heutige Lage, daß wir, anders als alle früheren Epochen, ein einigermaßen universales Bild von der Mythologie aller Zeiten und Zonen gewonnen haben, das aufgearbeitet sein will, und zwar letztlich auch theologisch, wiewohl wir gerade darin erst in den Anfängen stehen. Wir wissen heute allzuviel von der Eingeflochtenheit der biblischen Mythologie in das weltumspannende Netz der Mythologie im ganzen, als daß wir uns die früher übliche, verständliche und unter den damaligen Umständen auch praktikable Zurückhaltung in dieser Hinsicht weiter leisten könnten, jene Zurückhaltung, die sich damit begnügte, die vermeintlich einfach zu findende biblische Wahrheit im bloßen Gegensatz zu heidnischen Irrtümern herauszustellen. Das gelingt nicht mehr, wenn wir mit den Erkenntnissen der neuzeitlichen Religionswissenschaft endlich und wirklich Ernst machen wollen. Es wäre dazu hoch an der Zeit.

Fassen wir diese Erwägungen kurz zusammen. Mythos ist nie ohne Mythologie; darin liegt gewiß das Schillernde, ja Problematische an ihm. Doch darin liegt auch, wenn wir es richtig angehen, das Bereichernde! Das Mythologische gleicht, so gesehen, dem, was C. G. Jung, leicht abwertend gewiß, das bloß »Zeichenhafte« nennt. Jung will durch das Zeichenhafte durchdringen zum Symbolcharakter; dem Symbolischen bei Jung aber entspricht nun genau das, was wir als das »echt« Mythische bezeichnen. Diesem können die mythologischen Elemente niemals völlig fehlen, anders wäre es überhaupt nicht erfaßbar; ja es ist überhaupt nur in diesen erfaßbar, ohne freilich mit seinem Wesens- und Lebensgehalt in diesen zur Gänze aufzugehen. Immer weist das Mythologische zeichenhaft auf seinen stets neu zu suchenden mythischen Gehalt hin. Dieser Gehalt, der echte Mythos, teilt sich aber nur mit im lebendigen religiösen Akt. Ein solcher Akt ereignet sich gewöhnlich in einem seelischen Ganzheitserleben, wie es von der lebendigen Religion in ihrem Kultus, in ihrem Gottesdienst vermittelt werden soll; es kann sich aber auch in einem großen Traum manifestieren, in einer Vision im Wachsein ebenso, in einem plötzlichen Klarsichterleben – das sind dann gleichfalls vollwertige religiöse Akte, die durchaus im Sinn von Otto als dem Mythos entsprechende Kultakte bezeichnet werden können, auch wenn es sich dann um einen Ritus handelt, den nur ein einzelner begeht.

Aus dem echten Mythenerleben hervorgegangene mythologische Texte haben also eine organische Verbindung zum Kult, sie sind, besonders wenn es sich um altüberlieferte literarische Aussagen handelt, in ihrem ganzen Sinn nur erschließbar und erfaßbar, wenn man ihren Stellenwert im kultisch-religiösen Zusammenhang gebührend beachtet. Das kann ein ganz enger, völlig unmittelbarer Zusammenhang sein: So ist das in Keilschrift auf zwölf Tafeln erhaltene Gilgamesch-Epos aus dem ausgehenden zweiten vorchristlichen Jahrtausend nicht etwa ein Versroman zur privaten Unterhaltung gewesen, sondern ein Ritualtext, der, wie aus dem Schluß des Epos hervorgeht, bei einer regelmäßig abgehaltenen feierlichen Prozession vorgetragen oder vom Chor gesungen wurde, einer Prozession, welche die Wälle der Stadt Uruk umschritt, um die Stadt gegen Feindesdrohung zu feien. Es gibt aber auch mythologische Texte, bei denen der Zusammenhang mit dem Kult keineswegs so eng ist, die aber dennoch in der lebendigen Religion wurzeln, so daß man auch da sagen kann, das Wesensmerkmal, von dem Otto spricht, sei gegeben, und es handle sich also um echten Mythos. Es mag sein, daß, wie der englische Forscher T. B. L. Webster vermutet, Ilias und Odyssee ursprünglich wirkliche Kultgesänge waren; von der Theogonie des Hesiod dagegen läßt sich dies auf keinen Fall behaupten, die war eindeutig ein Kunstgedicht eines einzelnen Hymnikers. Doch lebt dieses Gedicht immer noch unmittelbar genug aus dem lebendigen Zusammenhang der griechischen Religion des siebten Jahrhunderts, und Hesiods Mythologie hat sich denn auch für die Nachwelt als so gültig erwiesen, daß sie ihrerseits zum geistigen Hintergrund der gesamtgriechischen Religion wurde, der bei jeder kultischen Feier stillschweigend mitwirkte, auch ohne ausdrücklich zitiert zu werden. Ähnliches gilt auch für die alttestamentlichen Schöpfungsberichte. Diese waren zwar einmal Texte für den Tempelgottesdienst und dann den Synagogengottesdienst, sind letzteres heute noch, dennoch haben sie auch außerhalb dieser Kultakte maßgebend das Verständnis von Schöpfer und Schöpfung in der altbiblischen Religion bestimmt; ja gerade diese Berichte haben dann für lange Epochen noch einen viel weiteren geistigen Horizont festgelegt, sie wurden zum Maßstab eines Welt- und Geschichtsbilds, das auch außerhalb ihrer unmittelbaren religiösen Bedeutung für Jahrtausende das Naturverständnis des Abendlands getragen hat. Die Schöpfungsberichte waren bis zur Aufklärungszeit der tragende Grund aller abendländischen Kosmologie und Naturwissenschaft, was man so von Hesiods Theogonie gerade nicht sagen kann; denn diese wurde schon früh durch rein philosophische und physikalische Denkentwürfe ersetzt. Doch liegt eben darin nun auch wieder eine gewisse Parallele zu unserer geistigen Situation: Wir erleben nach nahezu zwei Jahrtausenden eben das, was die Menschen, deren Weltbild durch die Hesiodsche Theogonie bestimmt war, schon nach knapp hundert Jahren erfahren haben, als die Denksysteme der altjonischen Naturphilosophie auftauchten, denen rasch zahlreiche weitere Entwürfe folgten bis hin zum Atomismus, wobei jedes neue System immer größere naturwissenschaftliche Wahrscheinlichkeit als das jeweilig vorhergehende zu haben schien. Dennoch ist damit den alten mythologischen Vorstellungen, seien es die der Hesiodschen Theogonie, seien es die der Orphiker oder der Pythagoräer und zahlreicher anderer religiöser Gruppen, der Boden nicht völlig entzogen worden. Die Menschen lernten damals, wie wir es heute wiederum lernen müssen, die Mythologie eben in ihrem mythischen Wahrheitsgehalt zu erfassen. Anders wäre es nicht verständlich, daß Platon sowohl als Kosmolog und Physiker wie auch als Mythiker zu lehren vermochte, beides zwar durchaus unterschieden, beides aber doch auch durchaus im Zusammenhang. Erst bei Aristoteles tritt dann das Mythologische merklich zurück; aber auch dieser Denker, der für die biblisch fundierte Kosmologie des Mittelalters maßgebend werden sollte, kam nicht ohne den Gottesgedanken aus, ja ohne den ersten Beweger ist das ganze aristotelische System überhaupt völlig undenkbar. Doch ist der Gott des Aristoteles dann freilich nicht mehr der im lebendigen religiösen Akt erfahrene und stets neu erlebte des Platon, sondern eben ein theoretisches Prinzip. Dennoch ist und bleibt Theoria für Aristoteles mehr ins Religiöse eingebunden, als dies für die völlig diesseitige moderne Wissenschaft der Fall sein kann. Insofern scheint sich also unsere heutige geistige Lage nun doch von der der altgriechischen Aufklärung fundamental zu unterscheiden.

Mythos und Säkularismus

Dennoch ist auch dieser Unterschied in Wahrheit nicht wirklich fundamental, es gibt eine Verbindung. Die radikale Diesseitigkeit der Moderne, für die wir den Ausdruck Säkularismus gebrauchen, ist doch nur scheinbar radikal. Hierzu hat C. G. Jung eine treffende Bemerkung gemacht, die ihrer Eindringlichkeit wegen wörtlich zitiert sein soll: »Seitdem die Sterne vom Himmel gefallen und unsere höchsten Symbole verblaßt sind, herrscht geheimes Leben im Unbewußten. Deshalb haben wir heutzutage eine Psychologie, und deshalb reden wir vom Unbewußten. All dies wäre und ist in der Tat ganz überflüssig in einer Zeit und in einer Kulturform, welche Symbole hat. Denn diese sind Geist von oben, und dann ist auch der Geist von oben. Darum wäre es für solche Menschen ein törichtes und sinnloses Unterfangen, ein Unbewußtes erleben und erforschen zu wollen, das nichts enthält als das stille, ungestörte Walten der Natur. Unser Unbewußtes aber birgt belebtes Wasser, das heißt naturhaft gewordenen Geist, um dessentwillen es aufgestört ist« (Eranos-Jahrbuch 1934). Diese Stelle enthält in aller Knappheit eine vollständige Analyse der kollektivpsychischen Eigenart unserer Zeit. Sind auch die Symbole verblaßt, die Mythen fremd geworden, so ist ihr eigentlicher lebendiger Geist doch nicht einfach ins Nichts geschwunden; die Sterne sind scheinbar vom Himmel gefallen, aber ihre Energie wirkt unvermindert weiter, und zwar im Wasser der Tiefe, will sagen im Innenraum des Seelischen. Wenn dem so ist, und es spricht alles dafür, daß dem so ist, so lebt das Mythische in uns weiter, verborgen zwar, doch nicht unauffindbar und unerschließbar. Es ist also hilfreich zum

Verständnis der Tiefe unseres eigenen Selbst, sich mit den alten Mythen zu befassen, deren lebendiger Gehalt in unserem Unbewußten weiterlebt und höchst wirksam ist. Es ist aber auch nötig, sich, mit aller Behutsamkeit versteht sich, diesen Kräften und Mächten erschließend und erkennend zuzuwenden; wir hörten ja von Jung, daß diese Kräfte das Wasser der Tiefe aufstören, sie können, wenn völlig unkontrolliert, auch verheerend wirken – wir können ja oft genug nicht umhin, unsere so aufgeklärte moderne Menschheit als ein Tollhaus anzusehen, aber uns selbst natürlich immer mit darin.

Das läßt uns wiederum nach Wesen und Funktion des alten Mythos fragen. Er ist, zum einen, »Geist von oben«, so hörten wir. In ihm bricht Göttliches in die Sphäre menschlichen Bewußtseins ein, das sich dann jeweils in lebendiger Religion, im Kult, auswirkt. Doch hat das auch eine andere Seite, eine ganz irdische, menschliche, historische, soziologische und psychologische, ungeschieden von der religiösen und theologischen. Mythisches Erkennen brach, geschichtlich gesehen, besonders in jenen Augenblicken auf, wo die Entwicklung der Kultur in besonderen Sprüngen vor sich ging, die sich immer in einem erschütternden Krisenbewußtsein auswirkten. Jean Brun hat in eindrucksvoller Weise auf diese Zusammenhänge hingewiesen. Die jahrzehntausendelange Entwicklung von der primitiven Kultur zur Hochkultur, deren Schwelle rund dreitausend Jahre vor der Zeitwende überschritten wurde – Erfindung der Schrift und Bildung größerer Staatsorganismen –, darf durchaus nicht als gemächliches oder auch munteres Fortschreiten von Erfindung zu Erfindung vorgestellt werden, wie unser fortschrittsfroher Zeitgeist das sich oft so denkt. Die neuen technischen Möglichkeiten, angefangen bei der Bändigung und Domestizierung des Feuers, haben die Menschen früherer Zeiten bis in den tiefsten Grund der Seele erschüttert; für jede neue Schlagtechnik bei der Pfeilspitzenherstellung gilt das schon, vor allem aber für die wirklich entscheidenden Schritte der Kulturentwicklung. Jagen und Fischen, das ging noch an, wiewohl in der primitiven Mentalität auch dies immer rituell eingebunden werden mußte, durch Sühneriten vor allem; aber das Aufreißen des Leibs der Erdmutter und Einsenken des Getreidesamens in sie ist ein Unterfangen, das man sich gar nicht drastisch genug als von schwersten seelischen Nöten begleitet vorstellen kann. Man darf sich weiter daran erinnern, daß die indianische Bevölkerung des alten präkolumbischen Amerika das Prinzip des Rads durchaus kannte, es gibt Funde von Kinderspielzeug, die das belegen; aber man wagte es nicht, sich dieser doch so eminent praktischen Erfindung wirklich ernsthaft zu bedienen, was sich letztlich nur aus religiös-psychischen Hemmungen erklären läßt. Wahrscheinlich wußten diese Menschen mehr vom Verhängnis des Fortschritts allgemein und der technischen Entwicklung im besonderen, als wir das noch unmittelbar nachempfinden können; doch wir ahnen heute etwas davon, wie berechtigt solche Hemmungen im Grund gewesen sind.

In diesen Krisen war es immer der Mythos, der die heilsame Hilfestellung gab. Er gab Mut zum Vorwärtsschreiten, aber ebenso hielt er von unheilvoller Übersteigerung ab. Ein geradezu klassisches Dokument dieser beiden Wirkseiten des mythischen Denkens ist das Chorlied aus der Antigone des Sophokles, das mit den berühmten Worten beginnt »pollà tà deinà«. Frei übersetzt lautet der erste Satz: »Viel Ungeheures ereignet sich, und nichts birgt mehr der ungeheuren Möglichkeiten in sich als der Mensch.« Dem folgt eine Schilderung, die man geradezu als Katalog fortschrittsgläubiger Erwartungen bezeichnen könnte, Bewältigung aller Entfernung, ja Bezwingung der Meere, doch ist der warnende Unterton nicht zu überhören, alles ist zugleich Mahnung zur Behutsamkeit und Ehrfurcht vor dem den Menschen Übergeordneten, vor der göttlichen Urmacht selbst. Es ist bekannt, welche Katastrophe dieser Chor dann als Zeuge miterleben mußte. Daß dies mahnend so gesagt werden konnte, im immerhin recht fortschrittsfrohen Athen der perikleischen Zeit, und daß diese Mahnung von den Hörern der Tragödie gebilligt und der Dichter mit dem Siegespreis bedacht wurde, dies zeigt doch, was das mythische Denken in Wirklichkeit zu leisten vermochte. Ja, es war die Leistung des echten Mythos und dann auch des allgemeineren, aus ihm hervorgegangenen mythischen Denkens, daß dem Menschengeist einerseits Mut gemacht wurde zur Erfüllung der wirklichen, nicht nur der billig propagierten Forderung des Tages wie daß ihm andererseits die Respektierung der Grenzen des Menschlichen immer neu nahegebracht wurde. Es bedarf kaum eines besonderen

Hinweises auf die Aktualität dieser zweiseitigen Leistung des Mythischen; genau um das richtige Einpendeln zwischen diesen beiden Schwerpunkten geht es heute wie einst, um der heilsamen Zukunft des Menschengeschlechts in seiner von ihm selbst bedrohten Umwelt willen.

Mythisches Denken und Umweltproblematik

Wir haben soeben gleichsam stillschweigend zwei Ausdrücke eingeführt, die für alle weiteren Erwägungen, die wir anstellen wollen, von besonderer Bedeutung sind und dazu einiger Erläuterung bedürfen. Der eine Ausdruck ist »mythisches Denken«. Damit soll nicht jenes archaische Denken gemeint sein, welches sich noch unmittelbar aus dem echten Mythos speist, sei es das einer sogenannten primitiven Menschengruppe, sei es das noch von Säkularismen aller Art unangefochtene des Frommen in einer entwickelten Hochreligion, zum Beispiel jenes Synodalen, der gegen die Anbringung eines Blitzableiters auf dem Kirchturm stimmt, weil man Gottes Willen nicht durch technische Tricks entgegenwirken dürfe – auch das ist einfach noch archaisches Denken. Nein, unter dem Begriff des mythischen Denkens soll hier künftig grundsätzlich ein Denken gemeint sein, welches sich willentlich der heutigen Naturwissenschaft und Technik aussetzt, deren Erkenntnisse, soweit sie jedenfalls nicht in Ideologie oder Kryptoreligion oder auch krampfhafte Antireligiosität ausarten, ernsthaft zur Kenntnis nimmt und anerkennt. Ein Denken aber auch, das zugleich die Wahrheit des Mythischen zu begreifen sucht und immer neu um sie ringt, beflügelt vom Erlebnis des echten Mythos, der auch in heutiger Zeit in der lebendigen Religion vernehmbar wird; ein Denken ferner, welches vielleicht, das vollmächtig Mythische in der eigenen Religion schmerzlich vermissend – das kann ja vorkommen –, ergriffen und bewegt ist von der Macht und vom Wahrheitsgehalt vergangener Mythen, ja möglicherweise gar dazu befähigt, diese Gehalte dichterisch oder philosophisch in neuer, zeitgemäßer Form auszudrücken, wobei wir etwa an Schiller und Schelling denken dürfen. Mythisches Denken läuft also neben der jeweils heutigen Naturerkenntnis her und setzt sich mit dieser in Hin- und Herrede unablässig auseinander, überzeugt von der Möglichkeit, daß diese beiden Denkweisen, so verschieden voneinander sie auch sind, doch wohl sich wie Parallelen im Unendlichen treffen müssen und von diesem Zielpunkt aus auch schon für das Jetzt und Hier ihren Auftrag zum Dialog miteinander erhalten. Von der Art und Weise, wie dieser Dialog zu führen ist, wird noch die Rede sein.

Der andere Ausdruck, der sich uns im Gang unserer Erwägung unversehens aufdrängte, ist der Begriff »Umwelt«. Seit den frühen zwanziger Jahren unseres Jahrhunderts hat dieser Begriff, eingeführt und gefördert vor allem durch die Forschungen des großen Biologen Jakob Johann von Uexküll, in zahlreichen Disziplinen der Wissenschaft seinen festen Platz gefunden und sich schließlich zu einem zentralen Thema des allgemeinen Interesses entwickelt, das natürlich auch in einer Weise popularisiert wurde, die daraus ein billiges Schlagwort werden ließ. Doch das ändert nichts daran, daß Umwelt mit Recht zum Hauptthema jener ernsthaften wissenschaftlichen Bemühungen geworden ist, welche die durch die allgemeine Technisierung entstandenen Überlebensprobleme der Menschheit zu lösen suchen. Nicht als wäre die neuzeitliche Technik die Alleinverursacherin aller Umweltprobleme; schon in archaischen Epochen wurde schwer gegen die Umwelt gesündigt. Man bedenke nur, was geschah, als in der frühen Bronzezeit die zyprischen Kupferlager ausgebeutet wurden: Nahezu der ganze Waldbestand Anatoliens fiel den Brennöfen zum Opfer, und erst in unserer Zeit wird unter unsäglichen Mühen versucht, diese Verheerung wieder rückgängig zu machen – gerade dies letztere ist ein Ergebnis neuen Umweltbewußtseins, das ja wiederum wissenschaftlicher Forschung und technischer Kenntnis zu verdanken ist.

Eine besondere Wissenschaftsdisziplin ist neu entstanden, die sich der Umweltproblematik annimmt, es ist die Ökologie. Aus ihr ist für unsere Überlegungen ein Zweig besonders wichtig, die Umweltpsychologie. Sie befaßt sich mit dem eigentlichen Kern des Problems. Der Ausdruck Umwelt spricht es ja schon an. Es geht um etwas, das »um« mich, »um« uns alle herum ist; dies aber doch so, daß ich, daß wir alle wiederum ein Teil jener »Welt« sind, anders gesagt, daß Umwelt und ich beziehungsweise wir in einen unlösbaren Zusammenhang gehören. Kein Umweltschaden, den nicht schließlich ich selbst mitverschulde, und sei es auch nur durch so berechtigt erscheinende Ansprüche wie etwa den, daß ich es gern im Winter in meiner Wohnung warm habe, zu schweigen von dem doch so menschlich verständlichen Appetit auf Heringe – durch den die Meere so irreparabel ausgefischt werden – oder gar von meinem Bedürfnis nach einer – ölverbrauchenden – Wagenfahrt zu einer – die Bergwelt verschandelnden – Pistenlandschaft, zu schweigen vollends von jenen im Dienst der Menschheitsbeglückung stehenden grenzenlos einsatzbereiten Jungakademikern, die mit ihren Fahrzeugen zu Hunderten von Uni zu Uni eilen, um, wie sie finden, durch Demonstrationen allerorten fortschrittliche Bewußtseinsbildung zu fördern. Mag manches davon verständlich erscheinen, manches weniger verständlich und manches schließlich unverzeihlich, das ändert nichts an der Feststellung, daß Umwelt und Seele aufs engste miteinander zusammenhängen und sich gegenseitig beeinflussen. Letztlich darf gesagt werden, daß Umweltschäden nur die Außen-Symptome von seelischen Schäden sind.

Doch nochmals, man denke: ganz Anatolien ausgeholzt, und das in mythischer Zeit. Natürlich war das ein verhängnisvoller Mißgriff, dem offenbar auch der damals doch lebendige Mythos nicht Einhalt zu gebieten vermochte. Dies aber doch vor allem deshalb, weil das Land, zum einen, sehr menschenarm war, zum andern, weil der Wald für Menschen älterer Zeit in erster Linie feindliche Wildnis gewesen ist, die es eben zu roden galt und nicht zu schonen. Ein Nachklang der tief in die Seele eingefressenen Baumfeindschaft des mittelalterlichen Bauern läßt sich in manchen ländlichen Gebieten noch heute feststellen. Man darf wirklich nicht behaupten, die Ausnutzungsmentalität der Natur gegenüber sei erst das Ergebnis der neuzeitlichen technischen Kultur, das Gegenteil ist richtig: Seit der Mensch das Feuer gezähmt hatte, war er unablässig in Versuchung, zum hemmungslosen Ausbeuter der Natur zu werden, im Grund zu deren Todfeind. Da war es nun wieder der Mythos, vor allem in Gestalt der Schöpfungsmythen, der doch auch das Wunder der ehrfürchtigen Mäßigung zustande brachte. Er überwand die immer wieder aufbrechende Lüsternheit zu hemmungsloser Naturvergewaltigung durch Ehrfurcht und heilige Scheu vor dem göttlichen Hintergrund der Welt, und er ermutigte zugleich zur maßvollen Nutzung, ohne die das sich vermehrende Menschengeschlecht eben nicht bestehen konnte.

Der Mythos schuf also schon, ganz unvermerkt, verantwortungsvolles Umweltbewußtsein! Die Mißgriffe, etwa die erwähnte Ausholzung ganzer Länder, darf man ihm, als rein zeitbedingt, nicht anlasten. Es wäre vielmehr umgekehrt zu fragen, ob unser endlich erwachtes Umweltbewußtsein ohne die Hilfe des mythischen Denkens, auf das der moderne Mensch oft leicht meint verzichten zu können, wirklich stark und wirksam genug ist, dem drohenden Verhängnis Einhalt zu gebieten. Dieses Buch ist geschrieben in der Überzeugung, daß das mythische Denken nicht entbehrt werden kann. Ohne mythisches Denken bleibt die »Umwelt« letztlich doch nur ein Freiraum vor dem Wohnblock der Menschheit, wobei man lediglich darum streitet, ob dieser mehr als Abstellplatz für Autos, als Kinderspielplatz oder als Blumenrabatte anzulegen sei, je nach vorwiegendem Bedürfnis. Umwelt im Vollsinn genommen bedeutet aber eine tiefinnere Verbindung zwischen jener Welt des Außen um mich herum, von dem ich als Naturwesen selbst ein mit ihr leidendes Teilchen bin, und jener Welt des Innen, von der her ich selbst als Seele überhaupt erst Ich bin. Mythisches Denken erst stellt die lebendige Verbindung her zwischen den drei Grund-Realitäten Seele, Welt und Gott (Kant). Wir können geradezu sagen: Welt wird erst in Wahrheit zu Umwelt, wenn diese Dreierverbindung zustande kommt. Und umgekehrt, erst Umwelt ist in Wahrheit »Welt«. Wenn sie nicht Umwelt ist, so ist Welt lediglich eine Chiffre für einen Haufen von gegenständlicher Materie, und mein Verhalten ihr gegenüber ist dann auch danach, ist völlig weltentfremdetes Verfügenwollen, und ich bin dann aus der Welt und von ihr entlassen in eine tödliche, verzweiflungbringende Icheinsamkeit. Dagegen schützt letztlich nur das mythische Denken. Ein bescheidener Ansatz dazu drückt sich in einem schon ein halbes Jahrhundert alten Vers aus:

> Wer in Bäumen immerzu nur das Nutzholz schaut,
> Für den haben Götterhände Wälder nicht gebaut.
>
> Arthur Sauer

Wie das mythische Denken solche Integration herzustellen vermag, erläutert Jung in seiner knappen Ausdrucksweise sehr treffend, wenn er die Ich-Welt-Einheit der altindischen Mythologie psychologisch erläutert: »Der kosmogonische (=Weltschöpfungs-)Mythus ist, wie jeder Mythus, eine Projektion unbewußter Vorgänge. Die Existenz dieses Mythus beweist also, daß im Unbewußten... schöpferische Vorgänge stattfinden« (Werke Bd. 6, S. 125). Jung fährt fort mit einem Zitat aus einem Brief von Schiller, wo es heißt: »Sobald es Licht wird in dem Menschen, ist auch außer ihm keine Nacht mehr; sobald es stille wird in ihm, legt sich auch der Sturm in dem Weltall, und die streitenden Kräfte der Natur finden Ruhe zwischen bleibenden Grenzen.«

Das heißt ja nichts Geringeres, als daß der Mythos nicht etwa bloß Weltschöpfung nacherzählt – das tut er natürlich auch –; es heißt, daß er Welt schafft! Der Mythos schafft Welt, die diesen Namen verdient, wir nannten sie Umwelt. Uns scheint zwar die Naturwissenschaft allein zuständig, von der Welt zu sprechen; aber ist das wirklich Welt, wovon sie redet, Welt im Vollsinn? Wir streifen nur kurz zwei aktuelle Beispiele.

Mythisches und naturwissenschaftliches Denken

In dem berühmten Buch »Die ersten drei Minuten« spricht der Nobelpreisträger für Physik Steven Weinberg zunächst über die Weltentstehungsmythe aus der jüngeren Edda: »Am Anfang, so heißt es dort, gab es nichts. ›Da war nicht Erde unten noch oben Himmel, Gähnung grundlos, doch Gras nirgend.‹ Nördlich und südlich des Nichts erstreckten sich eisige und feurige Welten, Nebelheim und Muspellheim. Die von Muspellheim ausgehende Hitze brachte das Eis von Nebelheim zum Schmelzen, und aus den herabfallenden Tropfen entstand ein Riese namens Ymir. Wovon ernährte sich Ymir? Außer ihm gab es offenbar noch eine Kuh namens Audhumla. Und wovon ernährte sie sich? Nun, es gab außerdem salzige Steine. In diesem Sinne geht es in dem Mythos weiter« (S. 13). Weinberg kommt zu dem Schluß, daß »hier keine sonderlich befriedigende Darstellung der Anfänge des Universums« vorliege, die Erzählung werfe »mindestens ebenso viele Probleme auf, wie sie beantwortet«, dennoch, so versichert der Autor, dürfe man natürlich nicht über die Edda lächeln und jeglicher kosmogonischen Spekulation abschwören, sieht er doch klar genug, daß auch die exakteste moderne physikalische Theorie ins Spekulieren gerät, wenn sie, immer neu, hinter die jeweiligen Urdaten zurückgeht und eine halbwegs plausible Antwort geben will.

Richtig, wir müssen zustimmen. Dennoch bedauern wir ein wenig die Sicht- und Gehörlosigkeit des Autors gegenüber dem ungemein eindringlichen mythischen Bild und Klang. Hat die Naturwissenschaft in ihrem Forschen jemals weniger Probleme neu aufgeworfen als sie beantwortet hat? Das Gegenteil ist der Fall. Wozu also die höfliche, aber doch unüberhörbare Kritik am Mythischen? Feuer, Eis und dazwischen das Nichts, ist dies wirklich nur unbefriedigend? Es ist auf jeden Fall ein Bild, mit dem unser inneres Aufnahmeorgan, unsere träumende Psyche, etwas sehr Konkretes zu verbinden weiß; sie erschrickt und schöpft Hoffnung, beides zugleich, und sie hält das für recht treffend. Anders hätten die alten Isländer diesen Mythos auch niemals akzeptiert. In solche Bilder wie die von Glut- und Eiswelten – wenn wir hier einmal von der durchaus zeitgebundenen Mythologie von Ymir und der Kuh absehen wollen – legt sich auch heute dem laienhaften Leser solcher Forschungsberichte all das wie ganz von selbst auseinander, was er da überhaupt zu verstehen vermag. Alles andere sind mathematische Formeln wie diejenigen, die Steven Weinberg am Schluß mitteilt. Diese erwecken nun freilich den Anschein des Eindeutigen, doch gerade daran fehlt es. Unser Autor findet sich am Schluß seiner Darlegungen in eine zwiespältige Situation geraten, in welcher auch der Physiker nur noch vermutend Stellung beziehen kann, ohne beweisen zu können: Ist die sogenannte »kosmische Dichte« *kleiner* als die sogenannte »kritische Dichte«, dann wird sich das Universum bis in alle Ewigkeit weiter ausdehnen; ist sie aber *größer*, dann ist das Universum endlich, es wird sich kontrahieren und am Ende möglicherweise zu einem ausdehnungslosen Punkt aus reiner Energie zusammenstürzen. Und dann? Es ist denkbar, daß dann derselbe Kreislauf wiederum beginnt, ja es ist denkbar, daß dies wiederum sich unendlich wiederholt, ja daß es sich schon in der Vergangenheit unendlich oft wiederholt hat. »Und so wird es in alle Ewigkeit weitergehen« (S. 161).

Damit soll nun nicht das mindeste gesagt sein gegen das Unterfangen eines bedeutenden Naturwissenschaftlers, einen Überblick über den Stand der Forschung auf seinem Spezialgebiet zu geben und, vor allem, diesen Bericht so anschaulich wie eben möglich zu halten, was gerade Steven Weinbergs Buch in besonderer Weise auszeichnet. Aber der Rekurs auf den Mythos der Edda muß einfach als mißglückt bezeichnet werden, und zwar deshalb, weil diese mythische Erzählung eine ganz andere Herkunft und eine ganz andere Zielrichtung hat als die moderne Kosmologie. Die moderne Kosmologie stammt aus den empirischen Beobachtungen der Mikro- und Makrophysik und baut sich auf aus den von diesen Beobachtungen abgeleiteten mathematischen Gleichungen; ihre Zielrichtung ist die möglichst objektive Erkenntnis dessen, »wie es wirklich gewesen ist« (so nach einem berühmten Wort von Ranke), und dessen, was dereinst wirklich sein wird; beides aber zielt letztlich nicht auf eine konkrete Ausnutzung der Forschungsergebnisse – obwohl sich ein Nutzeffekt auf einigen Teilgebieten wie etwa der Astronautik daraus ergeben könnte –, es zielt vielmehr auf die Befriedigung eines rein theoretischen Wissensbedürfnisses. Dies aber ist in den Schöpfungsmythen gerade nicht der Fall.

Hier muß freilich, zur Absicherung, deutlich gesagt werden, daß ein »theoretisches Wissensbedürfnis« eine todernste Sache sein kann, und wer wäre denn nicht brennend an Antworten interessiert, wie sie Steven Weinberg unserem Wissensbedarf hinsichtlich der Entstehung und der Zukunft des Universums darzureichen vermag? Das ist nun einmal unser Denkgeschick seit der Aufklärung. Die alten Mythen hatten einst das geheim durchaus vorhandene naturwissenschaftliche Interesse des archaischen Menschen völlig befriedigt, einfach so nebenher. Aber durch die Aufklärung war das Mythische in Mißkredit gekommen, wir sprachen davon; und damit war auch der eigentliche Zielpunkt des Mythos, das religiöse Bedürfnis der Seele, zunächst einmal weitgehend aus dem Blickfeld geraten. Tatsachen, Fakten, das war nun die Forderung, und das ist und bleibt sie für jede neuzeitliche Forschung von nun an; objektive Tatsachen, unabhängig vom religiösen Bedürfnis der Psyche! Da gibt es kein Zurück, auch nicht für uns, die wir der

Wahrheit des Mythischen neu auf die Spur zu kommen trachten. Aber die Zeit scheint doch gekommen zu sein, das verdrängte Mythische wieder zur Sprache kommen zu lassen. Die Seele will es einfach.

Will es einfach? Weinberg selbst bestätigt es, unfreiwillig gewiß, am Schluß seines Buchs. Er gerät in ein halbträumerisches Fragen und Räsonieren, wie es von einem so streng empirisch arbeitenden Forscher doch eigentlich nicht zu erwarten war. Er schreibt die Schlußsätze seines Buchs beim Flug über seine Heimat; »die Erde unten wirkt sehr freundlich und anheimelnd: hier und da ein paar Wolken, die wie Flaumfedern aussehen, Schnee, den die untergehende Sonne in rötliches Licht taucht«, und da kann er es kaum begreifen, daß dies alles »nur ein winziger Bruchteil eines überwiegend feindlichen Universums ist«. Und: »Je begreiflicher uns das Universum wird, um so sinnloser erscheint es auch.« Die Lösung dieses Dilemmas erhofft er, wenn auch nur in bescheidenem Maß, aus der Forschung selbst. Sind die Menschen auch nicht mehr bereit, »sich von Erzählungen über Götter und Riesen trösten zu lassen«, aber auch nicht, ihren durch die Naturwissenschaft aufgeworfenen Fragen »eine Grenze zu ziehen« – zugegeben, wir sind es auch nicht –, so gibt es doch wenigstens das eine: »Das Bestreben, das Universum zu verstehen, hebt das menschliche Leben ein wenig über eine Farce hinaus und verleiht ihm einen Hauch von tragischer Würde« (S. 162). Das ist der Schlußsatz des Buchs, der letzte Zielgedanke also. Ein schwacher Trost gewiß, aber immerhin Trost. Daß wir damit wiederum ins Mythische geraten sind, läßt sich nicht bestreiten. Tragische Würde, das setzt göttliche Fügung voraus, Sinnvermittlung hinter aller vordergründigen Sinnlosigkeit, durch sie hindurch ein tröstliches Dennoch. Es hat den Anschein, daß auch der nüchternste Naturwissenschaftler nicht ohne solch letzten Trost auszukommen vermag, wie anders könnte Weinberg sonst diesen Schluß setzen. Doch das andere gilt ebenso. Das Mythische allein genügt nicht mehr. Wir müssen uns um das rechte Verhältnis der beiden Sichtweisen, der naturwissenschaftlichen Außensicht auf die Realität und der mythischen Innensicht auf dieselbe Wirklichkeit, künftig stärker bemühen, als es bislang der Fall war.

Der zweite Text braucht nur kurz gestreift zu werden. Es ist ein verhältnismäßig knapper Forschungsbericht von Reinhard Breuer, der als Sprecher des Max-Planck-Instituts für Plasmaphysik schreibt. Nach seiner Darstellung scheint sich die bei Weinberg als erste genannte Möglichkeit der künftigen Entwicklung als die wahrscheinlichere zu erweisen. Das Ende: »Was bleibt also? Nur Staubteilchen mit weniger als 100 Mikron Durchmesser wären stabil gegen Kollaps und würden auch die Ewigkeit überdauern. Dazu: gelegentliche, seltener werdende Feuerwerke durch explodierende Schwarze Löcher – und Strahlung, die sich ausdünnt.« Warten wir es also ab, ob sie sich wirklich ewig ausdünnt, vielleicht werden wir in einigen Jahren Neues dazu erfahren, vielleicht verdichtet sie sich auch wieder. Doch so sieht es wenigstens im Augenblick aus. Breuer versagt sich jeden mythischen Kommentar. Jedenfalls: Eisenkugeln in ewiger Nacht, gelegentlich kollabierende Schwarze Löcher, Feuerwerk. Die Edda hat doch nicht das Schlechteste dazu gesagt; wobei zu bedenken ist, daß Anfang und Ende sich entsprechen, auch wenn es nach neuester Auffassung – bis zur nächsten – keinen thermodynamischen Wärme- noch Kältetod gibt. Dennoch: Eis und Glut, Eisen und Feuerwerk... Das klingt beinahe mythisch; denn die Sprache der Wissenschaft muß, wenn sie einmal veranschaulichen will, notwendig in die Nähe des Poetischen, meist des Komischen, manchmal auch des Tragischen kommen. So Breuer: Ein Stern kann »von einer Katapultschleuder erfaßt« und aus der Milchstraße »gekickt« werden, so zum Beispiel die Sonne mitsamt der Erde, und »dann hätte die Erde in der dunklen Abgeschiedenheit des intergalaktischen Raumes alle Zeit, im Zeitlupentempo in den Schwarzen Zwerg zu stürzen, der einmal die Sonne war«, und so fort. Es ist nicht undenkbar, daß der Edda-Dichter für solche Bilder aufgeschlossen gewesen wäre.

Poetische Bilder sind aber noch nicht ohne weiteres mythisch. Die Bilder wechseln, je nach dem Stand der Wissenschaft, schon morgen kann der ganze Breuer'sche Bericht überholt sein, und es sind dann wieder andere Bilder vonnöten. Wir verlangen jedoch vom Mythischen ein hohes Maß von bleibender Gültigkeit und Verbindlichkeit; wir schließen nicht völlig aus, daß auch Mythen wirklich veralten können, wovon am Ende des Buchs noch die Rede sein soll, aber wir wissen jetzt schon, daß Gewandmaske und Rollentext der Mythologie zwar zeitgebunden, aber doch interpretationsfähig sind; man kann aus der Prometheustragödie, wie sie Aischylos in Gestalt frühgriechischer Mythologie – also schon für seine Zeit nicht mehr ganz »zeitgemäß« – vorstellt, durchaus den ewigen, gültigen Mythos heraushören. Wir haben es also, wenn wir das Verhältnis von wissenschaftlichem Weltbild und mythischem Seinsbild näher bestimmen wollen, mit zwei Schauplätzen zu tun, in denen verschiedene Zielvorstellungen herrschen. Im Hörsaal der Wissenschaft geht es um das jeweils Neueste und dann sogleich noch Neuere; im mythischen Theatron, ja wir dürfen hier auch sagen: im Tempel oder in der Kathedrale der lebendigen Religion geht es um den bleibenden, festen Grund, um das Gültige in allem Wandel – und das schließt allerdings nicht aus, daß die Offenbarung des Bleibenden in der jeweiligen Situation das nun doch Allerneueste, das radikal Unerwartete und Überraschende sein kann, ja es eigentlich immer sein sollte.

Wir haben damit schon einiges Wesentliche für die heutige Verhältnisbestimmung von Mythos und Wissenschaft angedeutet. Halten wir uns vor Augen, wie das Verhältnis vor der Aufklärungsepoche beschaffen war. Auch da gab es ja Naturforschung, seit der griechischen Antike schon. Im Mittelalter und in der frühen Neuzeit war freilich das mythische Bild der biblischen Schöpfungslehre das Vorgegebene, es bestimmte sozusagen den Horizont des Fragens und Findens. Man kam also jeweils vom Mythischen her und strebte zum Wissenschaftlichen hin; entdeckte man in diesem Zielbereich dann Unerhörtes, so verhüllte man sein Haupt, wie das im buchstäblichen Sinn Petrarca tat, als er, der erste Bergforscher, vom Gipfel des Mont Ventoux hinabstieg und Augustins Meditationen rezitierte. Oder man brachte die Kraft auf, das gewohnte mythische Bild ins unermeßliche auszudehnen, aber doch weiter ungebrochen gelten zu lassen, wie das einem Kepler, ja noch einem Newton gegeben war.

Heute jedoch hat sich das Verhältnis genau umgekehrt. Wir kommen allesamt immer vom mehr oder weniger latent in uns herrschenden wissenschaftlich bestimmten Weltbild her und beginnen erst zaghaft den faszinierenden Wahrheitsgehalt der alten Mythen neu zu suchen, und dies einfach deshalb, weil wir von der langwährenden künstlichen Ernährung durch die Wissenschaft allmählich übersättigt sind und durch sie an erheblichen seelischen Mangelerscheinungen leiden. Doch ganz ohne technisch-wissenschaftliche Kost können wir ja auch wieder nicht existieren, das braucht künftig nicht mehr versichert zu werden. Dann ist das Verhältnis also so: Wir kommen jeweils von der Wissenschaft her und streben neu zum Mythischen hin. Dabei sorgt schon der vordergründige und relative, aber als solcher überhaupt nicht zu bestreitende Wahrheitsgehalt des wissenschaftlichen Weltbilds dafür, daß wir das Mythische mythisch nehmen, also nicht etwa starr darauf beharren, daß Himmel und Erde binnen sechs Tagen zu je vierundzwanzig Stunden geschaffen wurden, und das vor nunmehr rund sechs Jahrtausenden. Vom wissenschaftlich fundierten Weltbild her zum mythischen Seinsbild hin, das ist unser Weg.

Die Struktur des mythischen Denkens

Fragen wir nun abschließend, ob es so etwas wie eine Grundstruktur eines derartigen, heute möglichen mythischen Seinsbilds gibt und wie diese aussehen könnte. Von der Grundstruktur des wissenschaftlichen Weltbilds haben wir schon gesprochen. Das hervorstechendste Merkmal ist dies, daß alles sich in völlig unanschaulichen mathematischen Gleichungen auflösen lassen muß. Doch damit lebt kein Mensch wirklich. Für ein Genie wie Einstein mag eine arithmetische Formel in der Tat von Anschauung gesättigt sein; und doch lebt auch dieses Genie praktisch, also konkret, in realer Anschauung und von ihr; wir hörten Weinberg von der »freundlichen und anheimelnden Erde« reden, von »Wolken wie Flaumfedern«, und dabei sind das doch, bitte sehr, nur optische Welleneffekte, alles Anschauliche ist bloßer Schein und keine wissenschaftlich haltbare Realität – nur Goethe hat es anders gesehen, aber der gilt ja als Naturforscher nichts. Dennoch, auch das naturwissenschaftliche Genie lebt als Mensch, als Seele, vom Anschaulichen; deshalb bekennt er sich irgendwie auch dazu, wie eben Weinberg mit den zitierten Sätzen. Und deshalb wird immer wieder auch in der naturwissenschaftlichen Aussage nach einer gewissen Anschaulichkeit gestrebt, denn unser inneres Auge verlangt das, und nach einer gewissen Vernehmbarkeit, denn unser inneres Ohr verlangt das; auch Naturforscher im Hörsaal oder im Konferenzsaal reden unsere Sprache und zeigen Bilder für unsere Augen. – Ich selbst habe einmal bei einem Referat über Plasmaphysik im Rahmen des Max-Planck-Instituts zuhören können; »Plasma kann man sehen«, hob der pädagogisch brillante Referent hervor und zeigte Bilder von unerhörter Eindrücklichkeit, auch als Nichtfachmann konnte man da in einer Stunde alles Wesentliche begreifen.

Will die Naturwissenschaft sich anschaulich machen, so überträgt sie Zeitliches in Räumliches. Das besorgt ja schon jede Armbanduhr, jeder Autotachometer. Geht es um die monströsen Zeitbegriffe der Makrophysik, so schreibt man etwa »10^{100} Jahre« und fügt hinzu: »Ausgeschrieben würde die Zahl drei Zeilen dieses Textes füllen« (Breuer). Anders gibt es letztlich keine Anschauung und kein Verstehen.

Auch der Mythos veranschaulicht Zeitliches durch das räumliche Bild. Doch hier müssen wir noch etwas weiter ausholen. An der reinen Uhrwerkszeit, mit der die Wissenschaft rechnet, ist der Mythos nur in einer sehr kritischen Weise interessiert; er hält sie nämlich für eine *verfallende* Zeit. Man erinnere sich dazu an Salvador Dalis Bild mit den schmelzenden Zifferblättern. Noch eindringlicher kommt der Verfall zur Anschauung, wenn ihm, wovon grundsätzlich der Mythos ausgeht, die *heile* Zeit entgegengesetzt wird. Ein Gedicht von reinstem mythischem Gehalt im Blick auf die beiden Zeiten ist Hyperions Schicksalslied von Hölderlin, wobei schon das Satzbild wesentliches ausdrückt:

Ihr wandelt droben im Licht
  Auf weichem Boden, selige Genien!
    Glänzende Götterlüfte
      Rühren euch leicht,
        Wie die Finger der Künstlerin
          Heilige Saiten.

Schicksallos, wie der schlafende
  Säugling, atmen die Himmlischen;
    Keusch bewahrt
      In bescheidener Knospe,

Blühet ewig
Ihnen der Geist,
Und die seligen Augen
Blicken in stiller
Ewiger Klarheit.

Doch uns ist gegeben,
Auf keiner Stätte zu ruhen,
Es schwinden, es fallen
Die leidenden Menschen
Blindlings von einer
Stunde zur andern
Wie Wasser von Klippe
Zu Klippe geworfen,
Jahr lang ins Ungewisse hinab.

Das Gedicht spricht alles aus, deutlich und klar und doch zugleich mythisch tiefgründig. Inhaltlich ist diese – wie jede – mythische Dichtung bestimmt durch das Verhältnis zweier Arten von Zeit zueinander. Oben ist Götterzeit, nicht etwa Zeitlosigkeit; wenngleich es »schicksallose« Zeit ist, so ist da doch Wandeln, Rühren, Atmen, Blühen, Blicken. Was gäbe es zu blicken, wenn alles zeitlos wäre?

Man stelle sich vor, was das hieße: zeitloser Raum! Es wäre Stillstand, wäre Leblosigkeit, wäre also der Zustand des Totseins. So kann Seligkeit gerade nicht aussehen, sie ist Zeit ohne Verfall. Unten dagegen ist Verfallszeit, Sturz von Klippe zu Klippe, immerzu, ins Ungreifbare, Unfaßbare, Unermeßbare hinab. Es ist Sterbenszeit, ist Zeit, der das Räumliche zu wenig Einhalt gebietet, ist sturzbachartige Menschenzeit.

Man stelle sich vor, was das hieße: raumlose Zeit! Es wäre unaufgehaltenes Gerissenwerden ins reine Nichts hinein. Wir spüren in diesem Gedicht geradezu, wie die Klippen schließlich über und hinter uns bleiben und ein Wassersturz in einen grundlosen Abgrund fällt, den Schlund des Todes. Eben das aber ist das Wesen unserer Uhrwerkszeit. Das Wesen all der monströsen Zeiträume, für die die Physik Chiffren wie »10^{100} Jahre« und dergleichen setzt, ist also der Sturz ins Nichts. Damit hätte die Zeitauffassung Hölderlins sogar objektiv recht! Denn was ist an und für sich genommen kosmische

Ausdehnung bis in alle Ewigkeit? Reines *Nichts*. Genau das, was auch der Buddhismus als Wesen der Welt ansieht. Oder, andererseits, was ist an und für sich genommen unendlich oftmaliges Sich-Wiederholen von kosmischen Explosionen und Wiederzusammenstürzen, im Rhythmus von achtzig Milliarden Jahren, oder dem Doppelten, gleichviel? Wiederum reines *Nichts*. Denn da ist kein noch so kleines Fünkchen von *Sinn*, machen wir uns nichts vor. Nihilismus ist die solcher Zeit gemäße Weltanschauung.

Nun aber das mythische Bild. Hier wird erkannt, daß zweierlei Zeiten sind, das ist das Besondere! Götterzeit ist wirklich, wir wissen das, wir sind eben nicht nur Geröll, das über Klippen hinabwirbelt, wir sind »leidende Menschen«, deshalb wissen wir es. Das ist der »Hauch von tragischer Würde«, von dem Weinberg spricht – wie könnte er davon wissen und reden, wäre er nicht ein leidender Mensch, den das mythische Denken angerührt hat? Es wird ja dadurch zunächst nichts leichter, daß wir von den im Licht Wandelnden wissen und uns selbst im Klippensturz erleben. Und doch hebt uns eben dies über die Dummheit des blanken Nihilismus hinaus. Uns zeichnet das schicksalhafte Wissen von der zweifachen Zeit aus, und darin liegt schon ein erster Trost.

Ein zweiter Trost liegt darin, daß der Mythos uns zweierlei Raum zeigt. Es gibt weichen Boden im Land des Lichts, und wiederum: Sind wir auch im Sturz übers rauhe Geklüft begriffen, so wissen wir doch nun, daß Raum ist, in welchem glänzende Götterlüfte wehen. Indem der Mythos uns das erkennen läßt, schafft er auch schon jenen Raum, der weder zeitlos tot ist noch zerfetzt von der rasenden Nihilismuszeit, Raum, der kein bloßes Konglomerat von Eisenkugeln und Schwarzen Löchern ist.

Aber ist die Heillosigkeit dadurch wirklich aufgehoben? Ist es nicht so, daß das mythische Denken uns lediglich zeigt, was uns fehlt und niemals unser sein kann? Gewiß, es gibt zahlreiche Mythen, die uns in diese Unheilssituation hinein zu entlassen scheinen: Gilgamesch hat das Lebenskraut verloren, keine Macht gibt es ihm zurück. Dennoch ist da noch etwas anderes. Denken wir wieder an Hyperions Schicksalslied: Es gibt selige Genien, und der mythische Sänger kann sie anreden. Im lebendigen Mythos kommt Göttliches und Menschliches miteinander ins Gespräch; das mythische Denken zehrt unablässig von dieser Kunde. Es hat, so können wir nun folgern, eine zweifache Funktion. Es läßt uns, ohne die naturwissenschaftlichen Erkenntnisse selbst anzutasten oder gar zu verändern, doch diese Erkenntnisse besser und tiefer verstehen, als es von dort allein aus möglich wäre; und es führt schließlich immer wieder zum erneuten Erleben des echten Mythos, zur lebendigen Religion zurück.

Mythisches Denken wirkt dadurch heilsam, daß es die rasende Zeit ins Räumliche einfügt wie daß es den toten Raum durch Zeitliches lebendig macht. Beides vollzieht sich durch eine notwendige Zweiteilung in heile Zeit und Verfallszeit, in heilen Raum und Totraum. Wenn es auch dazu anleitet, zunächst zu sehen, daß uns heile Zeit und heiler Raum vorenthalten sind, so läßt das mythische Denken uns durch eben diese Mitteilung doch nicht in der Welteinsamkeit allein. Mythisches Denken gibt Kunde davon, daß wir nicht völlig verlassen sind. Es läßt uns neu auf das Wort der Ur-Kunde hören und macht uns die Zunge frei für die neue, anbetende Antwort auf die Anrede des stets neu zu hörenden echten Mythos.

Auf diesen echten Mythos will uns das mythische Denken hinweisen. Es bringt schon Raum und Zeit dadurch in heilsamer Weise zur Einheit, daß es die Elemente, aus denen sich Raum und Zeit aufbauen, personalisiert. Die seligen Genien können angeredet werden, weil sie uns selbst schon angeredet haben. Die vollgültige Anrede aber leistet dann der je und je in der lebendigen Religion zur Sprache kommende echte Mythos.

Der Mythos sagt Du zu uns, läßt uns zum Wir und zum Ich werden und gibt uns die Vollmacht, wiederum Du zu sagen zu der Macht, die des monströsen, expandierenden und sich wieder kontrahierenden Alls mächtig ist. Er ergreift uns in der Tiefe unserer Seele und läßt uns aus dieser zunächst ganz unpersönlichen Seelentiefe zur Personhaftigkeit erwachsen. In dieser Reifung erleben wir, daß Ursprung und Ziel von allem, daß Untergrund und Überhöhe des Raums, daß Anfang und Ende der Zeit selbst personhaft sind. Was kann uns dann noch fehlen?

»Fürchte dich nicht! Ich bin der Erste und der Letzte und

der Lebendige; ich war tot, und siehe, ich bin lebendig von Ewigkeit zu Ewigkeit und habe die Schlüssel der Hölle und des Todes.« So läßt Johannes den auferstandenen Logos sprechen (Offenbarung 1,17f.). Es ist nicht zu kühn, wenn wir, von unseren heutigen Denkvoraussetzungen her, sagen: So spricht auch der wieder lebendig werdende Mythos. Denn im Ersten und im Letzten sind Logos und Mythos eins.

Wer mythisch zu denken und religiös zu existieren gelernt hat, für den führt die Zeit ins Heil, ist sie also heile Zeit auch angesichts des Todes. Der alttestamentliche Fromme geht »lebenssatt« zu seinen Vätern ein (1. Mose 25,8); der an Christus Glaubende harrt der Auferstehung; im Mahayana-Buddhismus freut sich der Religiöse auf das »reine Land« Sukhavati; der Hindu hofft auf das Eingehen in den Hochgott (Bhagavadgita XI, 54). Da ist heile Zeit mitten in der verfallenden Todeszeit.

Daß die uns obenhin so »normal« erscheinende »natürliche« Zeit in Wahrheit Verfallszeit ist, zeigt sich deutlich an einem inneren Widerspruch, den jeder erlebt. Da ist einmal die Erfahrung, die sich uns im Blick auf die nichterlöste, die »titanische« Natur aufdrängt: »Immer das Gleiche – niemals Erlösung aus Raum und Zeit – stets gebannt in die schreckliche Wiederholung« (Nebel, S. 162). Da ist zum anderen die gleichschreckliche Erfahrung der rapiden Vergänglichkeit von allem und unser selbst an erster Stelle: »Rosenzeit, wie schnell vorbei bist du doch gegangen« (Mörike). Wo das Licht des Bewußtseins aufzuleuchten begann, da wird diese Widersprüchlichkeit unausweichlich, wenngleich im Alltag geflissentlich verdrängt. Nicht, als ließe sich die Verfallszeit des nach Raum und Zeit so monströsen Kosmos einfach abtun; vernichtet, verschlungen und gestorben wird hier unaufhörlich weiter. Aber mitten im Vernichtungserleben heile Zeit erfahren, das eben verschafft der Mythos. Da kommt es zum steten, beglückenden Neuwerden. Hier treten wir in den Garten ein, wo Gottes unablässiges Schöpfungswirken stattfindet.

Literatur zum ersten Kapitel

Karl Barth, Die Lehre von der Schöpfung, in: Die kirchliche Dogmatik, Bd. 3,1 und 3,2, Zürich 1957[3] und 1948.
Reinhard Breuer, Vom Ende der Welt, in: Bild der Wissenschaft 1/1981.
Jean Brun, Le chant du mythe, in: Eranos-Jahrbuch 1979.
Karlfried Graf Dürckheim, Meditieren – wozu und wie?, Freiburg i. Br. 1976.
Ders., Hara, Weilheim 1972[5].
Sigmund Freud, Totem und Tabu, Ges. Werke Bd. 9, London 1968[4]; ders., Die Zukunft einer Illusion, Ges. Werke Bd. 14; ders., Der Mann Moses und die monotheistische Religion, Ges. Werke, Bd. 16.
Erich Fromm, Märchen, Mythen, Träume, jetzt deutsch Stuttgart 1980.
Martin Heidegger, Was ist Metaphysik? Frankfurt 1960[8].
Ders., Über den Humanismus, Frankfurt 1947.
Werner Heisenberg, Der Teil und das Ganze, München 1971.
Joachim Illies, Umwelt und Innenwelt, Herderbücherei 487, Freiburg i. Br. 1974.
Carl Gustav Jung, Über die Archetypen des kollektiven Unbewußten, in: Eranos-Jahrbuch 1934, Zürich 1935, S. 179–229.
Immanuel Kant, Kritik der reinen Vernunft = Werke, Bd. 2, Hg.: Wilhelm Weischedel, Darmstadt 1963.
Karl Kerényi, Die Eröffnung des Zugangs zum Mythos, Darmstadt 1967.
Gerhard Kittel, Theologisches Wörterbuch zum Neuen Testament, Stuttgart 1957ff. (Nachdruck 1933), Bd. 1 und 10,1.
Ulrich Mann, Das Christentum als absolute Religion, Darmstadt 1970.
Ders. Einführung in die Religionsphilosophie, Darmstadt 1970.
Ders., Altindiens Rätsel, in: Die Karawane, 14. Jg., 1973, S. 5–31.
Ders., Bewertungsmatrix und Lösungsstrategien für gegenwärtige ökologische und ökonomische Probleme, in: Mitteilungen 10, Schwerpunkt für Biogeographie der Universität des Saarlandes, 1978.
Gerhard Nebel, Unter Partisanen und Kreuzfahrern, Stuttgart 1950.
Walter Friedrich Otto, Mythos und Welt, Stuttgart 1962.
Carl Heinz Ratschow, Das Christentum als denkende Religion, in: Neue Zeitschrift für Systematische Theologie und Religionsphilosophie, 5. Bd., (1963), S. 16–33.
Jakob von Uexküll, Umwelt und Innenwelt der Tiere, Berlin 1909.
Ders., Die Lebenslehre, Zürich 1930.
Steven Weinberg, Die ersten drei Minuten, München 1977.
Heinrich Weinstock, Die Tragödie des Humanismus, Heidelberg 1960[4].
Wilhelm Weischedel, Der Gott der Philosophen, Darmstadt 1975, 2 Bde.

Von Religion und Seele

Wir haben Religion als »ganzheitliche Beziehung zum Ganzen« definiert. Das ist, zugegebenermaßen, rein formal und sagt über den Inhalt selbst noch gar nichts aus. Dennoch ist die Formel allgemein anwendbar, was nicht der Fall wäre, wenn man zum Beispiel von vornherein mit einem Begriff wie »das Göttliche« einsetzte. Es gibt Frühstadien der Religionsentwicklung, in denen gewiß höhere oder schreckliche Mächte scheu verehrt werden, aber der Ausdruck göttlich will dafür nicht passen; die Religionswissenschaft verwendet Worte wie das melanesische Mana (»zauberhafte Kraft«), das polynesische Tabu (das »streng Vermerkte«) oder das indianische Orenda (»geheimnisvolle Macht«) zur Charakterisierung bestimmter primitiver Religionen, bei denen von Göttern oder gar von Gott noch nicht die Rede ist. Auch der Begriff »das Heilige«, den wir Rudolf Otto verdanken, gehört schon in eine höher entwickelte Sphäre der Religion. Doch zum »Ganzen« will jede Religion »ganzheitliche« Beziehung verschaffen, ja sie will diese Beziehung selbst sein; und das gilt auch für urtümlichste Frühphasen. Immer ist die ganze Welt gemeint und zugleich das, was dieser Welt Ursprung und Sein verleiht.

Doch ist Welt natürlich ein relativer Begriff, abhängig vom Bewußtseinsstand dessen, der Welt denkt. Für ein kleines Kind ist Wohnung und Haus und Garten und noch ein Stück Straße mit all den Personen und Haustieren, denen es da begegnet, schon Welt im vollen Sinn. Bei den germanischen Bauern bestand die Welt, wie Wilhelm Grönbech schön gezeigt hat, aus »Midgard«, das waren die paar Höfe, die von einer bis zur Blutrache zusammenstehenden Sippe bewohnt wurden, und »Utgard«, das war die feindselige Umwelt, ein paar Meilen weit sich nach außen erstreckend, bis schließlich Riesenheim und Nifelheim begannen, gegen welche Sphären die Götter ewig Kriege führten. Religion hängt in ihrer Ausgestaltung also vom Bewußtseinsstand ab, Bewußtsein aber ist ein Bereich dessen, was wir Seele (Psyche) nennen. Was aber ist Seele? Das kann hier zunächst nur knapp angesprochen werden.

Seele, Bewußtsein, Unbewußtes

Beim Begriff Seele mag man sich einerseits etwas Theologisches oder Metaphysisches in dem Sinn denken, wie man von »unsterblicher Seele« spricht – oder auch diese leugnet. Wir können hier von dieser Bedeutung vorerst absehen. Seele ist andererseits für die Religionswissenschaft, aber doch auch für die Theologie, der Ausdruck für jenes Gesamt, innerhalb dessen, um wieder eine Bestimmung Jungs zu verwenden, jene Funktionen stattfinden, die man als Denken, Fühlen, Empfinden und Intuieren bezeichnet. Es ist ein Drinnen und Innen im Unterschied zu einem Draußen und Außen. Als solches ist es Organ der Wahrnehmung, und das auch in Beziehung auf sich selbst: Bewußtsein zielt immer auf Selbstbewußtsein. Freilich muß da gleich zur Absicherung hinzugefügt werden, daß Bewußtsein nur ein Teil dessen ist, was wir Seele nennen. Die Seele birgt unendliche Abgründe in sich, von denen wir nur weniges ahnen und deren volles Ausmaß uns nie hell bewußt werden kann. Seit Sigmund Freuds Entdeckung des »Unbewußtseins« und Jungs Ausweitung dieses Begriffs zu dem des »kollektiven Unbewußten« ist die empirisch forschende Psychologie dabei, einiges Licht in jene dunklen Gründe zu bringen, aus denen gewiß gefährliche, unbekannte und unvermutete Elemente aufsteigen können, die zu seelischen Erkrankungen führen, aber auch hilfreiche Weisungen für den einzuschlagenden Weg zur Genesung, etwa in Träumen, die daraufhin in der Psychotherapie analysiert werden.

So gesehen ruht das Bewußtsein auf einem Fundament, das man geradezu mit einem Katakombensystem vergleichen könnte. Aber nicht nur das; eine unterirdische Gräberwelt mit der sich das Unbewußte in mancher Hinsicht durchaus vergleichen läßt – ist ja letztlich doch erforschbar, irgendwo und irgendeinmal hört sie auf. Es geht hier jedoch in unzählbare geheimnisvolle Minengänge und Stollen weiter hinein und hinab, in Adern, Wasserläufe und Schächte, für die nur noch Märchen und Dichtung den angemessenen Bildausdruck kennen, so etwa die Geschichte von Aladin mit seiner Wunderlampe, so die Mütterszene in Goethes Faust, so manche Erzählungen von E. T. A. Hoffmann und Edgar Allan Poe.

Wesentlich ist dabei vor allem dies: Bliebe das Unbewußte völlig unbewußt, so ließe sich darüber gar nichts aussagen. So verhält es sich aber gerade nicht. Das Unbewußte ist mit dem Bewußtsein durch eine mehr oder weniger durchlässige Übergangszone verbunden, durch welche hindurch es sich immer wieder anmelden kann, wie schon gesagt in Träumen oder in instinktiven Reaktionen, in plötzlichen Eingebungen auch, die man manchmal wie den rettenden Wink eines Schutzengels empfindet – etwa beim rechtzeitigen Ausweichen vor einer ganz unbekannten Gefahr –, in überraschenden Einfällen, in augenblickshaften Klarsichtphänomenen und dergleichen. Solcherlei geschieht immer ganz unwillkürlich. Das Unbewußte darf eben nicht als eine bewußt planende Instanz aufgefaßt werden, dazu ist es viel zu unbewußt. Es äußert sich gleichsam halbwach oder halbträumend; man könnte auch sagen, es spielt, so wie nach indischer Auffassung die ganze Erscheinungswelt ein Spiel (Lîlâ) von Vorstellungen ist, ja es spielt seine Manifestationen, einfach so, dem Bewußtsein zu, absichtslos und ungekünstelt, aber stets überwältigend wahr – das Unbewußte kann nicht lügen!

Es ist eine Frage für sich, wieweit die Manifestationen aus der Tiefe vom Bewußtsein immer klar genug gedeutet werden. Wenn solche Mitteilungen irreführen, so ist aber auf jeden Fall das Bewußtsein daran schuld, weil ihm sein eigener Wurzelgrund in der Tiefe allzu fremd geworden ist. Wer sich banale Traumbücher hält und nach diesem oder jenem Traumbild eine Geldüberweisung erwartet, wird dem wunderbar sinnvoll strukturierten Lebensorganismus der Seelentiefe nicht gerecht; er gleicht einem Kurpfuscher, der eine Blinddarmreizung als Schwangerschaft diagnostiziert. Es gibt aber zwei Wege, auf denen man mit einiger Sicherheit so weit in die dunkle Sphäre des Unbewußten vorzudringen vermag, daß man eine Art Gradnetz anfertigen kann, in welchem wenigstens die häufiger vorkommenden Bilder eingezeichnet und geortet werden können, eine Orientierungskarte also, wie sie Ernst Jüngers Romangestalt Fortunio für die dunklen »Urwälder des Nordens« angefertigt hat. Diese Karte ist und bleibt unvollständig, das liegt im Wesen des Unbewußten; doch sie ist möglich und, mit allen Unzulänglichkeiten gewiß, doch unentbehrlich. Welches sind die beiden Wege? Der eine ist die wissenschaftliche Mythenforschung, welche von der Religionshistorie betrieben wird; der andere ist die empirisch-wissenschaftliche Seelenforschung, welche von der Tiefenpsychologie mit dem Zweck der psychotherapeutischen Praxis ausgeht und wiederum, hervorgehend aus deren praktischen Beobachtungen, zum Zweck neuerer und besser gesicherter Erkenntnisse stetig weiterbetrieben wird.

Diese beiden Wege sind neu angelegt, sie sind Ergebnisse moderner wissenschaftlicher Forschung. Doch wäre es irrig, zu meinen, die Tiefenzone der Seele wäre erst seit Beginn der modernen Wissenschaft erkundet worden, seit der Aufklärung des achtzehnten Jahrhunderts also. Je weiter wir zurückblikken, um so mehr erstaunt uns die Fülle zutreffender Erkenntnisse der Menschheit über die Sphäre der Tiefe. Das ahnt und spürt der neuzeitliche Mensch auch, mehr oder weniger unbewußt; anders ist nicht zu erklären, was sich so alles in unserer Zeit an »Subkultur« breitmacht. Junge Menschen kommen daher in Gewand und Maske keltischer Druiden, altkretischer Priesterinnen, irokesischer Waldläufer, brahmanistischer Yogins und fort. Daß hierbei gewiß viel falsche Theatralik im Spiel ist, sollte nicht dazu verleiten, die ehrliche Wirklichkeitssuche zu verkennen, die manchmal hinter solchen Maskeraden versteckt ist. Der voraufklärerische Mensch wußte in der Tat mehr von den Realitäten der Tiefe, als »unsere Schulweisheit sich träumen läßt«, wie es im Hamlet heißt. Doch können wir andererseits auch hinter die Aufklärung nicht zurück. Wir wissen doch zuviel von den Verirrungen, die zuvor geschehen sind. Kopfjägerei, Marterpfahl und Skalpierungen, Menschenopfer aller Art, in »fortgeschritteneren« Phasen dann heilige Kriege, Kreuzzüge, Ketzer- und Hexenverbrennungen und Kreuzigungen, und was da noch genannt werden könnte; weiß Gott, im Namen der Religion ist genug an Schrecklichem geschehen. Freilich sollte uns schon ein kurzer Blick auf unsere heutige Wirklichkeit auch wieder bescheiden machen. Es geht nicht an, wegen solcher Verirrungen die Religion als ganze zu verwerfen. All die genannten Scheußlichkeiten kommen heute noch und verstärkt wieder vor, freilich unter nichtreligiösen, ja betont aufklärerischen Vorzeichen. Man kann sich dem Eindruck nicht entziehen, daß die verdrängte und verborgene Religiosität, die »Kryptoreligion«, noch weit unkontrollierter und hemmungsloser all jene genannten Abscheulichkeiten betreibt als die ehrlich und offen betriebene und anerkannte Religion früherer Zeiten, auch wo sie irrte.

All dem gegenüber gibt es nur ein Hilfsmittel, ein schwaches gewiß, zugegeben, aber doch ein Mittel, und das verdanken wir eben der Aufklärung; es ist die behutsame wissenschaftliche Forschung. Behutsam, das heißt, solche Forschung maßt sich nicht an, alle Welträtsel jemals zu lösen, sie verzichtet auf großangelegte Protheorien, etwa im Sinn jener These des Kommunistischen Manifests von Marx und Engels, wonach das Rätsel der Menschheitsgeschichte ganz einfach dadurch aufgelöst werden könne, daß diese als Geschichte von Klassenkämpfen erkannt und beschrieben wird – dazu hat sich eben die klassenkämpferische Ideologie schon viel zuviel an Greueln geleistet.

Wissenschaftlich, das heißt zum einen, die *Religionsgeschichte* wird streng historisch-kritisch erforscht, ihre Verirrungen werden nicht vertuscht oder billig gerechtfertigt, nur um einer heutigen Religiosität nicht zu nahe zu treten, vor allem wird gefragt, nicht nur wo eine Religion von ihrem eigenen Ansatz abgeirrt ist, sondern auch wo in solchem Ansatz schon Keime späterer Verirrungen liegen – so ist zum Beispiel kritisch zu untersuchen, welche schon im Neuen Testament auffindbaren Wurzeln der später so schrecklich ausgewucherte Antisemitismus haben könnte.

Wissenschaftlich, das heißt zum anderen, daß die *Tiefenpsychologie* sich streng ans empirisch Erwiesene hält und da, wo sie ein weltanschauliches und psychotheologisches Gesamtbild vom Sein entwirft, immer genügend deutlich macht, daß sie sich dieses immer korrigieren lassen will, sobald empirische Fakten dagegensprechen. Gerade in solcher Behutsamkeit und Zurückhaltung war, eben bei seinen am kühnsten anmutenden Theorien, C. G. Jung der schlechthin vorbildliche Meister – man braucht nur an den in mancher Hinsicht so ähnlich denkenden Rudolf Steiner zu erinnern, bei dem aber diese empirische Fundierung doch eine allzu geringe Rolle spielt.

Seele und Welt

Der Begriff der »Tiefe« hat sich uns wie von selbst aufgedrängt. Er ist ein Bildbegriff, das muß man sich immer vor Augen halten; aber als solcher ist er sehr treffend und hat sich durchgesetzt, auch in der populären Bezeichnung Tiefenpsychologie für die Richtungen von Sigmund Freud, Alfred Adler, Carl Gustav Jung und Fritz Künkel, um nur die bekanntesten Namen zu nennen. Die Tiefe, welche da erhellt wird, ist letztlich unergründlich. Deshalb kann ein behutsamer wissenschaftlicher Psychologe wie Jung auch immer nur betonen, daß es von der Empirie, der objektiven Faktenkenntnis her nicht möglich sei, zu sagen, was Seele letztlich und eigentlich sei; denn um das zu sagen, müßte man sie ganz ergründet haben. Nietzsche hat es in dem wunderbaren Gedicht, das er Zarathustras Rundgesang nennt, mit den Bildworten Tag für Bewußtsein und Nacht für Seelentiefe ausgedrückt:

O Mensch! Gib acht!
Was spricht die tiefe Mitternacht?
Ich schlief, ich schlief –,
Aus tiefem Traum bin ich erwacht: –
Die Welt ist tief,
Und tiefer als der Tag gedacht.
Tief ist ihr Weh –,
Lust – tiefer noch als Herzeleid:
Weh spricht: Vergeh!
Doch alle Lust will Ewigkeit –,
– will tiefe, tiefe Ewigkeit!

Es ist, als hätte Nietzsche hier die Seelen- und Weltanschauung Jungs seherisch vorweggenommen. Das gilt vor allem für jene Perspektive, die uns durch den Begriff Welt in dem Gedicht nahegebracht wird. Wie, die Welt ist tief? Und sie kennt Weh und Lust? So ist sie also nicht bloße Anhäufung von Materie, wie wir unter dem Einfluß der modernen Astrophysik, von der schon die Rede war, so leicht und unwillkürlich vermeinen? Nach Nietzsche, wie nach Jung, ist Welt von Seele nicht zu lösen, wie anders könnte sonst Psyche, die »tiefe Mitternacht«, von ihrem Tiefengeheimnis reden, das zugleich das der Nacht selbst ist?

Wir sollten uns einem einfachen Gedankengang hierzu ehrlich stellen. Über die Welt kann von uns nichts erkannt, gedacht und ausgesagt werden, was uns nicht durchs Filter der Seele vermittelt wird. Schon für das Äußere gilt das. Der hellblaue oder wolkengraue Taghimmel und der sternfunkelnde Nachthimmel, der Sonnenglanz und das Sterngeglitzer, das Waldgrün, das Gletscherweiß und das Meerblau und an was immer man denken mag, all das ist ja bloß »Impression«, wie David Hume, an den Kant sich anschließt, gesagt hat, äußerer Eindruck. Die Naturwissenschaft belehrt uns, daß dies reine Subjektivität sei, in Wahrheit geht all das in zahlenmäßig meßbaren Schwingungen auf, letztlich in abstrakten mathematischen Formeln. Aber auch die sind ja nicht als »objektiv« zu erweisen, Zahlen und Zahlenverhältnisse sind »Axiome«, sind als selbstverständlich angesehene Voraussetzungen, die sich dem Daseinsbeweis entziehen, weil sie selbst ihr eigener Beweis sein wollen. Diese axiomatischen Wirklichkeiten sind dann, wieder mit Hume, die »Ideen«, als solche unanschaulich und wiederum in ihrer Realität nicht streng beweisbar. Sie sind, mit Kant, Anschauungsformen, Verstandeskategorien und letztlich jene unbeweisbaren und doch denknotwendigen »regulativen Prinzipien«, die hinsichtlich des Äußeren als »Welt«, hinsichtlich des Inneren als »Seele« und hinsichtlich des beides umgreifenden allgemeinsten Sinnprinzips als »Gott« zu bezeichnen sind.

Damit soll und kann nicht gesagt sein, daß alles, was uns in der Außenwelt begegnet, *nur* »Seele« sei, wie der radikale Idealismus behauptet oder auch manche Richtung der indischen Religion. Aber anders als durch Seele vermittelt erfahren wir die Außenwelt nicht. Demnach erscheint sie uns, wir können diesem Schluß nicht entgehen, zumindest als durchs Filter der Psyche gefärbt und gestaltet; und wiederum, anders als gestaltet und gefärbt erleben wir Welt nun einmal nicht, jedenfalls nicht in den selbstverständlichen und unmittelbaren Erlebnisakten, die sich im Wachen und im Träumen wie eine endlose Kette aneinanderschließen. Konkret genommen ist die Welt durch Seele geprägt.

In solcher Tiefe und Weite findet sich nun eine unmittelbar erlebte Übereinstimmung zwischen den zahllosen menschlichen Individuen. Auch da gibt es freilich Denkschwierigkeiten. Wir können niemals objektiv feststellen, ob der Mitmensch, mit dem zusammen wir uns über einen schönen Sommertag freuen, den blauen Himmel wirklich ebenso blau sieht wie wir, den Sonnenglanz so golden und die Wolken so weiß und die Wälder so grün. Wir nehmen einfach an, daß die Welt für ihn ebenso aussieht wie für uns, aber nachweisen läßt sich das nicht. Er sagt Grün, und ich sage Grün, aber meinen wir auch wirklich dieselbe Impression? Lassen wir das auf sich beruhen, immerhin können wir feststellen, daß wir uns mit dem Nachbarn und Freund verständigen können, die Sprache deckt ja etwaige nicht nachzuweisende Differenzen ohne weiteres zu: Er sagt Grün, und ich sage es auch, begnügen wir uns damit. Sprache und Denken – beides ist im Grund dasselbe – lassen unser Welterleben übereinstimmen. Und das heißt doch wiederum: Die Seele sorgt für die Weltharmonie. Und die Seele ist andererseits auch wieder Welt, gewiß; aber erkannt wird Welt nur durch Seele.

Soweit unser kurzer Ausblick in Richtung Erkenntnistheorie und Metaphysik. Wir fragen weiter nach der Seele. Ihr Erkenntnisgegenstand ist, wie wir sahen, die Welt, zu der sie ja auch selbst gehört, und dies nun in genau abgestuften, klar unterscheidbaren Ordnungen des Näheren und des Ferneren. Die Sprache drückt diese abgestufte Ordnung in den wichtigsten Elementen der Konjugation des Zeitworts aus. Da gibt es, als »erste Person«, das Ich, welches das Zentrum der bewußten Seele bezeichnet; vom Ich ausgehend steht mir am nächsten das Du als »zweite Person«; es folgt das Er, das Sie und schließlich das Es. Er und Sie, das sind mögliche Du-Wesen, solche freilich, die nicht unmittelbar in der Zwiesprache mit mir stehen, mir also konkret und gegenwärtig begegnen; aber sie sind deutlich unterschieden von allem, was in die Klasse des Es oder des Sie in der Mehrzahl gehört. Diese letztgenannte Klasse umgreift die gesamte Sphäre des Gegenständlichen, des sogenannten Objektiven, bis hin zu den fernsten Galaxien. Die Sprache ist also dieser Struktur nach fähig, grundsätzlich alles, nämlich das Ganze, zu umgreifen. Nur leistet sie, für sich allein, doch nicht, daß wir das Objektive auch ganzheitlich zu *erleben* vermögen. Immerhin leistet sie den Ansatz dazu. Wenn es eine Möglichkeit gäbe, einen noch so fernen Gegenstand eben nicht bloß als Objekt zu bezeichnen, sondern in brüderliche oder schwesterliche Beziehung zu ihm zu treten, ihn aus seiner Eshaftigkeit zur Duhaftigkeit zu befreien, dann wäre für mich immerhin »ganzheitliche Beziehung zum Ganzen« hergestellt; vorher wäre diese Beziehung nur objektiv-theoretisch, aber nicht ganzheitlich-praktisch. Wer diese Beziehung herzustellen vermag, das haben wir schon angedeutet, ist die Religion. Auch hier gibt es natürlich Irrigeres und Richtigeres. Religion kann dazu verleiten, die Sonne anzubeten und damit zum Schöpfer selbst zu machen; sie kann aber auch, wie Franz von Assisi gezeigt hat, zur demütigen Brüderlichkeit mit dem Geschöpf führen, worin das Mitgeschöpf weit über den bloßen Objektcharakter hinaus in seinen vollen Rang eingesetzt wird: Der heilige Franz redet »Bruder Sonn« an, Teilhard de Chardin dichtet eine »Hymne an die Materie«. Das ist nur möglich in der Religion und aus ihr. Das Organ der Religion aber ist die Seele. Religion bewirkt, daß die Seele aus dem fernsten Objekt ein Du machen kann, auch aus dem allerfernsten und alles umgreifenden, nämlich Gott selbst; Religion muß sich aber dazu der Seele und ihres Sprachvermögens bedienen.

Wandlung

Wir fragen nach der Struktur der Seele; dabei müssen wir nun auf das *Werden* dieser Struktur achten. Daß es hier ein Zentrum gibt, das wir als Ich bezeichnen, wurde schon gesagt. Das Ich ist ein hohes Gut. Gewiß darf gesagt werden, daß, so lange es schon Wesen gibt, die wir Menschen nennen, auch das Ichzentrum existiert. Doch wissen wir aus der wissenschaftlichen Völkerkunde, der Ethnologie, daß bei sogenannten »Primitiven« das Ichbewußtsein noch verhältnismäßig schwach ausgebildet ist. Unser heutiger starker Individualismus ist erst langsam das geworden, was er ist. Bei diesem Werdeprozeß mußte sich das Ich mühsam aus tieferen Bindungen zur Selbständigkeit befreien. Der dunkle Seelengrund, in dem das Ich wurzelt wie alle seelischen und geistigen Elemente, versucht jedoch immer wieder, solche Loslösungsversuche zu verhindern, und das gerade in den Augenblicken, wo das aufsteigende Ich sich in seinem Freiheitsdrang zu überheben versucht, wo es sich verabsolutiert und zum Alleinherrscher alles Psychischen und Materiellen aufschwingt. Die

Seelentiefe erweist sich dabei sogar als hilfreiche Freundin des werdenden Bewußtseins; sie meint es im Grund gut mit diesem, die Hemmung geschieht eigentlich zum Wohl des seelischen Ganzen, das sich in der Übersteigerung des Bewußtseins und des Ich zum psychischen Chaos wandeln muß, wie sich das heutzutage in zahlreichen neurotischen Phänomenen unserer modernen Geistigkeit deutlich genug äußert. In diesem Ringen aber wandelt sich nicht nur das Bewußtsein und das Ich zu einer zutiefst unglücklichen Tyrannengestalt, die sich auf ihrer erreichten schwindelerregenden Höhe nur noch krampfhaft, gewalttätig und vereinsamt festzuhalten vermag; es wandelt sich dabei auch, weil Feindschaft immer zurückschlägt, die Seelentiefe zum Schlimmen hin. Da tauchen dann plötzlich fürchterliche Gegner des Bewußtseins und des Ich auf, welche als Rachegeister – Erinnyen –, Dämonen, Teufel oder verschlingende archaische Muttergottheiten empfunden werden. Das klassische Bild dieses Kampfs – und seiner zur endlichen Versöhnung führenden Lösung – finden wir in der Orestie des großen Dramatikers Aischylos. Hier wird der Kampf der alten Mächte wider das neue Bewußtsein geschildert, die zunächst als Unholde auftreten, um in der schließlichen Lösung zu »Eumeniden«, das heißt »Wohlgesinnten« zu werden, die nun, versöhnt, dem neuen Rechts- und Ich-Bewußtsein hilfreich beistehen. Wer oder was bewirkt aber solche heilsame Wandlung? Die Religion! Die Eumeniden werden der ihnen zustehenden kultischen Verehrung teilhaftig, die jungen Gottheiten, Athena und Apollon, erhalten aber ebenfalls das ihnen im Aufstieg des Bewußtseins erkämpfte und nun wiederum kultisch legitimierte Recht. Was da geschieht, ist im Grund eine Neuschöpfung. Es handelt sich also, strenggenommen, um einen religiösen Schöpfungsmythos.

Chaos wird zu Kosmos, Unheilswelt zu göttlich heiler Schöpfungswelt. Nichts anderes ist auch der Sinn der alttestamentlichen Schöpfungsmythen, die ihren kultischen Zielpunkt darin haben, daß in der Anbetung des Schöpfergottes sich Chaos zum heilsamen Kosmos wandelt.

Das Wort Wandlung ist uns nunmehr bedeutsam geworden. Die alten Mächte wandeln sich, die neuen aber auch. Religion erscheint uns somit als die eigentliche Sphäre solcher heilsamen Wandlung. Sehen wir genauer zu, so finden wir, daß alles Unheil unserer heutigen Welt recht gut gedeutet werden kann als Mangel an Wandlungsfähigkeit. Allenthalben Fronten, die erstarrt sind! Kapitalismus hier, Kommunismus da, Patriarchalismus hier, Feminismus da, und so immerzu fort. Zwischen Reaktion und hemmungsloser Progressivität zerreiben sich die Völker, die Gruppen und die einzelnen. Dabei ist die Lage so labil, ja explosiv geworden, daß man nicht einmal mehr, was zunächst als gut biblisch, gut neutestamentlich zumal, erscheinen könnte, zu einseitigem Nachgeben der einen oder der anderen Seite raten darf.

Der Möglichkeiten, daß solches Nachgeben in verhängnisvoller und dann irreparabler Weise von der anderen Seite ausgenützt werden könnte, sind zu viele, sind leider auch zu viele vor aller Augen verwirklicht worden, als daß hieraus ein unmittelbares politisches Rezept abgeleitet werden dürfte. Was für den einzelnen gelten mag, kann nicht ohne weiteres auf Staaten und Machtgruppierungen angewendet werden. Denn ich als einzelner habe vielleicht das Recht oder auch die Pflicht, als Zeuge – Märtyrer – für ein künftiges Ethos der Gewaltlosigkeit zu leiden und unterzugehen; ich habe aber auf keinen Fall das Recht, solches Märtyrertum einer großen Gesamtheit, zu der immer wehrlose Kinder, Alte und Leidende in großer Zahl gehören, zuzumuten und solche Schutzlosigkeit gar noch auf gesetzgeberischem Weg zur Pflicht zu machen – Zeugenschaft läßt sich nur erschwingen, aber nicht verordnen. Vor allem macht sich solches Zumuten dann besonders schlecht, wenn ich zugleich den Schutz und Lebenseinsatz eines braven Polizeibeamten in Anspruch zu nehmen entschlossen bin für den Fall, daß irgendein Gewalttäter nächtens in meine Wohnung eindringt.

Dies als Seitenblick auf die sogenannte politische Ethik unter gegenwärtigen Aspekten. Mit Parlamentsbeschlüssen ist da nicht viel auszurichten. Die Wandlung, die von der ganzen Menschheit verlangt wird, ist nur behutsam und auf lange, sehr lange Zeiträume hinaus einzuleiten, sofern man da überhaupt von bewußtem Einleiten sprechen kann. Und doch muß eingeleitet werden. Aber wie? Wir könnten hier an das große Beispiel des Mahatma Gandhi denken, der gewiß zu den menschlich größten Politikern unseres Jahrhunderts gezählt werden muß, einen religiösen Märtyrer auch, der für seine Idee der Gewaltlosigkeit – Ahimsa – gestorben ist. »Hai Ram!«, O Gott!, diese seine letzten Worte sind eingraviert auf der marmornen Platte in Delhi an der Stelle, wo seine sterblichen Überreste verbrannt wurden – eine der ehrwürdigsten Gedenkstätten unseres Jahrhunderts. Dennoch darf dabei nicht übersehen werden: Ahimsa war eine sehr scharfe politische Waffe im Kampf von 400 Millionen Menschen gegen eine Besatzungsmacht von im ganzen höchstens vierzigtausend Beamten und Soldaten, nichts »ging mehr« – wie man heute sagt –, wenn die Massen nicht mehr mitspielten. Und andererseits hat sich das neue Indien in der Anwendung von Gewaltmitteln nicht kleinlich gezeigt, wenn es gegen die dort verbliebenen Muslims ging, gegen Goa, gegen Pakistan und so fort. Die große, die in der Entwicklung der Psyche eigentlich gemeinte Wandlung hat auch der große, gewiß durch und durch religiös motivierte Politiker Gandhi weder für die Menschheit noch für sein Indien zuwege gebracht. Diese eigentliche Wandlung steht immer noch aus, hier wie da, und sicher noch für lange Zeit. Sie kann überhaupt nur zustande kommen durch freie Hinwendung zu lebendiger Religion. Daß sie auch durch schwerste militärische Vernichtungsschläge nicht zustande kommen wird, das hat die Entwicklung seit Hiroshima ja deutlich genug gezeigt, und schon vor annähernd zwei Jahrtausenden hat der Apokalyptiker Johannes dies als sozusagen selbstverständlich dargestellt: »Sie taten nicht Buße« (Offenbarung 9,20). Buße kommt eben aus der Religion und nur aus ihr. Wir brauchen aber letztlich doch keine Sorge zu haben. Selbst in extrem religionsfeindlichen Systemen unserer Zeit wacht lebendige Religion immer wieder überraschend auf. Nur die »ganzheitliche Beziehung zum Ganzen« setzt die notwendige Bewegung der Wandlung in Gang. Es lohnt also nicht nur, es ist schlechthinnige Pflicht, der Sache der Religion zu dienen. Mag es mit Kirchentümern und Religiositäten hin oder her so schlecht bestellt sein wie auch immer, die lebendige Religion darf nicht vollends einschlafen oder gar absterben. Das Menschsein der Menschen, die Humanität, hängt davon ab.

Die Religion, sofern sie nur lebendig ist, leitet den notwendigen Wandlungsprozeß ein. Sie hat das schon immer getan. Die Religionsgeschichte der Menschheit in all ihrer Vielfältigkeit ist, trotz aller Verirrungen, doch auch ein einzigartiger Beleg für immer neu geleistete notwendige Wandlung, die jeweils in Versöhnung mündet, in eine kurzfristige nur vielleicht, aber dennoch ist damit auch der jeweils neue Prozeß eingeleitet worden.

Domestizierung der Haustiere, Ackerbau, Seßhaftigkeit, Staatenbildung, all das und was da noch zu nennen wäre, zwang den Menschen zu inneren Wandlungen grundlegender Art, und all diese Wandlungen wurden geleistet durch den Beistand des Mythos, des Kults, mit einem Wort: durch Religion. Es ist nicht einzusehen, wieso die heute geforderte Wandlung dieses Beistands nicht mehr bedürfen sollte. Die Elemente dazu liegen bereit, die religiöse Tradition hat alle denkbaren Muster und Modelle schon parat. Die Schöpfungsmythen sind da, sie wollen auf unsere Zeit hin interpretiert werden und dann neu zur rechten religiösen Einstellung, zur Anbetung und zur Versöhnung führen.

Daß nur die Religion die erforderliche Wandlung zuwege bringen kann, erklärt sich daraus, daß die Mächte der Tiefe sich durch einen bloßen, wenn auch noch so zweckmäßigen, Entschluß des Bewußtseins nicht zur Wandlung bewegen lassen. Sie haben zwar nicht die Macht, den Bewußtseinsaufstieg völlig zu verhindern, aber sie können ihn irreleiten und tun das oft genug auch wacker, zum Beispiel in individuellen oder kollektiven Neurosen aller Art; vor allem aber sind sie stark genug, die Befehle des Bewußtseins zu mißachten: Es ist dann wie auf einem Schiff, wo meuterische Stimmung herrscht und Maschinisten wie Steuermann die Befehle aus dem Kartenhaus durchkreuzen trotz drohender Karambolagen.

Die Mächte der Tiefe wollen versöhnt sein. Solche Versöhnung aber leistet erst die lebendige Religion; wobei wir getrost anfügen dürfen: Wenn die sozusagen »normale« Religion versagt, was ja oft genug der Fall sein mag, so tritt, zeitweise wenigstens, eine gute, gekonnte Therapie in die Rolle der ausgefallenen Instanz ein und leistet dann den Notdienst, den die Religion versäumte. Eine gute Tiefenpsychologie ist kein »Ersatz« für wirkliche Religion und soll es auch nicht sein wollen; aber sie ist in Schwächezeiten der lebendigen Religion doch die unersetzbare Instanz für Notfälle. Auch solche Not-Instanz leistet aber einen wirklich religiösen Dienst!

Wie wird nun dieser Dienst geleistet, sei es von der Religion oder von der Therapie, ein Dienst, der die Mächte der Tiefe versöhnt und damit heilsame Wandlung möglich macht? Dadurch, daß zwischen diesen Mächten da und dem vereinsamten Ich hier ein verbindendes Element entsteht. Dieses Element wird bei Jung und in seiner Schule als »Selbst« bezeichnet. Das Selbst gehört zwar in den Bereich des Unbewußten, dies aber so, daß es gleichsam auf der Schwelle zur Bewußtseinssphäre wartet, um Freundschaftsangebote vom Ich her entgegenzunehmen und gegebenenfalls dann hilfreichen Mittlerdienst zu leisten. Solche Freundschaftsangebote können freilich nicht bloß aus ein paar allgemeinen höflichen Gedanken, sozusagen inneren Worten, bestehen. Diese Angebote des Ich müssen vielmehr den Charakter eines ganzheitlichen, auf Ganzheit zielenden Entschlusses tragen! Das aber gelingt nur, wenn etwa in der therapeutischen Analyse erst der ganze Abgrund offenbar geworden ist, an dessen Rand das Ich geraten ist, und dann zugleich der Glaube an hilfreichen Beistand dazukommt, den der Therapeut zu erwecken hat. So ist es, wenn der Notdienst geleistet wird. Noch gründlicher, die ganze Welt und ihre Zeit umgreifend, wirkt die Religion, wenn sie in heilsamer Weise lebendig wird. Wir sprechen dann etwa von Erlebnissen der Bekehrung oder Erleuchtung, brauchen uns diese aber durchaus nicht immer als grandiose Visionen vorzustellen. Es gibt Bekehrungen, die sich ganz still in kaum vermerkten Hinwendungen äußern, und das ein ganzes Leben lang, etwa im Sinn der Devise Luthers »Unablässig neu beginnen, wenngleich nie ganz vollenden«. Im Grund ist lebendige Religion nichts anderes als eine solche unablässige Reihe von Hinwendungen, die sich nur gelegentlich in bewußteren seelischen Äußerungen bemerkbar machen, etwa in dem vielleicht nur innerlichen Aufschrei »Herr, hilf mir!« (Matthäus 14,30). Religionspsychologisch gesehen ist da Selbstwerdung erfolgt. Theologisch gesehen hat sich da die göttliche Rettergestalt offenbart. Sie hat sich dadurch offenbart, daß sie das zuvor im Unbewußten versunkene Selbst ergriff und auf die Schwelle des Bewußtseins heraufholte. Religionsphilosophisch gesehen hat sich der lebendige Mythos manifestiert. In einer denkenden Religion wird da auch immer das Weltganze mit bewußt. Der sinkende

Petrus, an dessen Hilferuf wir uns eben erinnert haben, hat nichts Geringeres erlebt, als »daß ihm (dem Retter) Wind und Meer gehorsam sind« (Matthäus 8,27). Er hat also den erkannt, dem die Schöpfung untertan ist; das heißt nichts Geringeres, als daß auch hier der Schöpfungsmythos in all seiner Kraft und Dringlichkeit offenbar wurde.

Phasen der Wandlung

Nun sind wir soweit, uns ein Schema vor Augen zu führen, in welchem wir uns das Werden sowohl von Psyche wie von Religion zu veranschaulichen vermögen. Beide Größen sind im Grund zwei Seiten einer und derselben Wirklichkeit. Diese Wirklichkeit ist einerseits zu allen Zeiten eine und dieselbe. Der Neandertaler hatte keine geringere Gottesnähe als der heutige Mensch; um das biblisch auszudrücken: Schon zu Zeiten von Adams Sohn Seth und dessen Sohn Enos, zu Lebzeiten Adams, »fing man an zu predigen von Jahwes Namen« (1.Mose 4,26). Andererseits ist der Bewußtseinsstand, in dem diese eine und selbe Wirklichkeit zur Sprache und zum Ausdruck kommt, geprägt von der jeweiligen psychischen und geistigen Entwicklungsstufe. Das heißt: Einer und derselbe Schöpfungsmythos ist es, der sich dem sogenannten »Primitiven« aufdrängt, etwa in der Sage von »Göttern und Riesen«, wie er auch dem begegnen will, der vom »Urknall« und »Schwarzen Löchern« weiß. Der Mythos umgreift beide Bilder, denn er umgreift alles. Er will immer in die jeweilige Sprache hinein verdolmetscht, sprich: interpretiert werden.

Soweit wir heute die Gesamtentwicklung sowohl der Seele wie der Religion überblicken können, ergibt sich für uns das Bild von drei großen Phasen. Die erste Phase ist die der sogenannten »primitiven Mentalität« (nach Lucien Lévy-Bruhl) in Kultur und Religion. Die zweite ist diejenige, welche von Karl Jaspers als »Achsenzeit« der Geistesgeschichte bezeichnet worden ist, jene Epoche, in welcher sich aus der ackerbautreibenden Frühkultur infolge der Schrifterfindung und des damit freier werdenden Planens die Hochkultur zu entwickeln begann als eine Sphäre, in welcher der Mensch sich grundsätzlich auf immer neue Erkenntnisse auf jedem Gebiet gefaßt machte, ohne sich auch deswegen schon grundsätzlich zum Grenzüberschreiter zu entwickeln. In dieser Phase, deren Höhepunkte man etwa im klassischen Griechentum und dann in der frühen Renaissance suchen kann, ist der »faustische« Drang nach unendlichem Fortschritt noch ausgewogen durch ein bewußt gepflegtes scheues Respektieren der dem Menschen letztlich gezogenen Grenzen. Die dritte Phase ist die der vollentwickelten Hochkultur, die zwar stets grundsätzlich versucht ist durch die Verlockung zur radikalen Grenzüberschreitung in jeder Richtung, aber in ihren besten Geistern doch auch stets darum ringt, dem Drang zur radikalen Seinsbemächtigung – die ja immer zum Scheitern führt – Schranken zu setzen. Hier gibt es dann, wenn auch selten genug, die mit wahrer Freiheit immer verbundene Ehrfurcht, von deren dreifacher Gestalt – Ehrfurcht vor dem, was unter uns, was uns gleich und was über uns ist – Goethe in den »Wanderjahren« gesprochen hat; solche Ehrfurcht aber ist das eigentliche Kennzeichen der ausgereiften Hochreligion.

Die drei Phasen der Geistesentwicklung lassen sich in der Religionsgeschichte dadurch charakterisieren, daß man die »ganzheitliche Beziehung zum Ganzen« daraufhin befragt, wie dabei jeweils zwischen Diesseitigkeit und Jenseitigkeit, Immanenz und Transzendenz, vermittelt wird (dies ist näher ausgeführt in meiner »Einführung in die Religionsphilosophie«). Der vor allem auf Hegel zurückgehende Begriff der Vermittlung ist hierzu besonders hilfreich. Das »Ganze« ist ein Grenzbegriff, er grenzt an die Sphäre des nicht unmittelbar dem Menschen Verfügbaren, ans Transzendente also. Diese Vermittlung sieht je nachdem, wie das Bewußtsein Welt und Seele auffaßt, anders aus. Ist Welt, wie zu Anfang gesagt, der überschaubare Komplex aus Midgard, Utgard, Nifelheim und Riesenheim und schließlich Asgard, dem Göttersitz, so gibt es da jedenfalls ein verbindendes Element, das all diese Sphären doch zu einer Erfahrungseinheit macht: Es ist die mythologische Bilderwelt – nicht zu verwechseln mit dem, was wir als »echt mythisch« bezeichnen. Die mythologische Bilderwelt stellt ein Begriffsarsenal des Verstehens bereit, das alles umgreift. Da streift der Holzsammler oder Jäger durch den Wald und weiß, daß jederzeit ein Zwerg oder Riese aus dem Dunkel hervortreten könnte wie auch daß Odin selbst auf seinem achtbeinigen Hengst daherbrausen mag, gefolgt von der Walkürenschar. Der Mensch kann sie deutend verstehen, aber er kann nicht über den Willen von Nibelungen oder Riesen verfügen, geschweige denn über den der hohen Asen. Transzendenz also auch hier; jedoch keine theoretische, die Anschauungswelt ist da stets auf dem Sprung, sich zu offenbaren.

Anders dann, wenn die zweite Phase der Bewußtseinsentwicklung eingesetzt hat. Da wird Transzendenz zu einem Denkproblem. Platon überspielt das durch mythische Bildgestaltungen, aber diese sind insofern doch keine »echten Mythen«, als ihnen eben kein Kult im Vollsinn entspricht: Sie ergänzen die abstrakte Wirklichkeit, die durch den vorhergehenden philosophischen Dialog theoretisch anvisiert und als Ziel des Verstehens erkennbar gemacht wurde, sie zwingen nicht in die Knie, führen nicht zur Anbetung, sondern nur zu einem neuen Denken, sie führen damit an die Grenze der Religion, aber nicht in sie hinein – Platon bleibt Philosoph und wird nicht zum Propheten, geschweige denn zur Heilandsgestalt, er hält am Ende vor diesem letzten Schritt doch bewußt und wollend inne, wiewohl die späten Dialoge manchmal zunächst auf diesen grenzüberschreitenden Schritt hinzuführen schienen.

Es ist also in der zweiten Phase eine Gebrochenheit festzustellen; nicht nur ein Bruch zwischen reinem Mythos und mythischem Denken, sondern ein viel tiefer reichender, ein Bruch zwischen mythischem Denken und reiner Theorie, bloßer Abstraktion. Diese Gebrochenheit erleben wir noch heute, wie schon im ersten Kapitel zu zeigen war. Es ist die Gebrochenheit, die das aufsteigende und sich verselbständigende Bewußtsein selbst verursacht hat, um die für sein Wachstum nötige Freiheit von den alten Bindungen der »primitiven Mentalität« zu erlangen. Das ist ein schicksalhaftes Geschehen, es läßt sich nicht rückgängig machen, und wir können und sollen es auch nicht verurteilen. Die Gebrochenheit beschränkt sich auch nicht auf die Sphäre der bloßen Erkenntnistheorie, so daß man etwa, mit triumphierendem Unterton, aufklärerisch bejubeln dürfte, hier habe der Fortschritt »vom Mythos zum Logos« stattgefunden. Die Gebrochenheit hat auch eine religiöse Seite, sie wirkt sich aus im Empfinden einer größeren Gottesferne als zuvor. Dafür steht deutlich die Entwicklung in der Religionsgeschichte Israels. Während die älteren sogenannten »jahwistischen« Texte in den Geschichtserzählungen (10./9. Jahrhundert v. Chr.) noch das Bild von einem sehr klaren Verhältnis des nahen Gottes zu seinem Volk zeigen, der immer gütig vor der Sünde warnt und sie auch prompt und gerecht ahndet (vgl. 1.Mose 4,7), so zeigen schon die etwas jüngeren »elohistischen« Texte dunkle Seiten in diesem Verhältnis auf, die für den menschlichen Blick undurchdringlich sind, etwa in der Geschichte von Isaaks Opferung (1.Mose 22), und eben diese Rätselhaftigkeit, diese Gebrochenheit des Gott-Mensch-Verhältnisses nimmt dann kontinuierlich zu im Lauf der gesamten alttestamentlichen Literaturgeschichte bis hin schließlich zum späten Lesedrama des Hiobbuchs. In Hellas ist es die große Tragödie, welche von der Gebrochenheit unüberhörbar kündet. Ein neues Sündenbewußtsein setzt sich allenthalben durch, ein Bewußtsein nicht nur von einzelnen Verfehlungen, die das Verhältnis zwischen Mensch und Gottheit stören, wie das auch in primitiven Verhältnissen immer und allenthalben schon vorhanden war, vielmehr ein Bewußtsein von der grundsätzlichen Gestörtheit dieses Verhältnisses, dem dann auch ein ebenso ganzheitliches Bewußtsein von der Notwendigkeit ganzheitlicher Sühne, religiös Buße genannt, entspricht. Zur religiösen, logischen und ethischen Seite der neuen Gebrochenheit hinzu kommt dann noch eine ästhetische. In der Dichtung und Bildkunst entsprechen dem neuen Daseinsgefühl die Hervorhebungen der Zerrissenheit jedes Gefüges menschlicher Existenz. Das fängt in der griechischen Dichtung an bei Euripides; in der Bildkunst im Hellenismus mit seinen weit ausgreifenden Droh- und Schmerz-Gebärden – man denke an den Pergamon-Altar –, und wird deutlich in den antiken Versuchen, das Idyllische, Harmlos-Liebliche als eine gepflegte Gartenlandschaft, in der sich epikuräisch leben läßt, aus dem Chaos des Ganzen auszugrenzen.

Ehe wir zur dritten Phase weitergehen, erinnern wir uns nochmals, daß wir alles Frühere weiter in uns tragen. In der Seele, und also auch in der Religion, herrschen dieselben Gesetze, wie sie einst Ernst Haeckel formuliert hat im Blick auf die biogenetische Entwicklung. Genauso wie meine Körperzellen in ununterbrochener Folge diejenigen des Eiszeitmenschen und seiner Vorgänger in der Primatenrasse fortsetzen, aber nicht nur das; genauso wie diese Linie über organische Träger bis hin zur Urzelle der Präkambriumzeit zurückgeht, genauso verhält es sich auch im Seelischen. Ich trage in mir das psychische Erbe der zweiten wie der ersten Phase, ja auch des vormenschlichen Seins; so in der Instinktschicht, die uns psychogenetisch mit dem seelischen Grund alles organischen Lebens immer noch verbindet, wiewohl es in der zivilisatorischen Phase weithin verdeckt und verkümmert ist. In mir steckt also durchaus noch der »Primitive«.

Hier ist eine kurze Zwischenbemerkung notwendig. Wir haben bislang dieses Wort in Anführungszeichen gesetzt, wir tun das fortan nicht mehr. Es muß inzwischen deutlich geworden sein, daß mit dem Begriff des Primitiven in unserem Zusammenhang niemals etwas Abwertendes gemeint sein kann, etwa im Sinn von Barbarei. Der primitive Thoas in Goethes Iphigenie überragt die Fortgeschrittenen doch letztlich an Humanität, wiewohl er seiner Bindungen nicht ganz ledig wird. Primitiv, das soll in unserem Zusammenhang einfach die Zugehörigkeit zur ersten Bewußtseinsphase bedeuten, ohne jede Wertung, lediglich als Einordnungshilfe zum Verstehen. Natürlich kann der Begriff des Primitiven auch zum Zweck einer Wertung verwendet werden: etwa wenn wirklich barbarische Rückfälle hinter die jeweils erreichte Entwicklungsstufe stattfinden, wie sie in der Psychologie als »Regression« bezeichnet werden. Daran fehlt es in unserer Zeit bedauerlicherweise keinesfalls. Das Mode gewordene Schaufensterzerschlagen und Autozerstören durch Jungakademiker entspricht den Matabele-Überfällen auf burische Wagenburgen oder den Sioux-Angriffen auf Western-Trecks vor anderthalb Jahrhunderten, nur daß solche Schrecklichkeiten – damals! – aus dem unwillkürlichen Zusammenstoß verschiedener Kulturphasen von beiden Seiten her erklärbar, somit auch historisch und moralisch verstehbar sind als Fälle tragischer Verstrickung von beiden Seiten, die heutigen Regressionen trotz besseren Wissens auf seiten der Angestifteten und vor allem der Anstifter aber sind es nicht.

Wir betrachten nun die dritte Phase der Bewußtseins- und Religions-Entwicklung. Beim Bewußtsein der Gebrochenheit allein konnte der Menschengeist nicht stehenbleiben. Das

Gesetz, nach dem er angetreten war, trieb ihn weiter. Doch galt auch das schon erwähnte Gesetz weiter, wonach nichts aus der Vergangenheit einfach abgetan werden konnte, vielmehr alles weitergetragen werden mußte. Somit gibt es für den sich entwickelnden Menschengeist kein Abtun der Primitiv-Phase, sowenig wie ein Abtun der Phase der Gebrochenheit. Es geht nur vorwärts, wenn man will: aufwärts. Aber das ist wie beim Bergsteigen, immer wieder muß man vom Gipfel auch wieder zurück in die freundliche Hütte mit Labung und Nachtquartier oder auch, in Extremfällen, ins Basislager mit Stärkung und Sauerstoffnachschub. Anders gesagt, der Freiraum des Gipfelblicks über den Welthorizont ist nicht heil zu erreichen ohne den beständigen Rückgriff auf die Ressourcen des Tals. Wir leben seelisch immerzu in allen Höhenlagen.

Dem muß auch die Religion der dritten Phase Rechnung tragen. Sie muß etwas von jener freien Geistigkeit vermitteln, welche der dritten Bewußtseinsphase entspricht, sie muß bewußt »denkende Religion« sein, wie es Carl Heinz Ratschow ausgedrückt hat, aber sie muß ebenso die Wege in die Tiefe offenhalten und pflegen, weil das Lebendige nicht auf Dauer die Eisesluft der Höhen verträgt. Vor allem muß dabei der Durchgang durch die Eisbrüche der Zwischenzone gut markiert bleiben, die Phase der Gebrochenheit muß immer neu durchlaufen werden, nun aber in der Gewißheit, daß die Höhenzone begehbar ist, wiewohl gewiß immer nur auf begrenzte Zeit.

Bleiben wir beim Bild des Berggangs. Wesentlich für das Bestehen der dritten Phase ist das Wissen, daß wer sich auf Dauer in der Höhenzone einnistet, dort an Unterkühlung, Ausdörrung und Augenblendung zu leiden beginnt, was zugleich fiebrige Hektik und Halluzinationen aller Art zur Folge hat. Das moderne Extrem-Bergsteigen liefert die Beispiele dazu. Ist es so von ungefähr, daß gerade unsere Zeit sich im Höhen-Expeditionismus ihr Symbol geschaffen hat, ganz unbewußt und auch meist mißverstehend und unverstanden? Das moderne Bergsteigen – der dies schreibt ist ein Bergsteiger! – kann durchaus auch als Ersatzreligion betrachtet werden, in welcher der unserem Bewußtseinsstand entsprechende Höhenstieg unbewußt eingeübt wird, aber normalerweise auch, wiederum unbewußt, das Auf und Ab von Höhenerleben und Taleinkehr. Denn so steht es eigentlich auch um die Religion der dritten Phase. Sie vermittelt, nunmehr bewußter als in früheren Phasen, zwischen Geisthöhe und Seelentiefe, sie sollte es jedenfalls.

Die dritte Phase und die Technik

Alles kommt in der dritten Phase an auf die richtige »Technik«, wie könnte es auch anders sein. Technik kommt von Techne, Kunst; das sollte uns davon abhalten, alle und jede Technik abzulehnen – wobei am Rand daran erinnert werden muß, daß die prinzipiellen Technik-Ablehner unserer Zeit ja ganz ungerührt von allen Vorteilen der heutigen Zivilisation, die doch ausschließlich auf Technik beruht, kräftig zehren. Technik als Kunstfertigkeit also, das kann sie, die Verpönte, rechtfertigen, ja adeln, sofern es sich eben wirklich um Kunst handelt und nicht bloß um das »Alles-machen-Können«, um die bloße »Machbarkeit der Sachen« und »Organisierbarkeit der Arbeit«, wovon, zu Recht warnend, Hans Freyer spricht. Auch für den heutigen Bergsteiger, dessen Bild wir hier zur Veranschaulichung zu Hilfe nehmen, kommt alles auf rechte Technik an. Gekonnte Technik der Schritte, der Gerätbeherrschung, vor allem des rechten Planens und Durchführens, darum geht es.

Auch der Primitive betrieb und betreibt Technik; aber er betreibt sie vorwiegend instinktgeleitet und traditionsgebunden: Verbesserungen entstehen sozusagen gleitend, Erfindungen brauchen lange Zeit, bis sie als schon traditionell endlich voll angenommen werden; und überhaupt werden Erfindungen nicht erstrebt, sie fallen zu, sie holen also von der Vergangenheit her den Menschen ein und werden nicht konstruktiv planend in die Zukunft hinein entworfen. In der Phase der Gebrochenheit kennt man dann allerdings einen gewissen Freiraum für Neuentwürfe, den man den Grüblern und Goldmachern einräumt, aber letzte Grenzen müssen da doch respektiert werden; so hütet man sich bewußt vor dem Rechnen mit irrationalen Zahlen und dergleichen. In der dritten Phase fallen dann die äußeren Grenzen; die Verantwortung für verhängnisvolle Folgen, sofern sie überhaupt noch bejaht wird, kann nicht mehr zureichend durch traditionelle Hemmungen wahrgenommen werden, sie liegt nun im Inneren, liegt im Gewissen allein. Solche Verantwortung gibt es aber nur, wo eine der dritten Phase entsprechende Religion lebendig ist, und sei es auch jene verborgene, wie sie zweifellos bei Einstein vorhanden war, an dessen langwährende Skrupel im Blick auf die neue Atomwaffe erinnert sei.

Die eigentliche und richtige Technik, von der in unserem Zusammenhang die Rede ist, jene gekonnte Technik des seelisch-geistigen Seins in der dritten Phase, besteht in der Fähigkeit, das mythische Denken mit dem rational planenden Ersinnen zu einer organischen Einheit zu verbinden. Ungekonnt wäre solche »Technik« – die eigentlich diesen Namen nicht verdiente – dann, wenn in der Seele des Modernen zwei Räume ohne rechte Verbindung nebeneinander bestehen, der eine etwa für die alltägliche Arbeit im Labor, der andere für den Sonntagsgottesdienst. Besser ist solches Zweikammersystem freilich immer noch als jenes in unserer Zeit weit häufigere der endgültigen Verschließung des religiösen Raums, denn das muß zur Ersatzreligion des hemmungslosen Technizismus führen, wo dann die werktägliche Kammer zum heimlichen Tempel wird. Das Zweikammersystem wird immerhin von einem und demselben Menschen bewohnt, und man darf hoffen, daß er sich eines Tages um einen praktikablen Verbindungsgang bemühen wird. Richtiger wäre freilich das Wohnen mit weit geöffnetem Durchgang, will sagen, die voll bewußte Existenz mit der lebendigen Religion, welche sich gerade nicht mit feiertäglichen Separatkapellen begnügt. Solche Kommunikations-Technik wäre also jene Könnerschaft, von der wir in diesen beiden Kapiteln geredet haben, sie schüfe die lebendige Verbindung zwischen dem alten mythischen Traditionsgut und der heutigen wissenschaftlichen Weltanschauung – jeweils nach dem Stand der persönlichen Kenntnis beider Sphären, versteht sich.

Das wesentliche verbindende Element zwischen den beiden Bereichen des mythischen Traditionsguts einerseits und der wissenschaftlichen Weltanschauung andererseits ist die historische Rationalität, das geschichtliche Verständnis. Es hat zwei Zielrichtungen, eine äußere und eine innere.

Das geschichtliche Verständnis *nach außen hin* wird erschwungen durch die Kenntnisnahme der historischen

Zusammenhänge, innerhalb derer ein bestimmter Mythos entstehen und als sinnhaft empfunden werden konnte. Das ist viel einfacher und selbstverständlicher, als es sich zunächst anhört. Durch eine gute Predigt wird der heutige Hörer ganz unvermerkt eingeführt in die historischen Zusammenhänge, innerhalb derer ein Wort des Jeremia oder Jesu vernommen wurde; wer sich, auch ohne Philologe zu sein, eingehend mit der Bibel beschäftigen möchte, zieht erläuternde Übersetzungen und einführende Kurzkommentare nebst entsprechenden, leicht zu beschaffenden Sacherläuterungen zu Rate, und schon ist er mitten drin in jener Technik, die wir meinen.

Das geschichtliche Verständnis *nach innen hin* erschließt sich durch die Arbeit der historischen Religionspsychologie, für welche beispielhaft nur die Namen von C. G. Jung und Erich Neumann genannt sein sollen. Unsere Phaseneinteilung zielt ja auf nichts anderes als ein einigermaßen einleuchtendes, auf psychologischer Interpretation historischer Sachverhalte basierendes Verstehensschema. Beide Verständnisse müssen einander sachgemäß ergänzen, dann erschließt sich die Mythologie ferner Zeiten und Zonen, ohne daß dabei, wie Faust tadelnd bemerkt, allzuviel von »der Herren eigenem Geist« sich eingeschlichen hätte. Es müßte vielmehr umgekehrt sein; der Geist früher Zeiten muß durch historische Technik so freigelegt werden, daß sich die Mythen unversehens in ihrer Urgewalt erschließen und unserem heutigen Daseinsverständnis sich als gültige Ur-Kunde von der eigentlichen Wirklichkeit offenbaren können.

Fassen wir, abschließend, unser Dreiphasenschema in kurzen Formulierungen (eingehender in meiner »Einführung in die Religionsphilosophie« erläutert) zusammen. Die erste Phase kann bezeichnet werden als die der »ursprünglichen Vermittlung« – es ist die Phase der *primitiven Religion.* Die zweite Phase ist die der »Vermittlung durchs Bewußtsein der Gebrochenheit« – es ist die Phase der *mythologischen Religion der Hochkultur.* Die dritte Phase ist die der Überhöhung durch eine neue, das Ganze religiös umgreifende »Erneuerung der reinen Vermittlung« – es ist die Phase der *ausgereiften Hochreligion.*

Hochreligion

Der Begriff der Hochreligion bedarf hier einiger erklärender Ergänzungen (Darlegungen in meinem Buch »Das Christentum als absolute Religion«). Beginnend im letzten Drittel des zweiten vorchristlichen Jahrtausends hat sich ein gegenüber allem Bisherigen neuer Typ von Religion entwickelt. Es treten nun Persönlichkeiten auf, die als Reformer oder Religionsstifter eine dem Bisherigen gegenüber reinere und höhere Offenbarung vertreten. Durchgängig wird hier freilich nicht etwa ein Neues, sondern das Uralt-Ewige verkündigt, das lediglich verdeckt gewesen war. Rein bewußtseinsgeschichtlich gesehen ist es natürlich ein Neues; aber vom Selbstverständnis der neuen Religionen her gesehen muß gesagt werden, daß diese doch durchweg die reine ursprüngliche Wahrheit bezeugen wollen. Diese Wahrheit gilt nun immer für die ganze Welt, und sie wird bezeugt durch geschichtliche Personen, denen sie sich geoffenbart hat. So steht es schon beim ersten historisch faßbaren Versuch solcher Erneuerung des Uralten, der Reform des Pharao Echnaton im vierzehnten Jahrhundert, wo der alte Glaube an den Universalgott Re-Aton wiederhergestellt werden sollte. Der historisch nächste Entwurf solcher Art war die dem Mose zugeschriebene Gesetzesoffenbarung vom Sinai mit allem, was sich daran anschloß. Dann folgten die monotheistische Reform des Zarathustra in Persien und die Erkenntnislehre des Siddharta Gautama Buddha in Indien neben der Verkündigung des Vardhamana Mahavira, die den Jainismus begründete. In China stehen Laotse und Kungtse für solche Erneuerung des Alten, im spätantiken Indien ist es dann die neue Religion des Hinduismus, die durch die kurz vor oder nach der Zeitwende entstandene Schrift Bhagavadgita (Gesang des Erhabenen) eingeleitet wurde, wobei, und das bis zum heutigen Tag, der Verkündiger des indischen Evangeliums, Krishna, als eine historische Persönlichkeit gilt. Das Christentum und, diese Entwicklung geschichtlich abschließend, der Islam gehören in dieselbe Linie. Alle heute lebendigen Hochreligionen sind in dieser Epoche der »Achsenzeit« (Karl Jaspers) entstanden. Gemeinsam ist ihnen bei aller Verschiedenheit zum einen der Universalismus: Sie verstehen sich, frei von stammesgebundenen Vorstellungen, als auf universaler und endgültiger Offenbarung fußend – was sogar für die älteste und noch am stärksten volksgebundene unter diesen Religionen, die israelitische, gilt –; und sie stützen sich zum anderen auf das persönliche Zeugnis eines historischen Bürgen, des Stifters, Gründers oder Offenbarers. Gemeinsam ist diesen Hochreligionen, wie wir sie bezeichnen wollen, also zum einen ein universeller, zum anderen ein personalistischer Zug. Letzterer bedeutet nicht, daß hier auch ein persönlicher Gott als höchste Instanz des Seins verkündigt werde – Buddha, Laotse und Kungtse lehren ganz anders –; doch er bedeutet, daß die persönliche Bürgschaft des Lehrers für die neu-alte Wahrheit als für die neue Religion unentbehrlich empfunden wurde und wird.

Dies aber gehört eindeutig zur dritten Phase der Geistesentwicklung; denn Universalismus und Individualismus sind, wie leicht zu zeigen ist, deren Grundelemente. Führen wir es wieder auf den allgemeineren Begriff der Technik zurück. Die jeweils neuentdeckten Gesetze gelten immer und allenthalben; und Technik wird ersonnen, gepflegt und gelehrt von Könnern, die unverwechselbare, zu sozusagen klassischer Geltung gekommene Persönlichkeiten sind – deshalb gebrauchen wir, auch für ganz materielle Größen, Begriffe wie Ampère, Volt, Hertz, Mach und so fort. Gewiß, das alles gehört zur Physik, also zur Natur- und nicht zur Geisteswissenschaft, so könnte man einwenden; doch bei allem Unterschied, Wissenschaft ist Wissenschaft in beiden Bereichen, und Wissenschaft ist es, die die dritte Phase auf jeden Fall charakterisiert. So werden wir sagen dürfen, daß auch die Hochreligion für die Wissenschaftlichkeit des neuen Denkens an einer Stelle offen sein muß, und sei die Stelle auch nur schmal, ja in manchen Fällen noch nicht in Gebrauch genommen oder noch nicht einmal entdeckt; aber wir dürfen doch, ohne daß dies hier näher ausgeführt werden könnte, behaupten und fordern, daß die Hochreligion, als zur Geistigkeit der dritten Phase gehörig, heutzutage mindestens zur wissenschaftlichen Selbstdarstellung fähig sein muß. Das heißt, sie muß in der Lage sein, wissenschaftliche Theologie zu betreiben, im Christentum wie im Judentum, im Islam, Hinduismus und Buddhismus.

Soviel zu den Hauptphasen der geistes- und religionsgeschichtlichen Entwicklung; wir werden im folgenden Teil die

Schöpfungsmythen nach diesem Schema geordnet betrachten. Dabei behalten wir in Erinnerung, daß dies naturgemäß keine streng chronologische Ordnung sein kann; ein eindeutig primitiver Schöpfungsmythos, wie ihn Adolf Jensen in unserem Jahrhundert auf West-Ceram erschlossen hat, ist, jedenfalls wie er uns nun vorliegt, weit jünger als der schon der dritten Phase angehörige jüngere Schöpfungsbericht der Bibel aus der Mitte des ersten vorchristlichen Jahrtausends. Wir verwenden also keine streng historische Ordnung, sondern, um einen wichtigen Begriff Max Webers zu gebrauchen, eine »idealtypische«; wir klassifizieren nach unserer allgemeinen, also typisierenden Phaseneinteilung.

Ganzheit, Mythos, Offenbarung

In unserem bisherigen allgemeinen Teil haben wir noch nicht erschöpfend behandeln können, wie es denn eigentlich zur Ausbildung von Schöpfungsmythen kommt, was den Menschen dazu bewegt, nach dem Woher des Ganzen zu fragen. Daß es nicht bloß allgemeine Neugier ist, das freilich haben wir uns schon deutlich gemacht. Nur soviel wissen wir jetzt: Die Frage nach dem Ursprung der Schöpfungsmythen hängt zusammen mit deren Ziel und Sinn; den Rahmen für Ziel und Sinn gibt jedenfalls die Religion, und das je nach den verschiedenen Entwicklungsstufen. Mehr können wir von unserer bisherigen allgemein formalen Arbeit auch nicht erwarten; alles Weitere müssen uns die Schöpfungsmythen selbst sagen. Wir halten nur fest, daß sie, und das auch in der dritten Phase, innerhalb der Religionen als offenbarte Kunde verstanden wurden und werden, als Offenbarungen also. Das genügt zunächst.

Dem Offenbarungscharakter der Schöpfungsmythen braucht nicht zu widersprechen, daß sie insgesamt ein historisch bedingtes Gepräge haben. Anders als in historischer Gestalt ist überhaupt keine Offenbarung denkbar, anders könnte sie ja niemals verstanden werden. Das historische Gepräge bedingt aber auch, daß die Schöpfungsmythen starke Verschiedenheiten aufweisen, manchmal in demselben Bereich sogar; schon die beiden biblischen Schöpfungsberichte enthalten, wie noch zu zeigen sein wird, kräftige Differenzen.

Die Frage, ob es in den vielen und vielerlei Religionen auch einheitliche Grundzüge bei den Schöpfungsmythen gibt, wird uns dabei von vornherein beschäftigen; doch grundsätzlich wird sie erst am Schluß unseres darstellenden Teils beantwortet werden können, und, soviel sei schon vorweggenommen, auch dies nur ansatzweise. Warum das?

Ja, warum? Nicht, weil die Erkenntnis vom physischen Ursprung des Ganzen naturwissenschaftlich niemals völlig abgeschlossen sein kann, da es ja fortlaufend neue Erkenntnisse gibt, welche die bisherigen immer wieder in neue Perspektiven rücken. Auch die Naturwissenschaft führt ja, wie wir heute wissen, in letzte Grenzbereiche hinein, in denen das vor allem von Niels Bohr so bezeichnete Gesetz der Komplementarität gilt, wonach die eine und selbe Erscheinung beispielsweise als Korpuskel oder als Wellenschwingung gedeutet werden kann, und beides, sich im konkreten Fall gegenseitig ausschließend, mit gleichem Recht. Nein, bei den Schöpfungsmythen geht es noch um mehr. Sie wollen ja Antwort geben nicht bloß auf die Frage des Intellekts, wie denn wohl alles entstanden sein könnte – das gewiß auch, aber doch nur unter anderem mit –; die Schöpfungsmythen wollen Antwort geben auf die Frage nach dem Ziel und Sinn des Ganzen, und diese Frage kann von der reinen Naturwissenschaft niemals beantwortet werden.

Die Frage nach dem Ziel und Sinn des Ganzen kann aber auch von der Philosophie, erst recht von der Religion niemals auf eine einheitliche theoretische Formel gebracht werden. Das ist so, weil Ziel und Sinn des *Ganzen* ja niemals von einem *Teil* erschöpfend erfaßt werden können, also niemals von einem noch so umfassend angelegten theoretischen Satz. Das Ganze besteht eben nicht bloß aus Theorie, sondern aus Theorie *und* Praxis. Es gehört ein ganzheitliches Sich-Hingeben dazu, nur dann erschließt sich das Ganze. Aber auch das nur immer ansatzweise. Solche Ansatzhaftigkeit drückt sich aus in jener Bildhaftigkeit, die ein Wesenszug des Mythischen ist.

So schlagen wir nun den Vorhang auf und blicken in die tiefe und reiche Welt des Mythischen hinein. Doch nicht eigentlich wir sind es, die den Vorhang aufschlagen. Schon längst wurde der verhüllende Vorhang aufgeschlagen, immer wieder und immer neu. Das eben ist das eigentliche Geschäft des Mythos gewesen und ist es noch, ist es stets. Vorhang heißt griechisch kálymma, lateinisch velum, »Vorhang auf«, das heißt Apo-kálypsis, Re-velatio. Der deutsche Ausdruck dafür ist Offenbarung.

Literatur zum zweiten Kapitel

Aischylos, Orestie, in: Tragödien und Fragmente, Hg.: Oskar Werner, München 1959.

Hans Freyer, Theorie des gegenwärtigen Zeitalters, Stuttgart 1961.

Wilhelm Grönbech, Kultur und Religion der Germanen, Darmstadt 1961[6], 2 Bde.

Friedrich Heiler, Erscheinungsformen und Wesen der Religion, in: Die Religionen der Menschheit, Bd. 1, Hg.: Christel Matthias Schröder, Stuttgart 1961.

Karl Jaspers, Vom Ursprung und Ziel der Geschichte, München 1964.

Ernst Jünger, Heliopolis, in: Erzählende Schriften II, Werke, Bd. 10, Stuttgart o. J.

Carl Gustav Jung, Psychologische Typen, in: Werke, Bd. 6, Hg.: Marianne Niehus-Jung, Lena Hurwitz-Eisner, Franz Riklin, Olten 1971[9].

Lucien Lévy-Bruhl, Die geistige Welt der Primitiven, Darmstadt 1959 (ND von 1927).

Ulrich Mann, Einführung in die Religionspsychologie, Darmstadt 1973.

Ders., Einführung in die Religionsphilosophie, Darmstadt 1970.

Wilhelm Nestle, Vom Mythos zum Logos, Stuttgart 1942[2].

Friedrich Nietzsche, Also sprach Zarathustra, in: Werke, Bd. 2, Hg.: Karl Schlechta, München 1973[7].

Rudolf Otto, Das Heilige, München 1963.

Carl Heinz Ratschow, Das Christentum als denkende Religion, in: Neue Zeitschrift für Systematische Theologie und Religionsphilosophie, 5. Bd., (1963), S. 16–33.

Pierre Teilhard de Chardin, Lobgesang des Alls, Olten und Freiburg i. Br. 1961.

Gerhard Wehr, C. G. Jung und Rudolf Steiner, Stuttgart 1972.

Primitive Religion

Ursprüngliche Ausgestaltungen von Weltentstehungsmythen

Daß wir mit dem Wort primitiv nichts Abwertendes verbinden, sei nochmals in Erinnerung gerufen. Wir alle tragen das primitive Erbe von jahrhunderttausendealter Seelenentwicklung in uns, unser Bestes wurzelt in diesem ursprünglichen Grund. Nichts gegen den hochentwickelten Verstand; aber wo der Verstand allein bleibt, wurzellos geworden, da kommt nur Gescheitheit heraus, keinesfalls Klugheit, schon gar nicht Weisheit. »Was kein Verstand der Verständigen sieht, das übet in Einfalt ein kindlich Gemüt« (Schiller, Worte des Glaubens). Sich aus Dumpfheit und Trägheit gegen die Ausbildung des Verstands zu sperren, das heißt kindisch werden; doch sich vom kindlichen Grund der Seele ganz zu lösen, das führt zu jenem Klugschwätzertum, an dem wir Überfluß haben. Kinder müssen nicht, aber sie können weise sein, viel mehr als solche Erwachsene, die bloß gescheit sind. Die Märchen, die Sagen und die Mythen zeugen von solcher Weisheit. Man braucht sich bloß etwa die ewigen Diskussionen um Vergangenheitsbewältigung und Fortschritt in den öffentlichen Medien anzuhören, um der Niveaulosigkeit bloßer Gescheitheit überdrüssig zu werden.

Primitive Mentalität

Völkerkundlich gesehen verstehen wir unter Stämmen mit »primitiver Mentalität« (Lucien Lévy-Bruhl) solche Gemeinschaften, die in der Verstandesentwicklung noch nicht die Stufe des logisch-empirischen, geschweige die des logisch-konstruktiven Denkens betreten haben. Wesentlich für unseren Zusammenhang ist dabei: In primitiver Mentalität wird bildhafter gedacht als auf den nächsten beiden Stufen, aber keineswegs »unwahrer«. Daß man durch bildhaftes Denken allein noch keine Raumfahrtrakete ins All bringt, ist eine Binsenwahrheit, die nicht gegen dies Denken spricht. Die Frage, ob es wirklich richtig und gut ist, Raumfahrtraketen ins All zu schicken, wird andererseits im logisch-konstruktiven Denken zwar gestellt, aber immer, und das mit gleichem Recht, zwiespältig beantwortet, während die primitive Mentalität darauf immerhin eine eindeutige Antwort hat: Sie kennt sehr wohl Wesen, welche den Weltraum durchmessen können, es sind Götter, Engel, Heroen (Perseus) und Dämonen – und vielleicht ist es überhaupt so, daß das ausgebildete logisch-konstruktive Denken nur Träume oder Visionen des primitiven Denkens verwirklichen kann und keine anderen; dann freilich ohne Sicherungen, während das bildhafte Denken doch weiß, daß solches Unterfangen nur gottähnlichen oder dämonischen Wesen angemessen ist, mit entsprechendem Ergebnis. Eine nachdenkenswerte Erkenntnis gewiß, die uns wiederum nach den primitiven Schichten des Bewußtseins suchen lassen sollte, da nur hier die rechte Weisung erwartet werden kann.

Das führt uns einen Schritt weiter. In gewisser Hinsicht darf gesagt werden, daß das Denken je primitiver, desto wahrer ist! Denn das Unbewußte kann nicht lügen, dazu ist es eben zu unbewußt. Es kann gewiß geschädigt, ja verzerrt oder gar verderbt und vergiftet werden, das ist dann der Ursprung von Dämonien aller Art. An sich aber gleicht das Unbewußte, wie wir schon von Jung hörten, dem tiefen, lebenspendenden Grundwasser, in welchem sich lediglich das »stille ungestörte Walten der Natur« vollzieht und sonst nichts. Erst vom entwickelten Bewußtsein her können – nicht unbedingt: müssen – jene verhängnisvollen Störungen in das Element der Tiefe hineinwirken, welche geradezu zerstörerisch zu wirken vermögen. Solch zerstörerisches Wirken aber ereignet sich immer dann, wenn das Bewußtsein sich übernimmt, sein Maß verletzt und gottähnlich werden will. Die tragisch denkenden Griechen sprachen dann von »Hybris« – Überhebung –, die Bibel spricht vom »Sein wollen wie Gott« (1.Mose 3,5ff.).

Je primitiver also, um so tiefer und um so wahrer, trotz aller manchmal so verwirrenden Bildhaftigkeit, so dürfen wir sagen; und auch: um so allgemeingültiger. Es ist erstaunlich, welche Einhelligkeit im primitiven Denken rund um den Erdball herrscht. Das führt uns zunächst zu der Frage, wo wir denn das Primitive finden können. In unserer heutigen Zeit müssen wir dazu die sogenannten primitiven Stämme befragen, was die Ethnologie ja in wissenschaftlicher Weise auch tut. Sie muß sich freilich damit sputen. Denn schon heute gibt es primitive Stämme nur noch in verschwindend kleiner Anzahl. Und genaugenommen gibt es auch insofern keine lupenreine Primitivität mehr, als Feuerwasser und Feuerwaffen nebst Radio und Television bereits in die letzten Urwaldreservate eingedrungen sind. Dennoch reicht der Bestand noch einigermaßen aus, denn unter der dünnen Kruste der sogenannten Zivilisation lebt das alte Erbe bei den heutigen Primitiven doch noch stärker weiter als in den hochzivilisierten Völkerschaften. Um dieses Erbe zu erkennen, bedarf es aber noch jener weiteren Aufspürmethode, welche von der Vorgeschichtsforschung geübt wird. Beide Forschungszweige, die Ethnologie und die Prähistorie, ergänzen einander wechselseitig. Die Ethnologie stößt nun bei ihrer Forschungsarbeit oft genug auf überraschende Gemeinsamkeiten zwischen der Denkweise eines heutigen Indianerstamms im Amazonasurwald und der mittel- und jungsteinzeitlichen Bevölkerung Alteuropas; die Prähistorie beobachtet, in umgekehrter Weise, das gleiche. Dabei muß sich die Prähistorie natürlich vorwiegend mit Bildsymbolen begnügen, denn schriftliche Aufzeichnungen gibt es in prähistorischen Epochen nicht; wo schriftliche Quellen vorliegen, haben wir es mit Geschichte zu tun und nicht mehr mit Vorgeschichte. Dennoch lassen oft historische Texte aus frühen Geschichtsphasen auf vorgeschichtliche Verhältnisse und Denkweisen zurückschließen. Von dieser rückschließenden Arbeit der Prähistorie profitiert nun wieder die Ethnologie, die ja ihrerseits wiederum genötigt ist, aus dem heutigen, ebenfalls zivilisatorisch überfremdeten Stand auf frühere Verhältnisse und Denkweisen zurückzuschließen. So entsteht ein wissenschaftliches Gesamtbild von der »primitiven Mentalität«, das eine große Einhelligkeit aufweist. So dürfen wir also zugleich »synchronisch« die Wohngebiete heutiger Primitiver wie »diachronisch« die Zeugnisschichten der verschiedenen Zeitepochen durchforschen. Wir nehmen dabei vor allem in den Blick die Bereiche heutiger Primitivkulturen in Südostasien und Südamerika, blicken sporadisch auch auf nordamerikanische Indianerstämme. Afrika streifen wir nur kurz; denn zum einen ist dort die Primitivkultur heute in rapidem Rückgang begriffen, doch das allein rechtfertigte unsere Begrenzung noch nicht; es kommt dort zum anderen etwas Besonderes hinzu. Hermann Baumann, der Verfasser eines noch immer nicht überholten, schon vor einem halben Jahrhundert erschienenen Grundwerks über akfrikanische Schöpfungsmythen, trifft in der Einleitung eine bemerkenswerte Feststellung, die unsere Zurückhaltung sachlich rechtfertigt: »Die verhältnismäßig schwache Begabung des Negers, der nun einmal das Hauptelement der Afrikaner darstellt, zur Mythenbildung hat es vielleicht mit sich gebracht, daß die vorhandenen Mythen der Afrikaner so wenig zur Untersuchung anreizten. Tatsächlich sind sie bei weitem farbloser, als etwa die Mythen der Polynesier, Indonesier und Amerikaner. Es fehlt ihnen die naturphilosophische Spekulation der Polynesier und einiger Indianer, die enge Verflechtung des Menschengeschickes mit der astralen Welt, wie bei den Indianern, und die groteske Phantasie der Eskimo. Im Mittelpunkt des afrikanischen Mythus steht ein schöpferisches Prinzip, das in den meisten Fällen mit dem Hochgott identisch ist, und der von dieser Schöpferkraft gezeugte, geformte oder hervorgerufene erste Mensch. Die Art, wie dieser Mensch auf die Erde kam, wie er lebte und was er erlebte, ist der Gegenstand fast aller afrikanischen Mythik. Daneben verschwinden fast ganz die Mythen von der Entstehung des Himmels und der Erde, der Gestirne und der übersinnlichen Wesen, welche in anderen Erdteilen einen Großteil des Mythenschatzes in Anspruch nehmen.«

Schöpfungsmythen und Blutopfer

Im weiten Bereich des indonesischen Archipels, für den der sich Multatuli nennende Autor des holländischen Romans »Max Havelaar« im letzten Jahrhundert den schönen Namen *Insulinde* geprägt hat, leben Völkerschaften, bei denen heute noch primitive Schöpfungsmythen tradiert werden. Der moderne Massentourismus ist seit einigen Jahrzehnten auch zu diesen Stämmen vorgedrungen. Doch wenn auch clevere Reiseagenturen regelmäßig Wasserbüffel stiften, um ein Totenfest zu inszenieren – menschliche Leichname fallen ja immer an –, der Normaltourist wird dennoch kaum an die wirklichen Überlieferungen herankommen. Zum Glück hat die Ethnologie, sozusagen in letzter Minute, die Bestände gesichert. Christentum und Islam haben gewiß seit längerer Zeit schon die alte Schicht überlagert; neuerdings ist es aber die wirklich kulturzerstörerische Coca-Cola-Zivilisation, die sich wie ein Mehltau über alles organisch Gewachsene legt. Will man heute den alten Bestand sichten, so kann man sich doch an die ethnologischen Forschungen der letzten fünf Jahrzehnte halten. Sie haben die Überlieferungen aufgezeichnet, als es noch Zeit war, im wesentlichen die Traditionen der Batak auf Sumatra, der Dajak auf Borneo-Kalimantan, der Toradja und Minahasa auf Celebes-Sulawesi sowie der Stämme auf Ceram und Flores.

Sicher hat die einzigartig markante, zugleich großartige wie märchenschöne Landschaft ein Wesentliches dazu beigetragen, daß in Insulinde die alten Mythen in besonderer Klarheit und Faßbarkeit ausgestaltet und auch unentwegt festgehalten werden konnten. Da ist das waldige Bergland, in dem noch der Orang-Utan lebt, rund um den buchten- und inselreichen Tobasee auf Sumatra; nur mit Booten zu erreichen sind manche Dschungeldörfer an den Urwaldflüssen Borneos; schwer zugänglich sind auch heute noch einige Siedlungen in den schluchtenreichen, von reißenden Flüssen durchzogenen Bergländern im Innern von Celebes. An schönen Tagen sieht alles paradiesisch aus, rundum ein Grünen und Blühen, die Menschen immer fröhlich, auch bei der Arbeit auf den Feldern, in den Dörfern spielende Kinder und freundlich winkende Alte. Ihr glücklichen Inseln, so empfindet es der Besucher aus den Industrieländern. Doch das ist nur ein Teilaspekt. Wenn schwere Wolken über den Bergen lasten, der Dauerregen immer wieder Wege und Brücken wegreißt, die Plantagen ausgeschwemmt werden, da ist es dann ein sehr anderes Bild. Die ewige, Fruchtbarkeit spendende »Hochzeit von Himmel und Erde« wird jäh abgelöst durch den wildesten Kampf der Elemente. Kämpfen, Töten und Zerstückeln, das gehört jahrtausendelang auch zum Grunderleben der Stämme, die, durch strenge Totemregeln – Vorstellungen von einander feindlichen Ahnengeistern – bestimmt, sich in ewiger Feindschaft bekriegten.

Diese Menschen waren dem Leiden und Sterben stets näher und härter ausgesetzt, als wir Modernen es gemeinhin nachempfinden können. Auch wir haben zwar in unserem Jahrhundert millionenfaches Töten und Getötetwerden erlebt, doch wir verdrängen das aus unserem Bewußtsein insofern, als wir es als unnormale Geschichtskatastrophen betrachten, die sich durch bessere Bewußtseinsbildung künftig verhindern lassen werden. Dort aber war, bis in unsere Zeit hinein, das Töten und Getötetwerden sozusagen Naturgesetz, dem es zu folgen galt, wollte man überhaupt überleben. Befinden wir uns doch in vielen Regionen Insulindes im Heimatgebiet der Kopfjägerei! Diese schreckliche Sitte hat nichts zu tun mit jener Art von Stammesfehden, die man sich oft nach dem Bild der Lederstrumpferzählungen vorstellt, wobei es einfach um Skalptrophäen als Zeichen heldischer Überlegenheit ging. Nein, hier handelte es sich vielmehr um regelmäßige Blutopfer, die für das Leben der eigenen Gemeinschaft darzubringen waren, wobei der Sippengeist des Stamms Blut von einem anderen Totemclan verlangte; man vermied dabei den offenen Kampf und raubte mit Vorliebe wehrlose Kinder – nur aufs Blutopfer an sich kam es ja an. Das leuchtet den Hintergrund des Lebensdramas der Primitiven gehörig aus: Da ist nichts von Rousseauscher Idylle zu finden, nichts von »Van Zantens glücklicher Zeit« auf Südseeinseln, nichts von Gauguin-Bukolik, wo man unter Palmwipfeln und in Blätterhütten ein sorgenfreies Leben führte. Allgegenwärtig war da der Tod, forderte unablässig neues Töten und Verbluten und bestimmte schon das Gesetz allen Lebens.

Die herrlich geschnitzten und bemalten Pfahlhäuser der Toradjas mit den geschweiften Dachfirsten waren eigentlich Schiffe, und das heißt genauer, wie Carl Hentze überzeugend dargetan hat, Totenschiffe, in welchen die Sippe also ihr alltägliches Leben verbrachte als ein Vorspiel der großen Überfahrt. Die bunten Symbole von Wasserbüffel, Nashornvogel und Schlange an den hochragenden Giebeln wiesen deutlich genug auf die Unterweltsströme hin wie auch auf den ständigen Kampf der luftigen Überwelt gegen die düsteren Wassermächte der Tiefe. Das übersieht allzu leicht, wer heute als Normaltourist die attraktiven Dorfstraßen mit der Leica einfängt – für den Dia-Abend im Hobbykeller.

Die Greuel der Kopfjägerei, seit Jahrzehnten glücklicherweise durch die so gescholtenen Kolonialmächte abgeschafft, dürfen freilich nicht dazu herhalten, die ganze primitive Mentalität als inhumanen Aberglauben abzustempeln, zumal, wie gesagt, das Europa – und nicht nur dieses – des zwanzigsten Jahrhunderts mit Greueln von ganz besonderer Art aufwarten kann. Wir wiederholen es: Das Unbewußte kann nicht lügen; aber es kann sich verirren. Ein bedeutendes Wahrheitselement liegt aber doch jedenfalls in jener Grundauffassung von der Allgegenwart des Todes, die wir geflissentlich verdrängen.

Von dieser Grundwahrheit aus, die das Tier so nicht – oder kaum – kennt, erklärt sich, daß die primitive Mentalität die Allgegenwart des Todes, des Tötens und Getötetwerdens schon in ihrem Bild vom Ursprung des Ganzen darstellt, in ihrem Schöpfungsmythos also. Der aber gehört wiederum zum Grundbestand der gesamten primitiven Religion, und er bestimmt seinerseits rückwirkend das ganze Daseinsverständnis: So und nicht anders hat es eben die höchste Gottheit, der »Hochgott«, angelegt. Treffend stellt Waldemar Stöhr in seiner maßgebenden Darstellung der alt-indonesischen Religionen fest: »Gottes- und Schöpfungsidee gehören zusammen und bilden wesensmäßig eine Einheit« (S. 147). Gottesvorstellung und Schöpfungsmythos sind ursprünglich eines, aus dem Schöpfungsverständnis ergibt sich das Gottesverständnis und umgekehrt; noch schärfer ausgedrückt: So wie die Welt geartet ist, so muß die Gottheit geartet sein, und so wie die Gottheit natürlich wiederum die Welt.

Hier gibt es freilich noch keine rationale Theologie mit abstrakten Vorstellungen von Wesenszügen und Eigenschaften, die zum Gottesbegriff gehören; es ist vielmehr so, wie es Stöhr formuliert: »Die Gottheit muß aus dem Schöpfungsakt verstanden werden, d.h. aus der Art und Weise des urzeitlichen Wirkens und Waltens der Gottheit oder der von ihr delegierten Gestalten, dem der Kosmos, die transzendenten Wesen und das erste Menschenpaar seine Existenz verdanken.«

Ein Problem ist damit angesprochen, ein Problem freilich erst für den nach wissenschaftlicher Systematik fragenden Modernen und nicht so sehr für den an mythologische Bilder gewohnten Primitiven. Wir hörten von der Hochgottheit und den von dieser »delegierten Gestalten«: Wie sieht dieses Verhältnis genauer aus? Gibt es eine Hochgottheit, die von Ewigkeit zu Ewigkeit herrscht, und ihr untergeordnet dann niedere Gottheiten, von dieser erst später geschaffen und möglicherweise auch zeitlich begrenzt? Pater Wilhelm Schmidt hat schon im ersten Jahrzehnt unseres Jahrhunderts die These von einem »Urmonotheismus« vertreten, der die Grundlage jeder primitiven Religion gewesen sei, wonach dann freilich polytheistische Elemente in den Vordergrund getreten seien;

der Hochgott wurde zum »Deus otiosus« – sozusagen im Ruhestand befindlich –, was nicht ausschließt, daß er am Ende der Tage wiederkommen könnte. Diese These ist bis heute umstritten, besonders weil die moderne Religionsethnologie nicht ganz zu Unrecht dahinter ein System wittert, das stark durch christlich-theologische Züge beeinflußt ist. Dennoch hat die umfangreiche Forschungstätigkeit Schmidts, methodisch exakt in ihrer empirischen Vergleichsarbeit, soviel Material zur These vom »Urmonotheismus« dargelegt, daß man auch heute noch wenigstens das festhalten kann: Es gibt in der Tat so etwas wie ein »System« in den Primitivreligionen, und zwar ein mythologisches und nicht abstraktes, ein System, das eine gewisse Einhelligkeit in der Grundschicht aller primitiven Religiosität bezeugt. Zwar darf man sich unter dem »Hochgott« hier noch keine personhafte Gottheit etwa im Sinn des Alten Testaments vorstellen, dazu ist der Individuationsprozeß in der primitiven Mentalität noch nicht genug entwickelt – der Einzelmensch, das Individuum, tritt hinter dem Stammeskollektiv noch völlig zurück –; doch eine höchste Gottheit gibt es durchaus. Das mythologische Daseinsverständnis, bestimmt durch die verschiedensten Einflüsse aus Natur und Geschichte, bewirkt dann freilich eine kräftige Verschiedenheit in der weiteren Entwicklung, manchmal zwischen zwei nahe beieinanderwohnenden Stämmen. Da kann der Hochgott einmal der urälteste sein, von dem alles herkommt, und das andere Mal der jüngste, der nun die Macht ergreift und die älteren Mächte verdrängt oder unterwirft. Die reine Mythologie wird, unter dem Einfluß äußerer Vorgänge, die so verschieden sein können, wie es eben der Zufall des Geschichtsverlaufs mit sich bringt, von der unbewußten Seele entworfen und nicht vom systematisierenden Bewußtsein. Was aber die Seele überhaupt zu entwerfen vermag, das ist auf jeden Fall ein wesentliches Stück Wirklichkeit und als solches auch ein Element jener Wahrheit, in welches sich Göttliches einhüllt, wenn es sich weltlich offenbart. Wir wollen diesen Gedanken im folgenden dadurch etwas verdeutlichen, daß wir von den zu schildernden primitiven Vorstellungen aus auch schon kurze Vorblicke auf entsprechende Züge in der Hochreligion, besonders der biblischen, werfen.

Vom ewigen Blutvergießen wa die Rede. Ein dermaßen für

das ganze Dasein maßgebendes Verhaltensmuster konnte seine Begründung nur in einem wirkensmächtigen Schöpfungsmythos haben, anders hätte man sich dieser Last – einer ständigen Verpflichtung der eigenen Krieger zur unentwegten Kopfjägerei wie einer ständigen Selbstsicherung des ganzen Stamms gegen die feindlichen Jagdpatrouillen – leicht entledigen können. Doch gegen die Götter kann man eben nicht an. Wir Modernen fragen allerdings weiter: Was könnte denn hinter jener schöpferischen und zugleich fürchterlichen Phantasie stehen, die solche Schöpfungsmythen schuf? Wir erwarten dazu Auskunft von der Religionspsychologie und sind erst zufrieden, wenn eine innerweltliche Erklärung vorliegt, die uns davon befreit, meinen zu müssen, darin liege wirkliche Kunde vom Wesen der Schöpfung und des Schöpfers, dies sei also Ur-Offenbarung. Doch die Religionspsychologie verweist uns dabei auf ein Rätsel. Die Vorstellung von der magischen Macht des Blutes stammt aus jenem Urgrauen, das wir auch heute noch vor jeder Blutlache unwillkürlich empfinden. Woher stammt aber dieses? Die Religionspsychologie wird dann gern die Staffette weitergeben an die Ethologie, die vergleichende Verhaltensforschung. Die wiederum wird uns, so kennen wir sie ja, sofort auf arterhaltende Instinkte verweisen: Der höhere Affe muß davor bewahrt bleiben, allzuviel Rivalenblut zu vergießen. Das ist sicher richtig. Man könnte somit schlußfolgern: Blut ist »ein ganz besonderer Saft«, wie es in Goethes Faust heißt; das wirkt sich aus schon in jenem primitiven Verhalten, wonach Blutopfer zur Stammeserhaltung nötig waren; dies wiederum resultiert zwar aus instinktbedingtem Grauen vor Blut, wobei aber der allzu »primitive« Verstand des Primitiven aus dieser Einstellung lediglich irrig gefolgert hat, es müsse etwas besonders Wertvolles im Feindesblut liegen, und deshalb die instinktive Wahrheit einfach ins Gegenteil verkehrt und eine unaufhörliche Mörderei daraus entwickelt hat, bis schließlich die moderne Wissenschaft zur höheren Erkenntnis führte.

So weit, so recht. Nur, erstens: Das Grauen vor der Blutlache sind wir damit immer noch nicht los – der dies schreibt, hat in langen Kriegsjahren viel Blut sehen müssen! –, und sollten es doch eigentlich los sein, nunmehr wissenschaftlich belehrt. Es ist wie in Manfred Hausmanns schöner Geschichte von Martin und der «gräßlichen Spinne«. Und, zweitens: Der »primitive Verstand« hat, bei aller Verabscheuungswürdigkeit der Konsequenzen, insofern mehr Wahrheit festgehalten als der aufgeklärte, als er ja gerade die Seelenhaftigkeit des Bluts immer konsequent ernst nahm! Die ethische Folgerung hätte gerade so lauten müssen, wie es dann in der altbiblischen Auffassung zum Durchbruch kam, wonach die Seelenhaftigkeit des Blutes dessen besondere Schutzwürdigkeit begründete (vgl. 1.Mose 9,4–6). Die gänzliche Aufhebung des Blut-Tabus ist jedoch, wie die Erfahrung bis heute lehrt, dem aufgeklärten Menschen nicht gut bekommen. Von der Pariser Guillotine bis zum unermüdlichen Blutvergießen in Kellern der Gestapo und ähnlicher gegenwärtig noch funktionierender Institutionen wie den Vernichtungslagern und Gulag-Archipelen läuft eine einzige Beweiskette dafür, daß die Religion schließlich, und das aus sich selbst heraus, doch den richtigeren Weg zu finden wußte. Endlich, drittens: Die Religion bezeugt, angefangen von den primitiven Blutopfermysterien bis hin zum auch heute noch praktizierten Meßopfer- und Abendmahlsverständnis – bei allem Vorbehalt gegenüber jeder überhitzten »Blut- und Wunden-Theologie« sei das gesagt –, eine überwältigende Einhelligkeit darin, daß sie gegenüber der gängig gewordenen Bagatellisierung das Leben wie das Sterben unmittelbar vom Göttlichen her versteht und nicht bloß aus »normalen« Evolutionsvorgängen. Das sollte zu denken geben. Die Primitivreligion erscheint damit in einem helleren Licht und höheren Rang als gewohnt. Nicht nur dies ist es, daß der Mensch in ihr doch, trotz aller Greuel, aufs ganze besser gefahren ist als unter dem Einfluß der modernistischen Mentalität – die wir natürlich nicht einfach »abschaffen« können –, sondern dies, daß er, als er mythologisch die Gottheit selbst als im Kampf auf Leben und Tod stehend begriff, der Wahrheit viel näher war als wir aufgeklärten Wahrheitsinhaber mit unserem farblosen metaphysischen Gottesbegriff. Die lebendige Religion kennt in ihrer primitiven Phase die Gottheit nicht anders als selbst kämpfend, tötend, opfernd, Frevel rächend, Leben erzeugend, aber auch leidend, sterbend, wiederauferstehend oder auch im Totenreich bleibend. Der Mensch kann nichts Gutes ersehnen oder erhoffen, was die Gottheit nicht gestiftet hätte; er kann nichts Schreckliches befürchten, was die Gottheit nicht vor ihm schon durchlitten hätte; er kann nichts Beglückendes genießen, was ihm nicht durchs Selbstopfer der Gottheit zuteil würde. Der vom Mythos begleitete Kult aber ist es, der diese Beziehung des Menschen zur Gottheit herstellt.

Grundtypen: Weltelternmythos, Heiliger Streit, Gottesopfer

Das ist die durchgängige seelisch-geistige Grundlage der primitiven Religion, bei aller Differenzierung im einzelnen. Die Religionsethnologie kennt, gestützt vor allem durch die Forschungen im indonesischen Bereich, aber ebenso auch im amerikanischen, drei Grundtypen von Schöpfungsmythologien, die so gut wie durchgängig zu einem einheitlichen Bildmotiv miteinander verwoben sind, sosehr sie sich auch in mancher Hinsicht zu widersprechen scheinen. Der erste Grundtyp ist der *»Weltelternmythos«* oder die *»Heilige Hochzeit«*; der zweite ist der *»Heilige Streit«;* der dritte hat verschiedene Bezeichnungen gefunden, die aber alle nicht ganz befriedigen, man spricht vom »Zerstückelungsmotiv«, nach einer Mythengestalt, die vor allem durch den großen Ethnologen Adolf Jensen aus den Sagen der Stämme von West-Ceram erschlossen wurde, auch »Hainuwele-Thema« genannt; es sei hier als allgemeinere und weitere Charakterisierung die Formel *»Gottesopfer* fürs menschliche Gedeihen« vorgeschlagen. Die drei Grundtypen kommen durchaus in verschiedener Reihenfolge vor, der erste kann dem zweiten nachfolgen wie auch umgekehrt, der dritte kann die Urzeit abschließen und, ständig kultisch nachgespielt, die Jetzt-Zeit einleiten und bestimmen, er kann aber auch, als gewalttätige »Trennung von Himmel und Erde«, wieder völlig im Weltelternmythos aufgehen.

Das Motiv »Heiliger Streit« bereitet der Interpretation besondere Schwierigkeiten. Dies Motiv scheint ja zunächst den Weltelternmythos vorauszusetzen: Erst muß gezeugt werden, was dann in Streit geraten kann. Doch der Mythos hält sich an solch strenge Logik nicht. Bei den Ngadju-Dajak auf Borneo stehen sich von vornherein die Gottheit der Oberwelt Mahatala und die der Unterwelt Djata gegenüber, sie führen durch mythische Repräsentanten Krieg gegeneinander, worin diese Gestalten sowohl den ursprünglichen *Lebensbaum* vernichten als dadurch auch sich selbst; aus diesem Chaos entsteht der Mensch und seine Welt, wodurch »die Einheit der beiden Gottheiten . . . in der neuen Schöpfung wiedergewonnen« wird (Stöhr). Die jetzige Welt ist also das »monistische« (einheitliche) Ergebnis eines ursprünglichen »Dualismus« (Zweiheitslehre). Das mutet entschieden komplizierter an als der einfache Welteltenmythos, wonach alles aus der Hochzeit von Himmel und Erde entstanden gedacht wird. Man möchte meinen, die größere Kompliziertheit müsse auf ein fortgeschritteneres Denkvermögen zurückzuführen sein; allein auch das wäre ein Kurzschluß. Häufig steht das Kompliziertere am Anfang, und das Einfachere ist das Ergebnis von Abschleifung, wie wir das auch in der gesamten Sprachgeschichte der Menschheit beobachten können – man braucht bloß das äußerst abgeschliffene Englisch unserer Zeit mit alt-indogermanischen Sprachformen zu vergleichen. Begnügen wir uns also mit der Vermutung, daß, entwicklungsgeschichtlich gesehen, beide Motive, der Welteltenmythos wie der Mythos vom Heiligen Streit, gleich alt sein werden und nur die Gewichtungen verschieden sind: Der eine Stamm versteht, aus welchen Gründen immer, das Sein der Welt mehr als Ergebnis heiligen Streits, der andere mehr als Frucht der Ureltern-Paarung. Eine Aufteilung beider Motive auf rein soziologische Gegebenheiten, etwa auf freibeutendes Jägertum hier, seßhafte Hackbaukultur da, ist den überzeugenden Nachweis bisher schuldig geblieben und wird es vermutlich auch bleiben. So können wir im Ergebnis nur sagen: Beiden Grundtypen scheinen religionspsychologische Wahrheitselemente innezuwohnen, die jeweils bleibende Gültigkeit beanspruchen können. Anders läßt sich das Miteinander beider Vorstellungen nicht erklären, das in primitiven Verhältnissen durchweg anzutreffen ist.

Der Welteltenmythos andererseits kommt wiederum grundsätzlich nicht ohne die Vorstellung vom Heiligen Streit aus, beide Vorstellungsweisen bestehen so gut wie durchgängig nebeneinander. Irgendwann und irgendwie ist es zur mythischen »Trennung von Himmel und Erde« gekommen, nur so kann sich der Mensch in der primitiven Mentalität erklären, daß nunmehr Raum zwischen Oben und Unten entstanden ist, jener Raum, in dem wir leben. Der Heilige Streit kommt also den Menschen zugut.

Das gleiche gilt für das Motiv des Gottesopfers. Wir müssen dieses Thema etwas ausführlicher betrachten, da es uns den wichtigsten Grundzug des primitiven Schöpfungsmythos erschließt. Bei den Stämmen der Wemale und Alune auf der Westhälfte der Molukken-Insel Ceram – zwischen Celebes und Neuguinea – wird der Mythos von einem göttlichen Mädchen »Mulua (= heiratsfähige Jungfrau) Hainuwele« überliefert. Dieser Mythos zeigt besonders deutlich, daß er ursprünglich der Begleittext zu einem Ritualfest war, bei dem zweifellos die schauerlichen Tötungs- und Zerstückelungsriten als ganz reales Menschenopfer zelebriert wurden.

Das Göttermädchen Hainuwele machte seinen menschlichen Ziehvater reich. Aus Neid beschlossen die anderen Menschen, Hainuwele zu töten. Wir zitieren nun aus dem von Adolf Jensen berichteten Text: »Beim heiligen Maro-Tanz, der neun Nächte andauert, bei dem die neun Familien eine neunfache Spirale bilden, sitzen junge Mädchen in der Mitte und verteilen Sirih und Pinang an die Tänzer. Man forderte Hainuwele auf, in die Mitte zu gehen. In der neunten Nacht drängten die Tänzer das Mädchen in eine vorbereitete Grube, schütteten Erde auf sie und stampften diese im Tanzschritt mit den Füßen fest. Der Maro-Gesang übertönte die Schreie der Hainuwele . . .« Dies die Einleitung des Mythos, der, trotz der rituellen Wiederholung, doch verstanden sein will als Bericht eines einmaligen Geschehens am Anfang der Menschengeschichte. Es heißt dann weiter, daß der menschliche Ziehvater des Mädchens in großer Trauer den Leichnam ausgräbt und zerstückelt: Aus den Leichenteilen entstanden dann alle Nutzpflanzen, von denen die Menschen bis heute leben. Die beiden Arme aber werden der Herrscherin über das Menschengeschlecht »Mulua Satene« übergeben, die die Menschen verflucht, weil sie getötet hatten – das Thema des Gottesfluchs über den ersten Mörder ist universell. Mulua Satene baut ein Tor aus einer neunfachen Spirale und sagt: »Ich will nicht mehr hier leben, weil ihr getötet habt. Ich werde heute von euch gehen. Jetzt müßt ihr alle durch das Tor hindurch zu mir kommen . . .« – Worte, die trotz aller krassen Mythologistik doch in ergreifender Weise an die johanneischen Abschiedsreden erinnern (Johannes 14,19). Die Menschen versuchten nun durch das Tor zu gehen, wer aber nicht durchkam, wurde zu einem Tier oder Geist: »So entstanden die Schweine, Hirsche, Vögel und Fische und die vielen Geister, die auf Erden leben; wer jedoch durch das Tor gelangte, blieb Mensch, und von diesen Menschen stammen alle heutigen Stämme ab. Aber nun war der Tod zu den Menschen gekommen, Mulua Satene geht von der bewohnten Erde weg und sagt zum Abschied: ›Erst wenn ihr gestorben seid, werdet ihr mich wiedersehen. Aber auch dann müßt ihr eine beschwerliche Reise antreten, bevor ihr zu mir kommt.‹ Mulua Satene wohnt seitdem auf dem Totenberg Salahua.«

So weit der Text (nach Stöhr, S. 143f.). Mit dem mythischen Denkstil schon etwas vertraut, sollten wir keine Schwierigkeiten haben zu erkennen, daß, worauf Jensen hinweist, Satene und Hainuwele im Grund eine Wesenseinheit sind; sie repräsentieren das eine göttliche Wesen. Hainuwele lebt weiter in den Schöpfungsgaben für den Menschen, Satene ist die Jenseitsherrin, die auf alle Menschen wartet. Eindrucksvoll ist auch, wie der Mythos, scheinbar naiv, die Verwandtschaft aller Erdenwesen bezeugt, wenn er von den Tieren und Geistern sagt: »Früher waren es Menschen gewesen, aber sie konnten nicht durch das Tor gehen« – und die Pflanzen sind ja ohnehin die Glieder des göttlichen Menschenmädchens.

Der Urmuttermythos

Zu den drei besprochenen Typen von Schöpfungsmythen – Heiliger Streit, Heilige Hochzeit, Gottesopfer – kommt noch ein vierter Themenkreis hinzu, der freilich nur schwer faßbar ist; Relikte davon, die infolge islamischer Überlagerungen nur undeutlich erkennbar sind, scheinen sich bei den Riungern auf der Insel Flores aus älteren Beständen erhalten zu haben. Man könnte diesen vierten Typ als *Urmuttermythos* bezeichnen. Der Grundzug ist, daß am Anfang eine nicht geschaffene, sondern von selbst gewordene – also im Grund ewige – Ur-Frau »Tézé« war, die durch den Wind befruchtet wurde; sie gebiert einen Sohn, der seine Mutter heiratet, und aus dieser Verbindung gehen alle Menschen hervor. Man darf dies letztgenannte Motiv wohl nicht allzu stark im Sinn des Freudschen

Ödipuskomplexes bewerten; in der primitiven Mentalität leben eben Relikte aus sehr frühen Phasen matriarchaler Vorherrschaft auch im Geschlechtlichen nach. Wichtig ist vor allem die Betonung des Weiblichen als des Schöpferischen, wichtig aber auch die Rolle des Windes als des Prinzips der Urzeugung. Der Wind aber ist immer auch Symbol des Geistes! In der griechischen Sage von Eurynome kommt dieses Urzeugungsmotiv in rein mythologischer Form ebenfalls vor; und es darf nicht übersehen werden, daß der hebräische Ausdruck Ruach wie das griechische Pneuma sowohl Windhauch wie Gottesgeist bezeichnen kann. Zwar ist Ruach feminin; aber an das zeugungsbereite »Schweben« des Gottesgeists über der chaotischen – weiblich gedachten – Urflut Tehom (1.Mose 1,2) darf doch in diesem Zusammenhang erinnert werden.

Auch bei indianischen Stämmen kommt der Urmuttermythos vor, so bei den Yaruro im Chibcha-Gebiet des südlichen Kolumbien und Venezuela. Hier ist es die große Göttin »Kuma«, über die bei Zerries berichtet wird (S. 295), die zusammen mit zwei Brüdern Erde und Gewässer erschafft, allein jedoch die Menschen hervorbringt. Eine besonders bedeutsame Parallele dazu findet sich in der Hochgottauffassung der Uitoto, südlich vom Yaruro-Gebiet. Hier ist nun die Rede von einem Urvater und Schöpfer »Moma«, der als »überragende, ja sogar einzige wirkliche Gottheit der Uitoto« angesehen werden muß (Zerries). Moma selbst wurde ohne Vater und Mutter durch das »Wort« geschaffen, worunter kraftgeladener, magisch wirkender Geist verstanden werden muß, den Moma dann seinerseits an die Menschen weitergibt. Konrad Preuss, der diese Stammesreligion erforscht hat, weist auf eine doppelte Merkwürdigkeit hin. Zum einen: Einflüsse christlicher Mission seien mit Sicherheit auszuscheiden. Zum anderen: Die Parallelen zu Johannes 1,1 seien dennoch erstaunlich, Moma lasse geradezu an den Logosbegriff denken! Alfred Métraux deutet die einzigartige Konzeption der Gestalt Momas als das »Produkt eines einzelnen, glänzenden, metaphysisch veranlagten Geistes«, eines theologisch überragenden Indio-Priesters also (nach Zerries, S. 297).

Wir erwähnen dieses erstaunliche Phänomen im jetzigen Zusammenhang aus einem besonderen Grund. Der Urmuttermythos unterscheidet sich von den anderen Themenkreisen ja im wesentlichen dadurch, daß hier eine göttliche Einheit am Anfang steht, während zu Hochzeit, Streit und Opfer immer zwei oder mehrere gehören. Im Urmuttermythos fassen wir schon den frühen Ansatz zum Hochgott-Schöpferglauben!

Wir wollen die Moma-Theologie im Auge behalten, fragen aber zuvor unbeschadet der Tatsache, daß sie die geistige Leistung eines einzelnen religiösen Genius sein könnte, dennoch nach möglichen Vorstufen. Solche finden sich in der Tat bei primitiven Stämmen. Leo Frobenius hat in Zimbabwe ein altes Felsbild entdeckt (Abb. Mythen der Welt, S. 55), das eine merkwürdige Szene darstellt: Oben ist liegend der »Mondkönig« dargestellt, unter ihm, in weit kleinerer Ausführung, eine wohl weibliche Gestalt, möglicherweise in der Stellung einer Gebärenden, darunter dann zahlreiche kleine Menschen mit ihrem Vieh. Das Wesentliche ist nun: Der »Mondkönig« ist umgeben von einigen kleineren Gestalten, die ihn offenbar gerade töten, das heißt also opfern (Frobenius erwähnt hierbei den von ihm als gesichert angesehenen »heiligen Königsmord«, einen Opferritus, den es in der Tat bei Sudanstämmen noch bis ins letzte Jahrhundert gegeben hat); das Ziel eines solchen Tötungsritus ist, die Zeugungskraft des alternden Herrschers durchs Opfer zu erneuern, damit durch diesen Ritus seine Fruchtbarkeit auf den Nachfolger übergehe. Solche Riten haben offenbar im europäischen Mesolithikum eine bedeutende Rolle gespielt; in neuerer Zeit wurde in einer Höhle bei Palermo (Monte Pellegrino) ein graviertes Felsbild entdeckt, welches unverkennbar auf einen Ritus schließen läßt, bei welchem männliche Menschenopfer zur Erdbefruchtung dargebracht wurden (Abb. bei Bacon). In dem erwähnten Felsbild von Zimbabwe sehen wir nun in der Tat, wie unverkennbar das Sperma des Gottkönigs auf die Welt fällt, wobei vielleicht als erste die Erdmutter befruchtet wird; doch zeigt das Bild offensichtlich auch, daß die Zeugungskraft sich, daneben sozusagen, unmittelbar auswirkt. Alle Wesen stammen also aus dem Himmelsgott. Diese Vorstellung hat dann, wie wir sehen werden, im Schöpfungsmythos des frühesten Ägypten weitergewirkt, auch darf auf viel spätere griechische Vorstellungen verwiesen werden, wonach der Mensch allein vom Vater abstammt, während die Mutter ihn lediglich austrägt (Aischylos, Eumeniden 657 ff.). Hier hätten wir nun die mythologische Vorstufe zur späteren Vorstellung vom geistig schöpferischen männlichen Hochgott: Es ist der zeugende Urvater. Unverkennbar ist freilich, daß auch schon diese Vorstellung mehr an rationaler Überlegung enthält als der Urmuttermythos. Alles Lebendige – und für den Primitiven ist alles lebendig, auch der Stein – entsteht durch Geburt; das ist die urtümlichste Erfahrung. Die Ethnologie lehrt uns, daß während langer Epochen der Menschheitsentwicklung der Kausalzusammenhang von Zeugung und Geburt noch unbekannt war. So dürfen wir also im Urmuttermythos wirklich einen ursprünglichen Typ von Schöpfungsmythen sehen, vielleicht den ältesten überhaupt, aus welchem dann sekundär, wenngleich schon in sehr frühen Zeiten, der Urvatermythos hervorgegangen sein mag.

Blicken wir nun nochmals auf die Moma-Theologie, die den Urvatermythos vergeistigt hat. Entscheidend ist dabei die Rolle, die dem Wind-Geist, dem Pneuma, dem Logos zukommt. Daß aus der primitiven Religion heraus sich solches entwickeln konnte, sollte uns demütig und zurückhaltend machen in der üblichen Abwertung dieser Wurzelschicht, aus der letzten Endes doch auch die höchstentwickelte Religion, unbeschadet ihrer Berufung auf göttliche Offenbarung, immer mitzehrt; die »Fleischwerdung des Worts« bedeutet ja immerhin, daß sich auch die höchste Offenbarung nicht zu gering erachtete, »Knechtsgestalt« anzunehmen und »an Gebärden als ein Mensch erfunden« zu werden (Philipper 2,7). Wem dieser biblische Hinweis noch nicht genügt, um die hier vertretene Auffassung von der Religionsgeschichte mit dem Christentum in Übereinstimmung zu bringen, der sei auf das Studium eines der Vertreter streng christlicher, ja betont lutherisch begründeter Religionsphilosophie hingewiesen, es ist der große Anreger Herders und Goethes, Johann Georg Hamann, über den in jüngster Zeit von Gerhard Nebel ein theologisch sehr erhellendes Buch erschienen ist.

Haupt eines fischmenschenartigen Gottwesens aus der Lepenski-Vir-Kultur, Mittlere Steinzeit. Spuren dieser Kultur wurden auf einer Donauterrasse nahe dem Eisernen Tor an der Grenze zwischen Jugoslawien und Rumänien entdeckt. Ein Beispiel für den Selbstentstehungsmythos.

Der Selbstentstehungsmythos

In unseren bisher beschriebenen vier Typen primitiver Schöpfungsmythen scheint schließlich noch ein fünfter versteckt enthalten zu sein. Wir könnten ihn Elementarmythos oder Chaosmythos nennen; ich schlage einen anderen Begriff vor, da die beiden genannten Bezeichnungen nicht deckungsgleich sind.

Von einer ganz ursprünglichen Vorstellungsweise, der er sogar die Bezeichnung Schöpfungsmythos abspricht, berichtet Norman Bancroft-Hunt bei den Indianern der kanadischen Pazifikküste: »Im Gegensatz zu anderen Völkern hatten die Indianer der Nordwestküste keine Schöpfungsmythen, und sogar ihre Erzählungen über früheste Geschehnisse gingen davon aus, daß die Welt bereits bestand, obwohl sie vielleicht mit Wasser und ewiger Dunkelheit überdeckt war. Auch gab es keinerlei Schöpfergestalt, außer einem ziemlich unklar umrissenen Häuptling-Über-Uns, der in einem Himmelshaus wohnte und indirekt das Menschenschicksal lenkte. Aber es ist gut möglich, daß diese Gestalt in der Mythologie erst nach Ankunft des Christentums auftauchte« (S. 89). Wir lassen das Problem, ob Schöpfungsmythos oder nicht, zunächst offen und fragen nach dem Typ solcher primitiven Ursprungskunde. Einen solchen können wir immerhin durch Vergleich mit primitiven Vorstellungen ähnlicher Art bei anderen Völkern und Stämmen bestimmen; wir nennen ihn *Selbstentstehungsmythos*.

Der Selbstentstehungsmythos bezieht sich primär nicht auf Gottheiten, die dann miteinander die Heilige Hochzeit feierten oder in Heiligen Streit gerieten, oder auch wie die Ur-Frau Tézé der Riunger von selbst entstanden; er will auf die Frage Antwort geben, was denn vorher da war oder wie das entstand, dessen sich die danach entstehenden Gottheiten dann bedienten; die chaotisch vermischten oder schon in Reinform ursprünglichen Elemente, sei es das Meer, sei es ein heiliger Berg, sei es ein heiliger Baum oder was immer, müssen ja irgendwie entstanden sein. Wir lernten schon eine dieser Mythen kennen, es ist die Erzählung aus der Edda des Snorri, die Weinberg erwähnt – eine zweite Edda-Erzählung werden wir noch betrachten. Mircea Eliade erfaßt diesen Typ unter dem Begriff »Erdtaucher-Motiv«: »Ein Gott schickt einen Wasservogel oder ein amphibisches Tier, oder er taucht gar selbst auf den Grund des Urmeeres und holt ein Stückchen Erde herauf, aus dem dann die ganze Welt hervorwächst.«

In jüngster Zeit wurde auf einer Donauterrasse nahe dem Eisernen Tor eine mittelsteinzeitliche Kultur erschlossen, die nach dem Fundort den Namen »Lepenski Vir« erhalten hat; hier fallen vor allem große Geröllsteine auf, die durch eingemeißelte Ornamente als menschenähnliche Fische ausgestaltet sind. Diese rund 8000 Jahre alten Steinskulpturen, die bisher ältesten Monumentalplastiken Europas, werden vom Ausgräber Dragoslav Srejović gedeutet als »Illustrationen eines Mythos von der Entstehung und Ordnung der Welt«. Es handelt sich um einen Mythos, der gerade noch an der Grenze der primitiven Zivilisation seinen Ursprung hat, entstanden kurz vor der eigentlichen Ackerbaukultur. Die Hauptelemente dieses Mythos sind »der Geröllstein als Symbol der Geburt aus Wasser und Stein, Skulpturen, die fischartige menschliche Wesen darstellen (Urahnen) und der Hirsch mit seinem für stetige Erneuerung stehenden Geweih«.

Diese unheimlich bannenden Steinhäupter symbolisieren also den Ursprung aus der Flut. Die alte Siedlung von Lepenski Vir, wohl das kultische Zentrum eines weiten Bereichs, lag nicht zufällig an jener Stelle, wo die Donau, Europas Urstrom, sich in Strudeln wie ein Quellbrunn ausnimmt. Der Ausgräber sagt von dieser Landschaft: »Das ununterbrochene Brausen des Stroms und das geheimnisvolle Rollen der Steine in tiefen Strudeln vermischen sich mit den Stimmen der Vögel, mit dem Rauschen der Blätter und mit einer Unzahl von Klängen . . . In diesem unruhigen natürlichen Rahmen kann der Mensch allein dann bestehen, wenn er die Grenzen dieser Welt klar bestimmt . . .« Und das eben hat der Mensch hier getan; kein Zweifel, hier war für ihn permanentes Schöpfungsgeschehen erkennbar, hier war Weltentstehungsort, hier fassen wir einen sehr alten Weltentstehungsmythos ganz unmittelbar. Aus der Wassertiefe stammt alles, auch der Fisch-Ahn und die ihm verbundene Menschenmutter, und ständig spendet die Quelle in der Tiefe neues Leben; der ungeheure Donauwels, zentnerschwer, war Nahrungsspender und Verwandter in einem, deshalb wurde er sowohl gefangen und verzehrt als auch scheu verehrt. Alles kam und kommt aus dem Wasser. Man kann fragen: Woher aber kam denn die Donau, woher das Meer, woher der Geröllstein oder die Erde auf dem Grund? Aber solches Fragen bricht doch eigentlich erst in fortgeschritteneren Entwicklungsphasen des Geistes auf, die ältere, noch rein mythologische Antwort der primitiven Mentalität, etwa der Lepenski-Vir-Leute, stellt einfach fest, was da war. Dagegen wird die Fassung des späten germanischen Mythos in der Snorra-Edda und der Völuspa einem solcherart fortgeschritteneren Denken zuzuschreiben sein. Immerhin müssen jedoch die Ansätze zum Selbstentstehungsmythos durchaus schon in den ursprünglichen Ausgestaltungen von Schöpfungsmythen latent vorhanden gewesen sein, wenngleich da noch nicht ausdrücklich als kosmologische Einleitung den theologischen Texten vorgeschaltet.

Eine solcherart ausgereifte Gestalt des Selbstentstehungsmythos aus einer späten Phase, in welcher die primitive Grundschicht aber noch eben durchschimmert, liegt uns in der Völuspa vor, dem gewaltigen Göttermythos der Lieder-Edda. Dieses »Gedicht der Seherin« – das heißt Völuspa – hat zum eigentlichen Thema das Geschick der Götter bis zu ihrem Untergang und ihrer Wiederauferstehung auf erneuerter Erde unter Balders milder Herrschaft. Dieser Thematik ist nun als Einleitung der germanische Selbstentstehungsmythos vorgeschaltet. Die Völuspa lehrt uns durch diese kompositorische Verklammerung vor allem, daß der primitive Weltentstehungsmythos überhaupt niemals um seiner selbst willen da ist; wäre er das, so handelte es sich tatsächlich nur um eine notwendig noch fabulöse Auskunft auf die neugierige Frage nach der Ursache von allem. Eine so theoretische Struktur dürfen wir aber in den primitiven Schöpfungsmythen nirgendwo finden wollen. Sie sind alle organisch verwachsen mit Gegenwärtigem und Zukünftigem! Darin folgt die Völuspa dem ältesten Gesetz jedes Schöpfungsmythos.

Aus fortgeschrittenen Phasen mögen freilich manche Züge der Götterdämmerungsgeschichte stammen; die neue Odinshalle läßt an Offenbarung 22 denken, wie überhaupt die ganze Auffassung vom neuen Heil nach allem Untergangsgraus. Doch der Selbstentstehungsmythos am Anfang zeigt wieder sehr alte Züge. Nachdem die Seherin sich als zur Prophetie ermächtigt vorgestellt hat, als Wissende von den neun Weltreichen und den Wurzeln des Weltbaums, hören wir:

3. Urzeit war es, da Ymir hauste: nicht war Sand noch See noch Salzwogen, nicht Erde unten noch oben Himmel, Gähnung grundlos, doch Gras nirgend
4. Bis Burs Söhne den Boden hoben, sie, die Mittgart, den mächtgen, schufen: von Süden schien Sonne aufs Saalgestein; grüne Gräser im Grund wuchsen.

Das Erdtauchermotiv ist deutlich: Burs Söhne Odin und Thor heben die Erde aus dem Urabgrund Ginnungagap heraus – in der indischen Parallele ist es Vishnu, der als Eber die Erdgöttin aus dem Meergrund herausholt. Was davor war? Gähnung grundlos. Doch es ist schöpferischer Abgrund. Ein und derselbe schöpferische Abgrund ist es, aus dem die Welt stammt wie aber auch das Wissen von ihrem Woher: der Schöpfungsmythos selbst. Denn Welt und Seele sind für das mythische Denken eine Einheit.

Die Drei-Einheit des Schöpfungsmythos

Wir können nun versuchen, die Grundstruktur darzustellen, in der unsere fünf Typen von Schöpfungsmythen ihre systematische Einheit haben. Dabei dürfen wir uns ruhig der Dreigliederung metaphysischer Fragestellungen bedienen, die Immanuel Kant, in Anlehnung an die traditionelle Einteilung der Philosophie, vorgezeichnet hat: Es sind die drei Ideen Welt, Seele und Gott, in welche Dreiheit alles äußere und innere Sein, über das gedacht werden kann, einzuordnen ist; Welt, das ist alles durch den »äußeren Sinn« Erfaßbare, Seele alles vom »inneren Sinn« zu Begreifende, Gott ist die beides umfassende Wirklichkeit, die einen Gesamtsinn verstehbar macht. Blicken wir auf die Schöpfungsmythen der primitiven Mentalität, so beobachten wir vor allem einen Grundzug: Welt, um die es hier ja geht, ist immer in engstem Zusammenhang mit der göttlichen Macht begriffen, was auch für den Typ des Selbstentstehungsmythos gilt, denn der zielt ja doch eigentlich auf Gottwerdung hin; und beides, Welt und Gott, steht in strengem Zusammenhang mit der Wirklichkeit der Seele, verstanden als das, was eigentlich den Tod des Individuums wissend zu durchleiden hat und ihn in dieser oder jener Weise überdauert. Es ist wohl richtig, das Ausgangsdatum dieses gesamten Denkzusammenhangs beim Tod zu sehen. Es mag aufgefallen sein, welche Rolle schon bei den wenigen besprochenen Mythenvorstellungen die Zahl Neun spielte. Der Neun eignet symbolisch ein gewisser Transzendenzcharakter, sie weist auf ein Vollkommenes hin – Zehn – und weist damit über sich hinaus, und sie ist die Potenzierung der geheimnisvollen Drei. Neun Tage hing Odin am »windigen Baum«, neun Runenlieder lernte er da (Lieder-Edda, Runatal); die Neunzahl ist ein Todes- und Transzendenzsymbol, jede Neun in den Schöpfungsmythen bezeugt den Zusammenhang des Urerlebnisses von Seele, Welt und Gott mit der Todeserfahrung. Die den Menschen schon der frühesten Zeit am stärksten erschütternde Wirklichkeit, auf die der Mythos Antwort zu geben hatte, war die Wirklichkeit des Todes. Aus der unbestreitbaren Erfahrungswahrheit, daß der Mensch und die ganze Natur ein rätselhaftes Wohin vor sich haben, entsteht also die Frage nach dem Woher und Warum.

Es ehrt den alten Mythos in besonderem Maß, daß er auf diese Fragen immer eine harte Antwort zu geben weiß und nie einen billigen Scheintrost spendet; aber auch daß er eine Antwort gibt, die wirklichen Sinn verschafft, den einzig denkbaren. Ein bloßes Aufhören von Leben und Existenz ergibt keinen Sinn; hören wir wieder C. G. Jung: »Ich darf . . . erwähnen, daß der consensus gentium (= Übereinstimmung der Völker) ausgesprochene Auffassungen vom Tode hat, welche sich in allen großen Religionen der Erde unmißverständlich ausgedrückt haben. Ja, man kann sogar behaupten, daß die Mehrzahl dieser Religionen komplizierte Systeme der Vorbereitung des Todes sind . . . Es scheint also der allgemeinen Seele der Menschheit mehr zu entsprechen, wenn wir den Tod als die Sinnerfüllung des Lebens und als sein eigentlichstes Ziel betrachten als ein bloß sinnloses Aufhören« (Ges. Werke 8, S. 467ff.). Was Jung hier im Blick auf hochentwikkelte Religionen sagt, gilt in noch verstärktem Maß für deren Wurzel, die primitive Religion.

Die Antwort ist insofern hart, als ein bloßes Aufhören zwar sinnlos wäre, aber weder hart noch mild, sondern einfach eigenschaftslos. Für den Sünder – und wer ist das nicht – wäre die Auskunft sogar angenehm, wie schon Paulus in Anspielung auf ein Jesajawort gesagt hat (1.Korinther 15,32). Der Seele steht jedoch ein rauher Weg voller Gefahren bevor. Es gibt keine banalere Verzeichnung der Religion als die, wonach der Mensch sich ein künftiges Paradies vorgaukelt, um sich über die Nöte des gegenwärtigen Daseins hinwegzutrösten. Der primitive Schöpfungsmythos mit seiner Richtung auf das letzte Ziel belehrt uns, wie auch der fortgeschrittenste, eines Besseren. Der Seele steht Schweres bevor, ein ganzes Leben ist als Vorbereitung dazu nötig, und die Vorbereitung ist die Religion. Da werden Unterweltsflüsse zu überwinden sein und rauhe Bergpfade, ehe die Seele zum heiligen Ziel gelangt, und unvorbereitet kann sie auch nicht die schweren Prüfungen bestehen, die ihr da auferlegt sind.

Die Seele, so sagten wir. Doch der primitive Mythos sieht es komplizierter. Er kennt nicht bloß eine »Seele«, sondern mehrere Seelen-Elemente, mindestens deren zwei! Die Religionswissenschaft und Ethnologie spricht von der »Lebensseele« und der »Totenseele«. Die erstere ist unpersönlich gedacht, sie ist das aus Gott stammende Lebensprinzip, von dem auch 1.Mose 2,7 die Rede ist; die letztere ist die sich im Leben erst aufbauende Individualität, und der nun steht das schwere Nachtodgeschick bevor, während die unpersönliche Lebensseele unmittelbar in die Gottheit, aus der sie stammt, zurückkehrt. Die primitive Mentalität hat also ein komplexeres Bild von Seele, als wir diese uns meist vorstellen; dieses Bild ähnelt aber in mancher Hinsicht demjenigen, das die moderne Tiefenpsychologie sich von der Seele macht, wenn sie da verschiedene Elemente sieht, die als Ich, als »Persona«, als Selbst, als Anima, als »Schatten« bezeichnet werden, aus denen sich die Psyche als Komplex konstelliert. Das spricht wieder für die sehr scharfe Beobachtung des Empirischen in der primitiven Mentalität. Das kann uns nur Mut machen, mit aller Behutsamkeit versteht sich, die Wahrheitselemente des primitiven Daseinsverständnisses ernst zu nehmen.

Die primitive Weltauffassung hat also eine Psychologie, die aus dem Ringen mit dem Todesproblem entstanden ist. Psyche ist. Da aber auf jeden Fall über allem und um alles herum, in allem und vor allem und auch nach allem jenes eine wirklich ist, woran dem primitiven Menschen niemals ein Zweifel gekommen ist, nämlich *Sinn,* so kann Psyche auch keinem sinnlosen Aufhören ausgesetzt sein. Die Arche-Psychologie, wie wir sie nennen können, ist zugleich Lehre von den letzten Dingen, Arche-Eschatologie also.

Gibt es letzte Dinge, so muß es auch erste geben. Die Arche-Eschatologie ist nur der halbe Aspekt einer Gesamtschau, welche ebenso auch zu den Anfängen zurückblickt. Wie ist alles geworden? Der Schöpfungsmythos gibt die Antwort darauf. So entsteht zugleich mit der eschatologisch ausgerichteten Psychologie ein Gesamtbild vom Weltlauf, eine Arche-Kosmologie also, deren Aspekte Eschatologie und Ursprungskunde sind. All dies hängt aufs engste miteinander zusammen.

Die einheitliche Größe, die diesen Zusammenhang konstituiert, haben wir eben Sinn genannt. Das ist, in diesem »Sinn« verstanden, ein moderner Begriff; wer Sinn unmittelbar erlebt, fragt nicht nach dem Sinn. Für den primitiven Menschen offenbarte sich der Sinn als göttliche Macht, für den fortgeschritteneren Religiösen als personhafte Einzelgottheit mit Namen, für die dritte Phase der Religionsentwicklung ist es der Hochgott; das verschlägt nichts für unsere Fragestellung, sagen wir schlicht und einfach Gott. Der Primitive hatte also jedenfalls, in engstem Zusammenhang mit Arche-Psychologie und Arche-Kosmologie, eine Arche-Theologie, so dürfen wir schon sagen. Es war eine durch und durch mythische, rein erlebte und unmittelbar bildhaft veranschaulichte Theologie, aber Theologie war es doch. In den Donaustrudeln, mit den schemenhaften Bildern von Fischhäuptern in der Tiefe, wurde das Göttliche erfahren. Das ist nur verständlich aus dem eben geschilderten Zusammenhangsdenken. Was wir heute sind und wo wir hin müssen, das zeigen uns die Fischahnen und die trächtigen Geröllsteine; sie zeigen uns, wo wir herkommen, und sie speisen und erhalten uns heute; und in allem west das Göttliche an, so hart das Leben sein mag – »was, meine Seele, fürchtest du?« (C. F. Meyer). Der primitive Schöpfungsmythos enthält alle Antworten auf die Grundfragen des Daseins. Ein triftiger Grund für uns, auf seine Kunde mit Ehrfurcht zu hören. Die wichtigste, alle Zeiten überdauernde Botschaft: Fürchte dich nicht, du in tausend Einzelheiten innerlich zerfaserter Moderner, suche den Zusammenhang, und du wirst Sinn finden.

Literatur zum dritten Kapitel

Edward Bacon, Auferstandene Geschichte; Archäologische Funde seit 1945, Zürich 1964.

Norman Bancroft-Hunt und Werner Forman, Totempfahl und Maskentanz, Freiburg i. Br. 1980.

Hermann Baumann, Schöpfung und Urzeit des Menschen im Mythus der afrikanischen Völker, Berlin 1936.

Edda, übertragen von Felix Genzmer, 2. Bd., Düsseldorf–Köln 1980[6].

Mircea Eliade, Mythen und Mythologien, in: Mythen der Welt (s. u.).

Manfred Hausmann, Martin, Gütersloh 1957.

Carl Hentze, Funde in Alt-China, Göttingen 1967.

Herder Lexikon: Symbole, Freiburg i. Br. 1978[4].

Karl Jaspers, Vom Ursprung und Ziel der Geschichte, München 1964.

Immanuel Kant, Kritik der reinen Vernunft = Werke, Bd. 2, Hg.: Wilhelm Weischedel, Darmstadt 1963.

Lepenski Vir – Menschenbilder einer frühen europäischen Kultur; Römisch-Germanisches Museum Köln und Prähistorische Staatssammlung München, 1981.

Lucien Lévy-Bruhl, Die geistige Welt der Primitiven, Darmstadt 1959.

Ulrich Mann, Theogonische Tage, Stuttgart 1970.

Mythen der Welt, Hg.: Alexander Eliot, Luzern und Frankfurt/M. 1976.

Gerhard Nebel, Hamann, Stuttgart 1973.

Wilhelm Schmidt, Grundlinien einer Vergleichung der Religionen und Mythologien der Austronesischen Völker, Wien 1910.

Waldemar Stöhr, Die Religionen der Altvölker Indonesiens und der Philippinen, in: Die Religionen Indonesiens, Stuttgart 1965.

Otto Zerries, Die Religionen der Naturvölker Südamerikas und Westindiens, in: Die Religionen des alten Amerika, Stuttgart 1961.

Die mythologische Religion der Hochkultur

Weiterentwickelte Ausgestaltungen von Weltentstehungsmythen

Cultura heißt Ackerbau. Seit dem achten oder siebten vorchristlichen Jahrtausend wird Feldbau in größerem Maßstab betrieben; das nördliche Mesopotamien, Zentralanatolien, Südpalästina und das iranische Hochland sind die Landschaften, wo sich die Cultura zuerst entwickelt hat. Der ackerbautreibende Mensch wurde notwendigerweise seßhaft, die neue Kunst konnte nur von festen Zentren aus, die man schon als Städte bezeichnen muß, betrieben werden. Das überrascht zunächst: Stadtkultur und Ackerbau sind demnach ursprünglich identisch. Wenn wir heute nostalgisch an die Zeit zurückdenken, wo »der Bauer im Märzen das Rößlein einspannt«, und diese scheinbare Idylle mit der zersiedelten Industrielandschaft vergleichen, so übersehen wir allzuleicht, daß damals, in Jarmo am Dyala, in Jericho, in Çatal Hüyük ein materieller und geistiger Umbruch erfolgte, der in nichts hinter der modernen industriellen Revolution zurücksteht. Die vorher schweifenden Jäger- und Sammlerhorden zogen »in die Stadt«, wie die Bauern dann wieder seit dem achtzehnten Jahrhundert.

Von der Kultur zur Hochkultur

Ackerbau wurde für lange Zeit rein extensiv betrieben. Schnell waren die Böden ausgelaugt, dann mußte neues Land erschlossen werden. Die Stadt freilich blieb. Sie war der Ort, wo die Arbeitsteilung und der Warentausch eine Handwerks- und Handelszivilisation aufblühen ließen, sie war und blieb der Markt, zu dem die Bauern regelmäßig zusammenströmten, auch immer weitere Strecken in Kauf nehmend. Wurden die Entfernungen für die abgelegensten Bauernsiedlungen zu groß, so wurden neue Städte gegründet, es wurde »kolonisiert«. Mit solcher Kolonisation breitete sich auch das aus, was wir heute im strengen Sinn »Kultur« nennen. Derartige Ausbreitungsbewegungen kann man als Triften bezeichnen. So spricht Fritz Schachermeyr von einer »Ostwestlichen Kulturtrift«, welche, langsam und gleichmäßig vordringend, vom anatolisch-mesopotamischen Zentrum aus die Küstenländer und Inseln des Mittelmeerraums erreichte und diese Zonen mit Kenntnissen und Fertigkeiten ganz praktischer Art bereicherte, aber gleichermaßen auch mit Ideen religiöser und metaphysischer Art: »Ideen haben Flügel«, sagt Mortimer Wheeler. Der ostwestlichen Kulturtrift entsprach aber auch eine gegenläufige. Vom Zentrum her strahlte die Ackerbaukultur nach Ost- und Südasien aus, nach China und Indien. Die eurasiatische Kultur ist also vom Ursprung her einheitlich.

Über die Vorstufen, die zur Ebene der Cultura hinaufführten, sind die Meinungen geteilt, und alle mögen sie mehr oder weniger recht haben. Man kann annehmen, daß die Frauen eines Jägerstamms es lernten, während der Zeit im Sommerlager durch Hackbau einige nährstoffreiche Wildpflanzen zu züchten. Dazuhin gibt es aber auch kurios anmutende Meinungen, die nicht von vornherein abgelehnt werden müssen. Herbert Joseph Muller sagt: »Einige Wissenschaftler glauben, daß eher das Verlangen nach Bier als das nach Brot die Menschen veranlaßt habe, Getreide anzubauen« (S. 56). Das klingt sehr einleuchtend. Da hatte man entdeckt, daß zerriebene Körner, eine Weile in Wasser liegen gelassen, plötzlich unerwartete Entrückungen zu verschaffen vermochten. Und da wären wir schon wieder bei der Religion, denn ohne die ist nichts von der ursprünglichen Mentalität zu verstehen. Man geriet in höhere Sphären, aber man stillte zugleich auch den ewigen Hunger, der den Menschen der Frühe der treueste Begleiter war. Doch alles war eines, Höhenflug und Sattwerdung.

Eine interessante These trägt neuerdings der Ausgräber von Lepenski Vir vor. »Die ersten Erfolge in der Kultivierung von Pflanzen und der Domestikation von Tieren sind an die Magie und die Religion gebunden. Man kann annehmen, daß die erste angebaute Pflanze und das erste gezähmte Tier als heilig galten . . . Der Hund war in Vlasac (einer benachbarten Fundstelle, d. Verf.) und Lepenski Vir vor allem ein rituelles Opfertier, und auch die erste kultivierte Getreidepflanze hatte sicher kultische Bedeutung. Man kann sich gut vorstellen, daß ein wildes Tier, das dem Anführer des Rituals gehorcht, oder reife Ähren in seiner Hand einen tiefen Eindruck auf die Teilnehmer des Rituals ausübten . . . Die Domestikation von Tieren und die Kultivierung von Getreiden blieben in der Lepenski-Vir-Kultur im Bereich des Ritus und unter der strikten Kontrolle der Gemeinschaft; denn es entwickelte sich weder Landwirtschaft noch Viehzucht in dieser Kultur. Es ist die Religion, in deren Rahmen man zu einer Erfindung von größter Bedeutung für die Wirtschaft gekommen war . . .« (S. 53). Der Mensch der Frühzeit hat sich also offenbar gar nicht so sehr beeilt mit der hungerstillenden Ausnutzung der neuen Errungenschaft. Diese sachkundige Auskunft aus neuester Zeit hat insofern noch besonderes Gewicht, als man ja im Westen geneigt ist, derartige Auffassungen aus Ländern mit einer progressiven Staatsideologie nicht zu erwarten; aber es gibt eben überall rechte Wissenschaft, die exakt die Fakten interpretiert. So stellt sich uns die Frühphase der eigentlichen Kultur auch insofern als Einheit dar, als Religion und praktisches Lebensinteresse noch nicht auseinandergetreten sind. Was wir hier von dem alten Zentralheiligtum am Donaustrudel beim Eisernen Tor hören, gilt sicher genauso von Mesopotamien und Ägypten, von Alt-Iran und Alt-Indien wie von Alt-China. Die Kunstgeschichte bestätigt solche Einheit: Keramikware aus dem vierten Jahrtausend ähnelt sich oft genug verblüffend über ganz Eurasien hinweg.

Die Brennkeramik, die Töpferscheibe und das mit letzterer schon miterfundene Rad sind die nächsten Stufen im Kulturaufstieg Eurasiens. Die entscheidende Phase aber wird eingeleitet durch die Erfindung der Schrift. Deren früheste Vorstufe ist derzeit aus Tepe Yahya im iranischen Hochland bekannt, etwa Mitte des vierten Jahrtausends. Im großen Maßstab jedoch, ganze Kulturkreise erfassend und sie in ihrer Weiterentwicklung entscheidend bestimmend, ist der Schriftgebrauch zeitlich und örtlich eindeutig gesichert für die altsumerische und die altägyptische Kultur, beidemal um die Wende des vierten zum dritten Jahrtausend. Mögen auch zwischen der Ägyptologie und der Sumerologie heute noch hinsichtlich mancher Einzelheiten harte Differenzen auszutragen sein, im ganzen ist das Bild doch klar. Sumer hat wohl einen gewissen zeitlichen Vorrang; doch mag man sich vor Augen halten, daß schon eine einzige Karawanenreise hin oder her die Kunde von der neuen Verständigungsmöglichkeit vermittelt haben muß, und das in weniger denn Jahresfrist. Die Erfindung kommt von Osten, also ist Sumer wohl früher dran; doch Ägypten folgt sogleich. Vor allem ist aber bedeutsam, daß die beiden Kulturkreise, Sumer und das Nilland, sich mittlerweile doch schon so sehr vom gemeinsamen Ausgangspunkt – Entstehung der Ackerbaukultur – aus in jeweils eigenständiger Richtung entwickelt hatten, daß sich die neue Erfindung in den beiden Bereichen von Anfang an verschieden darstellt. Im frühesten Mesopotamien hat man die mit einem Stichel in handtellergroße Lehmstücke eingeprägten Schriftzeichen zunächst für rein praktische Listen des Tauschhandelsystems verwendet, im frühesten Ägypten dagegen von Anfang an für heilige Überlieferungen, Kulttexte und Grabrituale. Beides überschneidet sich dann auch wieder in wenigen Jahrhunderten, in Mesopotamien wird die Keilschrift bald zur heiligen Schrift, in Ägypten entwickelt sich eine praktische Kommerzschrift neben der heiligen Hieroglyphenschrift; doch die Anfänge waren grundverschieden. So kann man also durchaus jedem der beiden Kulturkreise die gleichzeitige Erfindung der Schrift zuschreiben.

Das hat auch sehr reale Hintergründe in den geographischen und soziologischen Gegebenheiten. Mesopotamien war am Ende des vierten Jahrtausends ein Zuzugsgebiet, vor allem für die Sumerer, deren Herkunft immer noch nicht ganz geklärt ist. Wir wissen lediglich, daß diese Bevölkerung, die sich selbst als die »Schwarzköpfigen« bezeichnet hat, aus dem westlichen Innerasien gekommen sein muß, ein Teil als »Vorhut« vielleicht über Belutschistan und dann zu Schiff, mit einer ersten Relaisstation auf der Insel Bahrein, die im späteren Sumer Dilmun hieß und als Paradies, als Schöpfungsland galt; die Masse aber wird auf verschiedenen Wegen über das südliche Zagrosgebirge ins Deltagebiet des großen Doppelstroms friedlich eingewandert sein. Friedlich blieben sie auch langhin, dabei waren sie von vornherein föderalistisch gesonnen, sie gründeten lauter konkurrierende Einzelstädte, zuerst Eridu, dann Uruk, Ur, Lagasch, Larsa, Nippur; den Sumpfboden kolonisierten sie mit großem Geschick – erst seit dem Mongolensturm des dreizehnten Jahrhunderts ist, infolge der Dammzerstörungen, der südliche Irak zur öden Steppe geworden. Harmonie war selbstverständlich, bei aller Vielfältigkeit, und das von Anfang an. Doch dann folgten immer wieder Einfälle kriegerischer Randvölker, die schon seit der Mitte des dritten Jahrtausends ein von einer ostsemitischen Dynastie in der neuen Hauptstadt Akkad geleitetes Weltreich schufen. Die Blüte des alten Sumer war damit schon geknickt, doch kam es noch einmal zu einer Renaissance am Ende des Jahrtausends, die bestimmt war durch die spätsumerische Dynastie von Ur III. Danach zerfiel das mesopotamische Staatensystem mit seiner sumerisch geprägten Kultur in mehrere Teile, von denen zwei sich zu Macht- und Kulturzentren entwickelten, die seit rund 1700 v. Chr. für über ein Jahrtausend die Kultur des Zweistromlands und weiter Gebiete darüber hinaus bestimmen sollten: Babylon unter König Hammurabi und Assur unter König Schamschiadad I. Mit dem Ende des neubabylonischen (chaldäischen) Reichs im Jahr 538 v. Chr. geht die Herrschaft über Mesopotamien dann auf landfremde Herrschaftszentren über, erst auf die Perser, dann auf die griechischen Eroberer unter Alexander und seinen Nachfolgern, schließlich auf die Römer und Parther und die sie ablösenden Sasaniden, bis der Islam sein Kalifat in Bagdad errichtete.

Das alte Mesopotamien lag also, wie diese kurze Übersicht schon zeigt, immer im Sturmwirbel der Weltgeschichte, es war Sammelbecken zahlreicher, von allen Seiten zufließender Kulturelemente. Ägypten stellt in gewisser Weise einen Gegensatz dar. Es hat nur einen wirklich nachhaltigen Fremdeinfall erlebt, durch die Hyksos im ersten Drittel des zweiten Jahrtausends, und nach deren Vertreibung suchte die achtzehnte Dynastie bewußt an die zwölfte anzuknüpfen wie zuvor diese schon an die fünfte und sechste – all dies immer so, als ob nichts geschehen wäre. In Wahrheit änderte sich natürlich auch der Geist Ägyptens stetig, aber doch sozusagen unterschwellig; in grundsätzlicher Hinsicht jedoch stellt sich Ägypten über Jahrtausende hin viel mehr als eine Einheit dar, als dies in anderen Kulturkreisen je möglich war. Einheit, das bestimmte schon den Anfang der eigentlich ägyptischen Geschichte: Die Reichsbildung um rund 2900 v. Chr. war eine harte Lebensnotwendigkeit, anders konnte dort das äußerst schwierige, durch die jährliche Nilschwemme bestimmte Bewässerungssystem nicht funktionieren, ohne Einheit drohte der Hungertod. Einheitlich war hier auch die Bevölkerung, mindestens seit der sogenannten Thinitenzeit (1. und 2. Dynastie), und einheitlich blieb sie. Ägypten fühlte sich immer als Welt, was darum herum siedelte oder nomadisierte, waren ein paar barbarische »Fremdvölker«, die vom Königtum mit leichter Hand abgewiesen wurden. Die Expansion der ägyptischen Macht bis nach Syrien und die Konfrontation mit den Mitanni und Hethitern (18. und 19. Dynastie) war im Grund etwas für Ägypten recht Untypisches, verglichen mit dem gleichzeitigen Assur; Ägypten trieb Weltpolitik nur notgedrungen zur Grenzsicherung, es hatte an sich selbst genug, war im Grund seines Wesens autark, war geographisch, politisch, aber auch geistig eine in sich ruhende Pyramide, deren Spitze an den Himmel reichte, zu den ewigen Göttern, die eigentlich keine andere Sorge hatten als das Wohlergehen ihres Lands am Nil, das eine Welt war und blieb.

Im Ägypten der Spätzeit konnte man die Hieroglypheninschriften aus dem alten Reich nach Jahrtausenden immer noch lesen, während das Sumerische seit etwa 2000 ausgestorben war und die Keilschriftzeichen nun ganz andere Lautwerte erhielten. Da stoßen wir auf einen Wesensunterschied, der sich auch im Religiösen und Mythischen zeigt. Die offizielle Reichstheologie Ägyptens ist immer optimistisch gestimmt, während wir schon aus der Frühzeit Sumers den erschütternd tragischen Mythos von der Höllenfahrt der Himmelskönigin Inanna haben und gegen Ende des zweiten Jahrtausends den so offenkundig pessimistisch endenden Mythos von Gilgamesch, der das Lebenskraut für immer verlor. Man wende nicht ein, daß Ägypten schon um 2200 das resignierende Harfnerlied kennt – das war Privat-Metaphysik und nicht offizieller Kulttext wie die genannten mesopotamischen Sagen; oder daß Ägypten die Zerstückelung des Osiris kennt und den Kampf des Horus gegen Seth – denn das alles geht ja schließlich doch hoffnungsvoll aus, der schlimme Seth wird entmachtet und entmannt, während der gütige Osiris mit lächelndem Antlitz auf die Verstorbenen wartet.

In der Hochkultur fangen also schon zu Beginn die mythischen, religiösen und schließlich metaphysischen und weltanschaulichen Vorstellungen an, sich auseinanderzubewegen. Die Einheitlichkeit der primitiven Mentalität weicht einer stets zunehmenden Differenzierung. Einmal eingeschlagene Wege werden mehr und mehr unkorrigierbar, Kursverirrungen lösen gewiß schwere revolutionäre Schocks aus, doch auch danach – so in Ägypten nach der Hyksoskatastrophe, in Mesopotamien nach den häufigen Hegemoniewechseln – wird die ursprünglich eingeschlagene Richtung nicht mehr grundsätzlich verlassen. So streben die Kulturen nach Beginn der Hochkultur radial auseinander, und das auf der ganzen Erde.

Die Schrifterfindung hat für jeden Kulturkreis zwei im wesentlichen gegensätzliche und doch stets gleich miteinander wirksame Konsequenzen. Zum einen entsteht durch die Schrifterfindung ein geistiger Freiraum, man könnte sagen ein Freiraum im Gehirn: Nun muß nicht länger jede lebensnotwendige Überlieferung im Gedächtnis festgehalten und in kleinen Zirkeln von Generation zu Generation mühsam tradiert werden, von Zauberern, Schamanen, Medizinmännern und Orakelpriestern in lebenslanger Tätigkeit an Schülerkreise weitergegeben; es gibt jetzt Texte, die, in unzerstörbaren Stein graviert, Jahrtausende überstehen. Da wird der Geist entlastet, er gewinnt die Freiheit zu neu ausgreifenden Entwürfen: So und nur so entsteht die Hochkultur, so wird die »Achsenzeit« der Weltgeschichte eingeleitet, von der Karl Jaspers spricht. Die Kurve der Erfindungen schwingt nun mit einemmal steil nach oben, im Unterschied zu dem mählichen jahrhunderttausendelangen Aufstieg zuvor. Zum andern aber entsteht nun auch eine neue Festigkeit des Wissens, Könnens und des gesamten Lebensstils. »Es steht geschrieben«: Auf den harten Kalksteinwänden der ägyptischen Tempel, erst recht auf dem nie verwitternden Rosengranit der Obelisken, aber auch auf den in Magazinen gestapelten Tontafeln – Nippur, Amarna, Hattusa-Boghazköy – ist nun das Wissen tresoriert, das einst Heil und Gedeihen verschaffte und so auch weiterhin. Damit entstehen dann Verfestigungen, oft genug auch fortschrittsfeindliche Verhärtungen, gegen die gewaltsam revoltiert wird, aber meist nur, um den als noch älter und ursprünglicher angesehenen Traditionen wieder zum Recht zu verhelfen; das Wort »Revolution« bezieht sich ja zunächst auf Planetenumläufe und meint im übertragenen Sinn dann eben diese Wiederherstellung der ursprünglichen und als richtig angesehenen Position – so wollte man im Gefolge Rousseaus das Paradies wiederherstellen, und so geben sich die heutigen Aufständischen als naturliebend, grünpflegend und schöpfungsnah. All das begann mit der Erfindung der Schrift, und das letzte Ergebnis der Schrift ist die Computerspeicherung. Das ist ein festes Gleis der Schicksalsbahn geworden, und trotz aller Rüttelungen, falschen Weichenstellungen und fatalen Entgleisungen ist diese Gleisrichtung unumkehrbar. Auch das gehört zur »Hochkultur«, ob wir sie preisen oder tadeln wollen. Dieses Denkgeschick ist grundsätzlich nicht rückgängig zu machen.

Doch vergessen wir es nicht: Die Hochkultur zwingt uns nicht bloß blindlings nach vorn; sie bietet uns ja auch den anderen Pol an, sie ermöglicht uns das Aufspüren alter, längst verschütteter Schatzlager, wie das dem Primitiven nie möglich war. Der Primitive muß sich an die letzten aus der Großvätergeneration halten, um sich der Richtigkeit der Tradition zu versichern; wir aber haben die alten Dokumente im Original und – können sie lesen. Es liegt an uns, was wir daraus lernen und was wir als antiquierten Aberglauben verwerfen wollen. Sicher gibt es auch manchen Unsinn in den alten Überlieferungen, der die Menschheit nur auf Abwege geführt hat; doch aufs ganze gesehen häuft sich der Unsinn doch erst mit dem Fortschritt. Das muß zu denken geben. Es lohnt, auf die leise Sprache des alten Mythos zu hören. Daß wir das überhaupt können, ist das unschätzbare Geschenk der Hochkultur.

Mesopotamien

Eine streng durchgeführte metaphysische Schöpfungslehre gab es bei den Sumerern nicht; sie zu entwerfen war den Ägyptern vorbehalten. Die sumerische Vielfalt spiegelt sich in den zahlreichen Versionen des Themas wider, die als mythologische Ritualtexte von reicher Bildhaftigkeit auf Tontafeln und Tonzylindern in Keilschrift erhalten sind, leider oft recht bruchstückhaft. Gute Textsammlungen in deutscher Übertragung liegen vor in dem Buch des hervorragenden amerikanischen Sumerologen Samuel Noah Kramer sowie in dem Sammelband Schöpfungsmythen (englische Texte bei Pritchard).

Charakteristisch ist, daß die jeweilige Stadt, zu deren Tempel der Ritualtext gehört, immer die erste Rolle beim Schöpfungsvorgang spielt. Das ist zwar auch in Ägypten so, doch dort lösen sich die Traditionen im Zug der Reichsbildung und Festigung nacheinander ab, in Sumer jedoch leben sie stets konkurrierend nebeneinander her. Die Schöpfungsmythologie wird also gleich zu Beginn der Hochkultur auch schon politisiert. Und je nachdem ist es einmal dieser, einmal jener Gott, der die Hauptrolle beim Schöpfungsvorgang spielt. »Die sumerischen Literaten haben kein einziges Werk hinterlassen, das sich auch nur eingermaßen als eine systematische Darstellung ihrer philosophischen, kosmologischen und theologischen Konzepte bezeichnen ließe« (Kramer, S. 70).

Immerhin läßt sich aus den verschiedenen Texten die geschichtliche Ausbreitung des Sumerertums selbst ablesen, der Reihenfolge nach von Südosten nach Nordwesten. In der am Meer gelegenen Stadt Eridu mit ihrem Gott Enki, dem Herrn der Wassertiefe und der Erde, sind die ältesten Texte entstanden, in Nippur mit dem jungen Luftgott Enlil als Stadtherrn die spätesten und reifsten, in welchen dann das ganze Pantheon unter den höchsten Gottheiten systematisiert erscheint. In der Mitte zwischen beiden Zentren, in der sehr alten Stadt Uruk, spielt der Himmelsgott An die Hauptrolle. Diese drei sind stets die höchsten Götter Sumers geblieben.

Die Schöpfungskonzeptionen der primitiven Mentalität strahlen alle in irgendeiner Weise in die altsumerischen Schöpfungslehren hinein. Da ist der Weltelternmythos: Er schimmert noch durch in der Einleitung des Gedichts »Gilgamesch, Enkidu und die Unterwelt«, wo es heißt: »Nachdem der Himmel von der Erde entrückt worden war, Nachdem die Erde vom Himmel getrennt worden war . . .« (Kramer, S. 71), zugleich also kommt hier wieder das Motiv der Trennung vor, Enlil ist es, der Luftgott, der die Welteltern trennt. Das Thema der Heiligen Hochzeit des Weltelternpaars wird zwar nicht besonders ausführlich behandelt, dafür aber wird die dem Ursprung folgende Epoche in denkbar stärkstem Ausmaß vom Sexualmotiv bestimmt; Enki und Enlil sind gewaltige Beischläfer, von deren Zeugungskraft alle Kulturgüter stammen. Enki, Herr des in der Erdtiefe gedachten Süßwasserozeans – des lebenbringenden Grundwassers also –, befruchtet die Erdgöttin Nintu, aus dieser Verbindung entstammt die Göttin Ninmu, die Herrin der Vegetation, mit der sich Enki wiederum paart, und daraus stammen die Künste des Handwerks, der Zivilisation also, repräsentiert durch die Ninmu-Tochter Ninkur, und so fort. Enlil dagegen ist weit gewalttätiger, wie die Politik, seine eigentliche Sphäre, nun eben ist. Er notzüchtigt die schöne Ninlil, die so zur Mutter des

Mondgotts Nanna wird, die spätere Fassung weitet sich also wieder ins Kosmische aus.

Das Thema der Heiligen Hochzeit hat, vermittelt und weiterentwickelt durch die Sumerer, im alten Mesopotamien dann bis zum Ende des neubabylonischen Reichs, eine religiöse Vorrangstellung gehabt. Als Ritual wurde es in allen Städten und vor allem in den späteren Königsresidenzen nachgespielt, alljährlich wurde damit die Welt neugegründet, ja im Grund die Schöpfung vergegenwärtigt. Die »Spieler« in diesem Ritus waren der Priesterfürst, später der König, und die oberste Priesterin; Höhepunkt des Ritus war meist ein solennes Kultmahl, das die Hochzeitsfeier darstellte, wobei rund um den Tempel, ja durch die ganze Stadt ein ausgelassenes Treiben herrschte – einer der Ursprünge unseres heutigen Karnevals. Einige Textstellen belegen, daß die Hochzeit zwischen König und Priesterin auch ganz real vollzogen wurde, im Brautgemach (Schmökel, S. 126). Für den Ritus der Heiligen Hochzeit wurde allenthalben in Mesopotamien eine gewaltige architektonische Kulisse geschaffen; es sind dies die Stufentürme bei den Tempeln, worauf noch die biblische Erzählung vom Turm zu Babel anspielt (1.Mose 11), der akkadische Name für ein solches Bauwerk ist Zikurrat. Die Zikurrat ist, im Unterschied zu Ägypten, kein Grabbau, sondern eine Himmelstreppe, auf der bei den großen Festen die gewaltigen Götter zu den Menschen herniedersteigen – auch hierzu gibt es eine biblische Parallele, diesmal ins Positive gewendet, es ist die »Himmelsleiter« in Jakobs Traum zu Bethel (1.Mose 28). Für den Ritus der Heiligen Hochzeit befand sich unten am Treppenfuß die Kultkammer. Die Zikurrat ist also ein Weltschöpfungssymbol, ist der Weltberg selbst, der in jeder der alten Städte den Mittelpunkt bildet.

Das Thema des Heiligen Streits wird gleichfalls vergeschichtlicht, es hat seinen zeitlichen Ort erst nach der Schöpfung. Wieder ist es Enki, der bei seiner Ankunft aus dem Süden das Ungeheuer Kur besiegt (Kramer, S. 131ff.). Ein zweiter Kämpfergott ist Ninurta, der den Unterweltsherrn Asag, den Dämon des Siechtums und der Seuchen, besiegt (ebd.).

Das Gottesopfer tritt uns in der ergreifenden Erzählung von der Unterweltsfahrt der Inanna entgegen, früher »Höllenfahrt der Ischtar« genannt (Kramer, S. 123ff.). Diese Sage zeigt in besonders deutlicher Weise, wie Mythos und Ritus miteinander zusammenhängen; ich habe in dem Buch »Theogonische Tage« eine genaue Rekonstruktion des Ritus vorgelegt, wozu die archäologisch erschlossenen Grundrisse der Tempel des An und der Inanna in Uruk den Schlüssel anbieten. Wir können genau erschließen, daß sich sechs von den sieben Hauptszenen des Mythos rituell in den sechs Kultnischen an den beiden Längswänden des Tempels Eanna, dem Inanna-Heiligtum von Uruk, abgespielt haben müssen; der Höhepunkt der Geschichte wird dann im mittleren Apsisraum nachgespielt.

Inanna ist die Himmelskönigin, später akkadisch Ischtar geheißen und identisch mit der Morgensterngöttin Aphrodite – die semitische und ägäisch-etruskische Wurzel dieses Namens »parat« bedeutet wiederum Herrin, wie Inanna-Innin schon. Bei der Interpretation des Inanna-Mythos von Uruk ist nun eine kräftige Korrektur an jener üblich gewordenen Deutung angebracht, die auch von Kramer vertreten wird. Der erste Vers »Von dem ›Großen Oben‹ auf das ›Große Unten‹ richtete sie ihren Sinn«, in welchem die Motivation der ganzen folgenden Geschichte steckt – Innin will nicht nur den Himmel beherrschen, den sie schon besitzt, sondern auch die Unterwelt, in der ihre fürchterliche Schwester Ereschkigal herrscht, die Todesgöttin –, dieser Vers wird gewöhnlich auf »den übergroßen Ehrgeiz des Weibes« bezogen (Kramer, S. 121). Richtig und doch unzulänglich. Man muß den hintergründigen Sinn bedenken, und vom Hintergründigen hält sich die Fachgelehrsamkeit oft beflissen fern. Inanna ist ja doch die Göttin der Liebe! Dies gebührend berücksichtigt, sagt der Mythos: Die Liebe will stärker sein als der Tod, die Liebe »höret nimmer auf« (1.Korinther 13,8). Mag Liebe gewiß hier vorwiegend sexuell verstanden sein, doch ist Sexualität nicht im tiefsten auch Ausdruck von Liebe in ihrem erhabensten Sinn? So gesehen offenbart sich uns im altsumerischen Inanna-Mythos das eigentliche, ewig wahre Geheimnis des Menschseins.

Innin gerät in der Unterwelt in die Macht des Todes; an sieben Stationen wird sie ihrer Machtembleme beraubt und schließlich nackt an einen Pfahl – ans Kreuz! – gehängt. Die Gottheit opfert sich. Doch weil sie göttlicher Natur ist, gelingt auch die Rettung. Enki, von Inanna vorgewarnt, verhilft zu neuem Leben. Doch für alle Zeit gilt nun die Wahrheit, daß Liebe den Tod überwindet. Auch das wurzelt also schon im archaischen Schöpfungsmythos.

Der Urmuttermythos findet sich ebenfalls in der sumerischen Mythologie wieder. »Auf einer Tafel, die eine Liste der sumerischen Götter liefert, gilt die Göttin Nammu – mit dem Bildschriftzeichen für das ›Urmeer‹ bezeichnet – als die ›Mutter, welche den Himmel und die Erde gebar‹« (Kramer, S. 72). Den Urvatermythos hat die sumerische Mythologie, anders als die ägyptische, nicht ausgestaltet. Dagegen läßt sich wenigstens indirekt erschließen, daß weithin auch der primitive Selbstentstehungsmythos noch nachwirkte; Kramer sagt: »Am Anfang war das Urmeer. Über seine Herkunft oder Geburt wird nichts ausgesagt, und es ist nicht unwahrscheinlich, daß es nach Ansicht der Sumerer seit ewigen Zeiten vorhanden war . . . Das Urmeer erzeugte den kosmischen Berg, der aus Himmel und Erde zusammen bestand.« Aus der Vereinigung von Himmel und Erde entstand der Luftgott Enlil; der »trennte den Himmel von der Erde, und während sein Vater An den Himmel wegtrug, trug Enlil selber die Erde, seine Mutter, weg« (S. 72). An den Ungereimtheiten, wonach der Himmel einmal wirklich das Firmament ist, das andere Mal eine Gottperson, die den Himmel wegträgt, wie entsprechend auch die Erdmutter einmal dies und das andere Mal jenes ist, nehmen wir, mit dem mythischen Stil nunmehr vertraut, keinen Anstoß mehr.

Die über die bloße Übernahme primitiver Mythen hinausgehende religiöse Leistung der sumerischen Hochkultur liegt in der historisierenden Vertiefung und Weiterbildung, wobei doch nirgendwo der Zauber des Ursprünglichen verlorenging. Darüber hinaus hat aber Sumer seine eigene Geschichte noch in einen besonderen Zusammenhang mit der Schöpfungsmythologie gebracht, der sich zunächst ganz eigenständig sumerisch darstellte, dann aber, nach Ablegung der eigentlich sumerischen Elemente, sich doch zu universaler Geltung weiterzuentwickeln vermochte. Es ist die mit der Insel Dilmun zusammenhängende Paradiessage. Ein Text aus Sumers letzter Zeit wird »Dilmun-Mythos« genannt, er enthält einzelne sehr alte und kaum überarbeitete Stücke.

Sumerische Texte berichten von den Ländern »Makkan« und »Meluhha«, mit denen schon um die Mitte des dritten Jahrtausends, dann vor allem in der Ur-III-Epoche lebhafter Handel hin und her betrieben wurde. Neuerdings besteht weithin Einigkeit darüber, daß mindestes eines der beiden Länder mit dem Gebiet der Alt-Indus-Kultur identisch war. Die Zwischenstation für diesen Transit-Handel war die Insel Dilmun, das heutige Bahrein (Wheeler, S. 95f.). Geoffrey Bibby hat dort umfangreiche Ausgrabungen durchgeführt und eine durchaus eigenständige Kultur entdeckt, deren Einfluß auf Mesopotamien gar nicht überschätzt werden kann. Wesentlich dabei ist, daß die Sumerer stets an ihrer Herkunft aus Dilmun festgehalten haben; so stellt sich die Dilmun-Kultur wohl als die eigentliche Wurzel der sumerischen dar. Es wird so sein, daß eine zunächst eng verwandte Bevölkerungsgruppe sich im nördlichen Belutschistan geteilt hat, einerseits nach dem Indus-Tiefland hin, andererseits der gedrosischen Südküste entlang ins untere Zweistromland, wobei, wie schon erwähnt, bedeutsame »Vorkommandos« ihre erste Station auf Dilmun errichtet haben dürften. So kämen die Schwarzköpfe insofern wirklich von Dilmun her, als sie da erstmalig Wohnlichkeit und Gedeihen erlebten, während die notreiche Wanderzeit der anderen durch Gegenden, in denen einfach nichts war, in Vergessenheit geriet. Aus Dilmun kam das Sumerervolk, aus Dilmun kam die Menschheit. Dann muß dies auch das Land des ältesten Gottes sein, des Enki.

Auf der Erde, die rein ist, ruft Ihn, Enki!
in der Welt von Dilmun, die rein ist,
in der Welt von Dilmun, ruft Ihn, Ihn!
In der Welt von Dilmun, die jungfräulich ist,
In der Welt von Dilmun, die hell ist,
Ist das einzige Paar in Dilmun in Schlaf versunken.
Das Land, wo Enki einschlief bei seiner Gattin,
Dieses Land ist jungfräulich, ist hell.
Das einzige Paar, in Dilmun ist es in Schlaf versunken,
Das Land, wo Enki einschlief bei der Jungfrau,
Dieses Land ist jungfräulich, dieses Land ist hell . . .
(Schöpfungsmythen, S. 111)

Im folgenden wird ein paradiesischer Zustand geschildert, »Der Löwe mordet nicht, kein Wolf raubt Lämmer«; doch fehlt hier noch jener pessimistische Zug, wonach das Leben im Paradies glücklich war, für uns Heutige aber verloren ist: Es war alles noch im Schlaf, erst Enkis Erwachen setzt die Geschichte in Gang, und die ist durchaus nicht bloß Verhängnis. Enki erwacht, und nun beginnt in Dilmun die Reihe von Zeugungen, von denen schon die Rede war, es kommt zur Geburt der Vegetationsgöttin Ninmu, damit setzt die Entwicklung ein.

Hier haben wir die älteste Paradies-Erzählung, die wir natürlich nicht mit der mehr als ein Jahrtausend jüngeren biblischen wertend vergleichen dürfen. Auch darf nicht vergessen werden, daß Sumer sehr wohl das Daseinsverhängnis kannte; die frühesten Bildwerke schon zeigen die ewige Polarität von Mensch und Haustier hier, Löwe und Adler da – hier freilich darf man schon vorausdenken an die vier »Lebewesen« Hesekiel 1 bis 3 und die »Tiere« Offenbarung 4 und 5. So ist eben das Dasein: löwenhaft, aber auch stierhaft; menschlich, aber auch geierartig. Es bedurfte vieler Jahrhunderte, bis dies alles unter dem einen Hochgott theologisch systematisiert werden konnte. Aber auch dafür bietet Sumer schon den Ansatz.

Noch ein weiterer Zug aus Sumers Tradition ist bedeutsam für die Zukunft geworden. Der Dilmun-Mythos berichtet von der Schöpfung im Rahmen des Weltelternmythos und der Heiligen Hochzeit. Andere Texte bezeugen aber auch eine deutliche Vergeistigung. Kramer sagt (S. 69): »Was die den Gottheiten zugeschriebene Schöpfermethode betrifft, haben die sumerischen Philosophen eine Lehre entwickelt, die im ganzen Nahen Osten zu einem Dogma wurde – die Lehre von der Schöpferkraft der Götterwelt. Laut dieser Lehre braucht die schöpferische Gottheit nichts weiter zu tun, als ihre Pläne zu machen, das *Wort* auszusprechen und den *Namen* zu nennen.« Zu gleicher Zeit hat auch Ägypten diese Wahrheit gefunden; wieweit es hierbei Beeinflussung gab, hin oder her, ist schwer auszumachen.

In all dem wurde in der sumerischen Mythologie jener Wesenszusammenhang bewahrt, den wir beim Mythos der Primitiven feststellten: Die Lehre von der Seele (Arche-Psychologie) und ihrem postmortalen Geschick (Arche-Eschatologie) korrespondiert aufs engste mit der Schöpfungslehre (Arche-Kosmologie), und beides wird durch die Götterlehre (Arche-Theologie) zur organischen Einheit zusammengefaßt. Die Götter stiften alles Heilsame zu Beginn des Weltgeschehens, sie lenken die Geschichte der Gesamtheit wie das Geschick des einzelnen, sie haben selbst teil an dieser Geschichte, denn sie brauchen die Opfergaben der Menschen, denen sie zu diesem Zweck die Kulturgüter zuteilen; sie beherrschen das Totenreich, nicht ohne Streit und Zwiespalt untereinander, aber durch den Zwiespalt dringt die Liebe zum Sieg, und die Gottheit hat selbst Anteil am Todesgeschick. Stärker als in Sumer, selbst verglichen mit dem ägyptischen Osiris-Mythos, ist nirgendwo bis hin zur Ära des Christentums dieser Seinszusammenhang zwischen Göttlichem und der Todesüberwindung hervorgehoben worden. Sumer stellt hierfür das hervorragendste Beispiel dar. Das Festhalten der primitiven Dreiheit auch unter den geistigen Voraussetzungen der Hochkultur wie auch die geglückte Einfügung dieses uralten Traditionsguts in die höher entwickelte Bewußtseinssphäre ist deshalb so bedeutsam auch noch für unsere geistige Lage, weil nichts dafür spricht, daß wir Heutigen es hierin schwerer hätten als diejenigen, die vor nahezu fünf Jahrtausenden das uralte Geisteserbe der Steinzeitkultur in die steile Aufstiegsbewegung der Achsenzeit umzusetzen hatten – und es in völlig neue geistige Dimensionen zu übertragen verstanden. Wir werden die alte Dreieinheit von Arche-Psychologie, Arche-Kosmologie und Arche-Theologie im Auge behalten müssen; vielleicht liegt in dieser scheinbar nur formalen Bestimmung doch auch jener Ansatz, der uns den Inhalt der überzeitlichen, der ewigen Botschaft des Mythos erschließen hilft.

Die Mythologie Sumers ließ gewiß viele Fragen offen, die wir beantwortet sehen möchten; doch sind dies metaphysische Fragen, Sumer jedoch betrieb keine Metaphysik, sondern begnügte sich mit bunter, unmittelbar einleuchtender, faszinierender Bildrede, mit Mythologie eben. Der Metaphysiker mag sich mit einem solch unentwickelten Gottesbegriff nicht abfinden. Was sind das für unvollkommene Götter! Dieser Enlil, der zum Kummer aller andern die göttliche Jungfrau Ninlil schwängert (Kramer, S. 73ff.), dieser Enki, der sich von der Tochtergeliebten Innin betrunken machen und dann die

Weltgesetze und Ordnungselemente, die Mê, stehlen läßt – wie unvollkommen das alles! Doch hat Sumers Mythologie etwas ganz anderes geleistet, was so keine reine Gottes-Mythologie bis zum heutigen Tag geschafft hat – wir erinnern uns, vom »Gott der Philosophen«, wie ihn Weischedel schildert, bleibt unter heutigen Denkvoraussetzungen nur noch die »radikale Fraglichkeit« bestehen; Sumer dagegen hat Ganzheit begriffen, hat Vollständigkeit vermittelt! Die Welt mit allen ihren Fraglichkeiten ist erfaßt. Dafür stehen die Unzulänglichkeiten der Götter. Wird unter heutigen Denkvoraussetzungen ein sowohl vollkommener (Matthäus 5,48) wie aber auch vollständiger Hochgott gedacht, so muß dieser Gottesgedanke völlig neu konzipiert werden – wir wollen am Schluß dazu einige Aspekte entwerfen. Es geht nicht anders, als daß die Unzulänglichkeit des Seins als schon in Gott urständend gedacht wird. Bis zur Aufklärungszeit genügte noch die traditionelle Sündenlehre. Mit der aber ist es, in üblicher Gestalt jedenfalls, nunmehr aus. Daß Töten und Fressen und Gefressenwerden nicht erst durch den ersten Hominiden und seit ihm das biologische Leben bestimmt, ja daß das riesige Universum im Grund eine explodierende Feuerhölle ist, in welcher Partikel in den nichtigen Raum hinausgeschleudert werden, auf denen unter bestimmten chemischen Voraussetzungen Aminosäurenkomplexe sich zu lebensträchtigen Verbindungen konstellieren, und das immer auf Kosten von anderen, weniger lebenstüchtigen Zufallsergebnissen – das ist das unumgängliche Ergebnis des Denkens seit der Aufklärung. Die »Sünde« ist nicht mehr Ursache allen Übels! Daran kommen wir im Grund nicht mehr vorbei. Die Realität unserer Zeit erweist die Unausweichlichkeit des neuen Denkens, auf das die Theologie noch keine Antwort gefunden hat. Die Erweise sind schrecklich genug: Es wird heute gemordet, gestohlen und gelogen, oft mit staatlicher Legitimation, und das alles wegen irgendwelcher »höherer Zwecke«, zum Wohl der Menschheitsentwicklung also, wie das im sogenannten finsteren Mittelalter nie denkbar gewesen wäre. Der Terrorismus mit seiner Ideologie, wonach Menschenleben zu höheren Zwecken geopfert werden müssen, ist der aus dämonischer Tiefe eingeflüsterte Beweis dafür, daß heute der Mensch nicht mehr die Würde hat, am Elend allein schuldig zu sein, er ist nur noch ein mißglücktes Elementarteilchen, das eliminiert werden muß, wenn es mißlingt. Wir werden nicht darum herumkommen, tiefer in Gott hineinzufragen. Wir werden ihm dazu verhelfen müssen, das zu werden, was er immer war, ehe er sich selbst in das Abenteuer seiner Schöpfung einließ. Das nun wieder können uns schon einige sumerische Mythen begreifen lehren.

Der Blick auf Sumer lohnt deshalb für uns Heutige, soviel sei vorweggenommen, weil wir hier nicht nur ein allmähliches Abklingen oder gar Absterben alter Geistessphären beobachten, wie das allenthalben vorkommt, vielmehr ein geradezu tragisch zu nennendes Überwältigtwerden durch weltgeschichtliche Katastrophen – wie modern! Am Ende steht ein Klagehymnus, dessen Schlußverse, in der Übertragung von Schmökel (S. 80), uns anrühren, als wären sie für unsere Zeit geschrieben – und sie sprechen doch von Sumers alten Göttern, sprechen nur schlicht die Ur-Kunde aus vom Anfang und Ziel des Ganzen:

So haben An und Enlil das Geschick bestimmt.
Das Wort des An – wer stürzte es wohl um,
Und wer vermöchte Enlils Rat zu ändern!
O Sumer, Land der Furcht, da Menschen zagen:
Der König ging, und seine Kinder klagen.

Nach dem Ende Sumers entstand am Euphrat jenes Machtzentrum, dessen Hauptstadt Bab-Illu, »Gottes-Tor« hieß. Dieses Göttertor, das berühmte Ischtartor nämlich, ist in den Räumen der Berliner Museumsinsel wiederaufgebaut. Ischtar ist die sumerische Inanna; der Hauptgott der neuen Stadt aber ist ein junger Gott, den die Sumerer kaum kannten, sein Name Amar-Utuk heißt Stiersohn des Sonnengotts, später kontrahiert zu »Marduk«. Unter König Hammurabi um 1700 v. Chr. ist Babylon Zentrum eines wahren Weltreichs geworden, so wie man eben die Welt kannte; der Stadtgott stieg damit zum Weltgott empor. Sein Kult diente am großen Neujahrsfest der Welterneuerung. Das Kultlied von sieben Tafeln für dieses Fest ist uns durch assyrische Keilschrifttexte erhalten; der Name dieses Liedes lautet, nach den Anfangsworten, Enuma Elisch, »Als droben . . .«; es beginnt mit den Versen:

Als droben die Himmel nicht genannt waren.
Als unten die Erde keinen Namen hatte,
Als selbst Apsu, der uranfängliche, der Erzeuger der Götter,
Mummu Tiâmat, die sie alle gebar,
Ihre Wasser in eins vermischten . . .
Da wurden die Götter aus dem Schoß von Apsu und Tiâmat geboren . . . (Tafel I, Schöpfungsmythen, S. 134ff.)

Apsu ist der Süßwasserozean, der unter der Erde liegt und die Erde umrandet, Tiâmat ist der Salzwasserabgrund, aus dem alle Lebewesen stammen; es sind also Urelemente und doch zugleich Gottheiten, Apsu männlich, Tiâmat weiblich oder auch zweigeschlechtlich gedacht. Beide Urgottheiten werden als Ungeheuer vorgestellt, vor allem Tiâmat, die einmal als Drache oder Schlange gilt, dann aber wieder kamelgestaltig mit Hörnern und Schlangenschweif; genauso sieht jenes merkwürdige Symboltier des Marduk am Ischtartor von Babylon aus, dessen Namen früher Sirrusch gelesen wurde, heute Muschuschu – es ist die Gestalt der Tiâmat, die von Marduk besiegt ward (Abb. Parrot, Assur, und Strommenger, Mesopotamien).

Der Inhalt des Liedes: Apsu und Tiâmat stellen die erste Göttergeneration dar, ihnen entstammen Lachmu und Lachamu, diesen wiederum nach langen Zeitaltern Anschar und Kischar, »Gesamtheit des Himmels« und »Gesamtheit der Erde«; die vierte Generation ist dann die Trias der eigentlichen »Olympier«, wie man sagen könnte, Anu (sumerisch An) der Himmelsgott, Enlil und Ea (sumerisch Enki). Der Sohn des Ea ist Marduk, der jüngste, Vertreter der fünften Generation; ihm gehören Gegenwart und Zukunft.

Selbstverständlich gehört zu jedem männlichen Gott die weibliche Partnerin; es ist ein generationenlanges Zeugen und Gebären in riesigen Zeiträumen. Immer wieder betonen die Ausleger, wie sehr die ganze Vorstellungsreihe am naturhaften Wachstum mit all seinen Brüchen und Katastrophen orientiert ist. Selbstverständlich läuft alles auf Geschichte hinaus, nämlich auf die Gegenwärtigkeit Marduks in Babylon, ja sogar auf die Einzigartigkeit Marduks, der gerade auf dem Sprung war, sich zum Alleingott emporzuschwingen, als Babylon gestürzt wurde und seine Theologie dann nur noch am Boden züngelte. Immerhin ruht das Interesse stark auf dem Sich-selbst-Entfalten und -Aufhalten der Natur, weit stärker jedenfalls als im israelitischen Schöpfungsbericht, wo die Erzählung viel unmittelbarer aufs Geschichtliche zusteuert.

Die vierte Göttergeneration treibt es reichlich toll, »ungeordnetes Treiben« herrscht, wahrscheinlich wilde Festlichkeiten mit Inzest-Paarungen, auf jeden Fall unentwegter Lärm; Apsu, schlaflos geworden, beschließt, die jungen Götter zu vernichten, gegen Tiâmats Willen; der Vorsatz wird verraten, Ea fesselt und erschlägt den Apsu und verwandelt ihn wieder in sein Elementsein zurück: Nun wohnt Ea selbst im Apsu, wie sein Süßwasserpalast heißt. In diesem Apsu wird dem Ea sein Sohn Marduk geboren, der gewaltigste unter allen Göttern; es ist hohe Zeit, denn nun erwacht Tiâmat zur Rache, und viele der zahllosen Götter halten es gegen die babylonische Trias nun doch mit ihr, die sich mit Kingu aus der zweiten Generation einen neuen Liebhaber zugelegt und des weiteren zahlreiche Götter-Ungeheuer erschaffen hat: »Schlangen, Drachen, den roten Drachen und die Sphinx, den großen Löwen, den tollen Hund, den Skorpionmenschen, wütende Dämonen, Fischmenschen und Kentauren« (Tafel I). Wir sehen, das mythologische Arsenal, das wir gemeinhin der Einbildungskraft der Griechen zuschreiben, hier kommt es her, letztlich aus Sumer, und auch aus dem benachbarten Elam mit seiner so verqueren Mentalität, von der Walther Hinz sehr erhellend berichtet. Aus dem Erlebnis an der Schwelle der Achsenzeit stammt diese Bilderwelt also schon. Als archetypische Bilder der Seelentiefe sich in Bildreliefs und vor allem in Texten niederschlugen, da entstand jener mythologische Requisitenfundus, von da strahlte er in kürzester Zeit über ganz Eurasien und in die mediterranen Kulturbereiche aus.

Es kommt zum Entscheidungskampf. Marduk bezwingt Tiâmat, aus ihrem Leib schafft er das Himmelsgewölbe und die Erdscheibe, indem er den Leichnam auseinanderschneidet »wie einen getrockneten Fisch« (Tafel IV). Noch heute röstet man die riesigen Barsche am Tigrisufer wie vor Jahrtausenden, die durchscheinenden übermannslangen Fischhälften beiderseits der Feuer erleuchten noch in unserer Zeit allnächtlich die Strände von Bagdad.

Kingu allein muß schließlich büßen; Marduk fesselt ihn und

setzt ihn »unter die Zahl der toten Götter«. Damit sind die vielen Götter entlastet, die auf der falschen Seite kollaboriert haben. Oder doch nicht ganz? Nein, nicht ganz. Die Urgreuel des Universums sind noch nicht völlig gesühnt, wenngleich nun durch Marduks neue Weltordnung, die bis in die Gestirnsphäre reicht, Stabilität eingezogen ist. Volle Sühne muß sein, nur aus Sühne kann die Welt Bestand haben. Kingu sühnt als einziger Gott: »Seine Adern durchschnitten sie«; doch das genügt nicht, Sühne muß allezeit weiter geschehen: »Aus seinem Blute schuf er (nämlich Ea) die Menschheit. Er schrieb ihr den Dienst der Götter vor, um diese (davon) zu befreien« (Tafel VI) – von der Last des Urfrevels. Marduk teilt nun den Hunderten von Göttern ihre Weltorte zu, am Schluß wird Babylons Haupttempel Esagila erbaut, und damit ist klar, wie die Sühne aussieht: Sie vollzieht sich im Mardukkult.

Aber es kommt doch noch etwas hinzu. Der Mensch ist hier von seinem Ursprung her ein zweideutiges Wesen; der Ausleger des Textes sagt: »Zweifellos fließt in seinen Adern das Blut eines Gottes, aber eines schuldigen und verurteilten Gottes, ein verdorbenes, mit Sünde und Tod belastetes Blut« (Schöpfungsmythen, S. 130). Das wird gestützt durch einige Verse aus Tafel VII, wo es von Marduk heißt, daß er »befreite die Götter, seine Feinde, vom auferlegten Joch, und um sie zu retten die Menschheit erschuf«. Das aber bezieht sich eindeutig auf das Todesgeschick des Menschen! Hier hat die Menschheit also einen erhabenen, einen wahrhaft tragischen Rang. Sie ist dazu da, die Sünde zu sühnen, die von den Göttern her in die Welt kam – das mutet geradezu euripideisch an. Von da aus erst erscheint dann die biblische Auffassung im rechten Licht einer schließlich noch ethisch vertieften Auffassung: Der Mensch büßt für seine eigene Schuld. Daß damit dann neue theologische Probleme aufbrechen, sei hier lediglich angedeutet.

Verdeutlichen wir uns das Wesen dieser Schöpfungslehre: Göttergenerationen kannte Sumer schon von Anfang an, es gab Väter und Töchter, Brüder und Schwestern. In Enuma Elisch aber ist nun eine universelle Systematisierung erfolgt, durch welche das ganze Weltgeschehen nach Zeit und Raum umfaßt und geordnet erscheint. Darin drückt sich ein neuer Geist aus, der Geist der Achsenzeit. Bei aller Mythologistik ist doch ein theoretisches Ordnungsprinzip unverkennbar, stärker ausgeprägt jedenfalls als in dem churritisch-hethitischen Mythos vom Himmelskönigtum, den wir noch betrachten werden. Die Entwicklung des Mardukglaubens zeigt hier immerhin eine gewisse Tendenz zum Monotheismus; die anderen Götter werden zu Weltprinzipien, deren Lebenszentren in Gestirnen lokalisiert werden. Zugleich aber ist alles ein Kultlied; am vierten Tag des Monats Nisan, während des großen Neujahrsfests, soll »der Priester Urigallu vom Tempel Ekua nach dem Abendessen am Ende des Tages dem Bel (»Herr«, Beiname Marduks) mit erhobener Hand das Enuma Elisch von Anfang bis zu Ende vortragen«, so heißt es im babylonischen Festritual (Schöpfungsmythen, S. 122). In hymnische Preisung mündet alles aus. Die wuchernde Mythologistik erscheint nun schon deutlich überformt, systematisiert und rationalisiert; doch zielt alles hin auf Pflege des lebendigen Mythos in neuer religiöser Anstrengung. Wir fassen im Enuma Elisch einen der frühesten und erhabensten Ansätze für jene Geistigkeit, die wir als »mythisches Denken« bezeichnen. Sosehr die Bildwelt des Enuma Elisch vergangenen Zeiten verhaftet ist, sosehr bleibt es doch überzeitlich gültig als Beispiel für einen kühnen religiösen Neuansatz, der auch uns, unter anderen Voraussetzungen gewiß, nicht erspart bleibt.

Ägypten

Hier setzt abstraktes Denken früher und kräftiger als im benachbarten Zweistromland ein. Ist es die helle Luft, das immer gleiche Klima, das keine sintflutartigen Dauerregen kennt wie Südmesopotamien, der gleißende Äther, der durchs ewige Himmelsblau hindurchscheint und keinen Klimawechsel duldet? Ägypten (von He-Ka-Ptah, »Haus des Ka – Lebenskraft – des Ptah«) sucht, während Alt-Sumer sich harmlos seiner reichen und mannigfaltigen mythischen Bilderwelt zu erfreuen scheint, mit einzigartiger Energie die *Einheit.* Politische Einheit zunächst, denn davon hing Fruchtbarkeit des Landes und Leben der Menschen ab; geistige Einheit aber nicht minder und gleich zu Beginn, denn geistig-religiöses und politisches Sein war und blieb hier stets ein ungeschiedenes Ganzes. Jeder Dorftumult führte zur Zertrampelung der schmalen Gräben und Erdwälle, die das nilschlammgesättigte Flutwasser gleichmäßig auf die unter der Hitze schmachtenden Felder leiteten, erst recht jeder Beduinenkonflikt zwischen dem mehr nomadisch organisierten Oberland und dem Fruchtland des Deltas. Nur einer konnte Leben und Gedeihen garantieren, der eine Herrscher von Ober- und Unterägypten, und der eine Allgott, den er vertrat, natürlich als gerecht ausgleichender Herrscher über die zweiundvierzig selbständigen Gaue und selbstverständlich als Vertreter des Eingotts vor und über all den vielen Göttern, die allenthalben an verschiedenen Orten nach wie vor das Gedeihen verbürgten, wenn der Kult ihnen die rechte Verehrung zukommen ließ und der im Kult verlesene Mythos ihnen ihren Rang zu gewährleisten vermochte.

Eins und alles, das Urprinzip, das will hier schon zu Anfang gedacht sein. Der Name dieses Prinzips, des ältesten Gottes auch, ist »Atum«, was eben nichts anderes heißt als Eins und Alles, griechisch Hen kai Pan. Er wird von Anfang an als Person gedacht, weit menschlicher abgebildet als so viele andere Götter mit ihren Ibis- oder Schakalsköpfen, und er ist doch zugleich das abstrakte Allprinzip. Atum erscheint, soweit das an Texten nachprüfbar ist, schon zu Beginn der Reichsgründung, also im Anfang des dritten Jahrtausends; dennoch ist er zweifellos religionsgeschichtlich kein »alter« Gott, er ist jünger und also abstrakter als die totemhaften tiergestaltigen Gaugötter aus der Vorzeit, die ihm erst langsam unterstellt werden.

Kairo – El Kahira, die »Siegreiche« – ist eine islamisch-arabische Gründung aus dem siebten und neunten Jahrhundert; der weit außerhalb liegende Flughafen der heutigen Millionenstadt, mit der höchsten Bevölkerungszahl Afrikas, heißt Heliopolis, wie schon die Griechen diese Ortschaft mit ihrem uralt-ehrwürdigen Tempel nannten, der biblische Name On geht zurück auf das ägyptische »Junu«, das bedeutet Pfeiler; in Heliopolis stand einer der vier Himmelspfeiler, auf denen die Welt ruhte – im geistigen Sinn war das auch ganz gewiß der Fall. Die heliopolitanische Theologie hat jene älteste Gestalt des altägyptischen Schöpfungsmythos erarbeitet, welche die primitiven, noch kraß mythologistischen Vorstellungen ablöste.

Der Mythos von der Zeugung des Weltalls aus Atum hat eine lange und komplexe Vorgeschichte, die uns vor allem durch Joachim Spiegel erschlossen wurde. Jeder Tempel in dem durchschnittenen Ackerland des Deltagebiets hatte sein eigenständiges »Numen«, seine eigenartige Gottesvorstellung. In allen Numina wirkte primitiver Animismus nach; wesentlich dabei ist vor allem die alte Vorstellung von der Lebenszeugungskraft des Göttlichen, der primitiven »Lebensseele« also, die Ka genannt wurde. Daneben wurde jedem Einzelwesen auch seine Individualität zugeschrieben als verkörpert in der »Totenseele« Ba, die in Vogelgestalt den Leichnam verließ und ihn wieder, als ihr eigentliches »Haus« – He oder Per –, besuchte und bewohnte. Der Tote mußte also konserviert werden, was in Ägyptens trockener Luft eher möglich war als in anderen Kulturkreisen; so entwickelte sich vor allem hier die Kunst der Mumifizierung.

Die Urkraft Ka wird zur Wurzel der Einzelkraft Ba: Dieses Denkschema darf als Wurzel der heliopolitanischen Mythologie vorausgesetzt werden. Daraus entsteht die priesterliche Erwägung, wie die vier wichtigen Götter des Fruchtlands und der angrenzenden Steppe auf einen einheitlichen Ursprung zurückgeführt werden können. Diese Gottheiten sind zwei Paare; zum einen Osiris (»Sitz des Auges«) und seine Gattin Isis (»Thron«), zum anderen Seth und Nephthys. Osiris ist der alte »Große« (Wer), der Fruchtbarkeitsgott, Seth der Nomadengott. Diese Vierheit wird nun in Heliopolis genealogisch systematisiert; am Ende dieser Konstruktionsarbeit erscheint dann die Urgestalt des alles zeugenden Atum. Aus ihm gehen (Selbstentstehungsmythos) die Welteltern Schu (Luft, männlich) und Tefnut (Feuchtigkeit, weiblich) hervor, daraus in nächster Generation Geb (Erde, männlich) und Nut (Himmel, weiblich), und diese zeugen schließlich Fruchtland und Wüste, Osiris – Isis – Seth – Nephthys. Das ist die große Götterneunheit von Heliopolis, das älteste ägyptische Weltentstehungssystem. Besonders auffällig ist dabei, daß nach den alten Texten die Urzeugung durch Atum völlig bewußt als Selbstbefriedigung aufgefaßt wird (Spiegel, S. 177f.).

In Oberägypten ist das Licht noch heller, es mag zu noch abstrakterem Denken angeregt haben; zugleich ist hier die religiöse Vorstellungsweise in gewisser Hinsicht aber auch primitiver geblieben, mehr den konkreten Elementen und den ihnen innewohnenden Kräften zugewandt. Hermupolis war im dritten Jahrtausend die Tempelstätte gewesen, wo jenes mit Heliopolis konkurrierende System entstand, das durch seinen streng ins Theoretische zielenden Charakter auch den heutigen Leser überrascht und beeindruckt (Spiegel, S. 193ff.). Es handelt sich bei den sogenannten »acht Urgöttern von Hermupolis« im Grund um Elementarmächte, denen eigentlich keine mythologische Personhaftigkeit zugeschrieben wird. Hinter dem System steht unverkennbar das Selbstentstehungsthema: Am Anfang erhebt sich Tatenen, der Urhügel, so wie beim jährlichen Sinken des Nilwasserspiegels nach der Sommerflut erste Lehmbänke aus den Wassern aufsteigen; darauf lassen sich die Wildgänse und Enten nieder, so wird der Urgott der Erdentstehung auch der »Große Schnatterer« genannt. Die Selbstentfaltung des Tatenen vollzieht sich durch die Bildung von vier Elementpaaren: Nun und Naunet (Urgewässer – Trägheit), Nia und Niat (Luft – Verneinung), Chuch und Chauchet (Himmel – Endlosigkeit), Kuk und Kauket (Erde – Lichtlosigkeit). Diese Achtheit (»Schmunu«), nach der sich die Stadt nannte, ist vor allem dadurch charakterisiert, daß ihren Elementen immer auch ein negatives Merkmal eignet – immer fehlt etwas, das macht die Eigenart des Urzustands aus –, das ausgeglichen werden muß. Der Ausgleichsfaktor liegt in der schöpferischen Energie, die sich in dem Erhebungsprozeß ausdrückt und hinter der unschwer die Vorstellung von der Wirkmächtigkeit des Ka zu erkennen ist. Der Ka in all dem wird schließlich personalisiert in einer Einheit, die von der Achtheit nicht etwa geschieden ist, sondern deren Vollständigkeit repräsentiert. Der Name dieses Einheitsprinzips, das also nicht etwa ein neuntes Element darstellt, sondern die Achtheit lediglich zusammenfaßt, wird für die spätere Mythologie Ägyptens eine gewaltige Bedeutung haben; ursprünglich soll durch diesen Namen nur, zögernd, dem nicht zu umgehenden Bedürfnis des schlichten Volks nach einem handfesten Gott Rechnung getragen werden, zugleich mit der Warnung vor allzu starker Verdinglichung. Der Gesamtgott heißt daher »Der Unsichtbare«, Amun. Viele Jahrhunderte später wird Amun recht sichtbar werden, auf allen Tempelwänden des Neuen Reichs als der eigentliche Königsgott in Reliefs dargestellt mit der luftigen Federkrone – worin noch das einzige Erbe der ursprünglichen Konzeption erhalten blieb –; anfänglich aber war er lediglich ein Abstraktum, ein theologisches X.

Gegenüber dieser geradezu kühl anmutenden Naturphilosophie war es nun doch eine unumgängliche Notwendigkeit, das Schöpfungsgeschehen wieder in den Bereich des herzbewegenden religiösen Erlebnisses hereinzuholen und nicht vollends der Abstraktion zu überlassen. Die Elementenlehre von Hermupolis konnte zwar nicht einfach ins Vergessen abgeschoben werden, so »aufgeklärt« war man denn nun schon, mitten im dritten Jahrtausend. Aber es mußte eine Synthese geschaffen werden, die einerseits dem objektiven Naturwerden Rechnung trug – so wie man es auffaßte –, andererseits aber auch ichhaft, duhaft, personhaft war, so wie der Mensch selbst sich als Person zu erleben begann; kurz, es bedurfte der Vorstellung eines Schöpfergotts mit Herz und Sprache, der uns Menschen so anredet, daß es uns im Innersten ergreift. Diese Synthese wurde geschaffen, indem die Götterlehre von Heliopolis mit der von Hermupolis verbunden und dazu ein Schöpfergott verkündigt wurde, der weder bloß ein lusthaft aus sich selbst zeugendes Urwesen noch ein abstrakter »Unsichtbarer« war, sondern ein hoher Gott, jedem im Tempel erfahrbar, allen vertraut, der Höchste. Es war dies nicht der Königs- und Reichsgott Re oder sein Horus-Sohn, der im Pharao als dessen anderes Ich repräsentiert war; es mußte ein wahrer Erschaffer sein, nicht bloß ein Erhalter wie der Sonnenherr. Dieser Gott war Ptah.

Die Griechen setzten ihn später mit Hephaistos in eins, doch über die dortige Bedeutung des Handwerkergotts ragte der Rang des großen Ptah weit hinaus. Er war nicht nur Gestalter wie Chnum, der Gott des Katarakts von Assuan, der aus dem Lehm des Grundes die lebendigen Wesen formt, vor allem die Menschen in ihrer Doppelgestalt, als Leib und als Ka. Ptah war Schöpfer von jeher. In Men-Nefer-Pepi (»Ewig bleibt die Schönheit des Königs Phiops«), von den Griechen Memphis genannt, der Reichsresidenz seit König Djoser, dem »Prächtigen«, die genau auf dem Wagscheit lag, wo Ober- und Unterägypten »gewogen« werden, in der Mitte der Welt also, stand der Tempel des Großen Ptah. Seine Priesterschaft hat die theologische Leistung vollbracht, die erfordert war. Ihr Schöpfungsmythos, zugleich durchdachte Theologie von äußerster Feinheit, ist uns erhalten in einer Inschrift, die in der Ägyptologie den Namen führt »Denkmal memphitischer Theologie« (Text bei Spiegel, S. 242ff., hier am übersichtlichsten rekonstruiert, sonst s. Pritchard und Schöpfungsmythen). Das Wesentliche liegt im Schluß des Textes. Nachdem mehrfach betont wurde, daß Ptah allein aus seinem Herzen und durch seine Zunge alle Götter und alle anderen Wesen erschaffen hat, heißt es: »So ist gefunden und erkannt, daß SEINE Kraft größer ist als die der Götter. Es ruht aber Ptah, nachdem er alle Dinge, nämlich alle Gottesworte, geschaffen hat.« Herz und Zunge! Das heißt Wille und Wort. Es ist kein Weg nachweisbar, auf dem diese Idee über anderthalb Jahrtausende hin zum alten Israel gewandert sein könnte. Doch »Ideen haben Flügel«; und der alte Text hat noch im frühen ersten Jahrtausend unter König Schabaka, der ihn aufzeichnen ließ, in Ägypten in hohem Ansehen gestanden. So ist es wohl denkbar, daß die alte Lehre auf mancherlei Umwegen dahin gelangt sein könnte, wo sie auf eine ganz neue, jugendliche Aufgeschlossenheit stieß. Daß Gott die Welt aus seinem Willen und durch sein Wort erschuf, das ist der Sinngehalt auch der biblischen Schöpfungsgeschichte. Freilich mit einer bedeutsamen Abweichung: Sosehr die Vorstellung, wonach Ptah nach dem Schöpfungswerk »ruhte«, der biblischen Sabbatvorstellung zu entsprechen scheint (vgl. 1.Mose 2,2f.), nach der memphitischen Theologie sind jedenfalls danach die anderen Götter an der Reihe, wogegen der biblische Jahwe unablässig weiterwirkt und -schafft. Doch übersehen wir nicht die zeitliche Distanz. Der Entwurf einer so erhaben personhaften Schöpfungstheologie im dritten Jahrtausend gehört zu den gewaltigsten Leistungen der Geistes- und Religionsgeschichte. In dieser frühen Zeit schon wurde der erste Schritt getan, der auf den Weg zur voll ausgestalteten Schöpfungslehre einer monotheistischen Hochreligion führen sollte.

Wie kam es dazu? Die Methode dieser memphitischen Schöpfungslehre ist die der sogenannten »existenzialen Interpretation« – so modern ist das. Da wird erst ausdrücklich auf die heliopolitanische Lehre zurückgegriffen, die voll bejaht wird; doch sie wird als Mythologie erkannt und als solche ausgelegt: die Selbstzeugung aus Atum, ja richtig; die Götterneunheit ist »Samen des Atum«; diese »Götterneunheit aber ist in Wahrheit Zähne und Lippen in diesem Munde«, nämlich des Ptah. Also keine Ent-Mythologisierung, sondern mythische Interpretation. Dies aber auf Grund der existentiellen Erkenntnis, daß Personhaftigkeit wirklich ist und höher ist als alles bloß Seiende: »Es ist so, daß Herz und Zunge über alle Glieder Macht haben . . . indem das Herz alles denkt, was es will, und die Zunge alles befiehlt, was sie will.« Das ist ja in der Tat das große Mysterium des Seins, an dem die meisten Metaphysiker scheitern: daß Personhaftigkeit, daß Personhaftes ist. Hoch über der Ebene reiner Naturkausalität liegt die Rangsphäre des freien Wollens und der liebenden Zuwendung im Wort. Diese dimensionale Überordnung wurde schon im Ägypten des dritten Jahrtausends entdeckt und zu einer Schöpfungsmetaphysik ausgemünzt, die auch für uns Heutige noch vorbildlich und hilfreich sein kann, insofern sie lehrt: Der alte Mythos ist wahr, aber er muß der jeweiligen Zeit gemäß interpretiert werden; und die Sphäre von Wille und Wort, von Ich und Du, von Personhaftigkeit und Freiheit bietet den einzig möglichen Ansatz für jede denkbare Schöpfungslehre, sobald das Bewußtsein zur vollen Erkenntnis des personhaften Seins, des Menschseins schlechthin also, gelangt ist.

Hethitische Religion

Von dieser Höhe früher Abstraktion müssen wir wieder ein gutes Stück abwärts steigen, wenn wir uns der ältesten bekannten indogermanischen Kultur und Religion nähern wollen. Literatur und Bildnerei der Hethiter muten, verglichen mit Ägypten und Mesopotamien, geradezu naiv an. Es herrscht da eine außerordentliche Unbefangenheit, die man manchmal als primitiv bezeichnen möchte, gegenüber kanonisch gewordenen Formen; doch primitiv sind die neuen Völker des zweiten Jahrtausends im Vorderen Orient, die Churriter, Hethiter, Mitanni, längst nicht mehr; einfach unbefangen waren sie, frei noch von jener schwer gewordenen Tradition, die sich in den alten Kulturkreisen verfestigt hatte, als sie mit jugendlichem Elan in diese alten Bereiche hineinstürmten.

Die Churriter, die, aus Armenien und Westiran kommend,

seit etwa 1700 einen Großteil Mesopotamiens und Syriens überlagerten und sich dort in zahlreichen Kleinstaaten organisierten, sprachen ein Idiom, das bis heute noch nicht eindeutig einer der bekannten Sprachgruppen zuzuordnen ist. Die Mitanni aber, die sich zwischen 1500 und 1380 als Herrscherschicht einer churritisch gewordenen Bevölkerung aufdrängten und in Nordsyrien, Nordmesopotamien und Südanatolien ein starkes, wenn auch kurzlebiges Imperium schufen, verraten ihre Herkunft eindeutig durch ihre Sprache: Es handelt sich um Indo-Arier, die auf der Wanderung durch Nordiran von den zum Indus strebenden Gesippen abgesprengt worden waren, um eine kurze Episode lang zwischen den Reichshethitern und den Ägyptern unter Thutmosis III. eine weltgeschichtlich bedeutende Rolle zu spielen. Die Mitanni gehören, sprachgeschichtlich ausgewiesen, also zu den Ost-Indogermanen; die Hethiter dagegen, die erst viel Not mit den Mitanni hatten, um sich schließlich der Schwachgewordenen dann als deren Schutzmacht anzunehmen, sind West-Indogermanen; es geht also um eine Kulturbegegnung, die sich rund ein Jahrtausend später zwischen Griechen und Persern wiederholen sollte. Die Hethiter, um rund 1800 aus Kaukasien ins nördliche und mittlere Anatolien eingedrungen, hatten zunächst eigentlich überhaupt keinen Namen, so wie ja auch die Germanen nur von außen her als solche benannt wurden. Nach einer Stadt Nesa nannten sie ihre Sprache nesili und sich selbst Nesa-Leute, bis einer ihrer großen Herrscher die von ihnen kurz zuvor eroberte, niedergebrannte und ausdrücklich verfluchte alte Stadt Hattusa zur Residenz machte und sich selbst Hattusil nannte, den »Mann von Hattusa«. Von da an nannten sie ihren Macht- und Kulturbereich Hatti.

Ein neues Element drang mit ihnen in die Sphäre der alten Kultur und Religion ein, und um dessentwillen müssen wir ihnen auch besondere Beachtung zuwenden. Sie haben Epoche gemacht. Systematik war ihrer Götterlehre fremd, sie liebten das freie, wilde Spiel der phantasiereichen Mythologie. Von ihren »tausend Göttern« sprachen sie mit Stolz und meinten damit im Grund eine unendliche Vielheit. Darin liegt eine gewisse Ähnlichkeit zur indischen Mythologie, und auch wohl darin, daß die unendlich große Zahl im Grund schon nah an der Einheit alles Göttlichen ist. In ihrem Reichsheiligtum

Yazilikaya, einen Prozessionsweg entfernt vom Reichstempel des Wettergotts zu Hattusa, stellen sie in Felsreliefs die feierliche Zusammenkunft der zahlreichen Götter bei der Hochzeit des höchsten Paars, des Tesup und der Hepatu, dar. Erst in jener Spätzeit, als Tuthalija IV. dieses Schluchtheiligtum – das, trotz erheblich kleinerer Ausmaße, so erstaunlich an die Pythonschlucht von Delphi gemahnt – ausschmücken ließ, drängt sich mit den churritischen Götternamen eine gewisse Systematisierung in den Vordergrund.

Die Hethiter waren ein altes Wandervolk gewesen, jahrhundertelang schweiften diese frühen Indogermanen durch die Steppen Turans, meisterlich beherrschten sie, vor allen seßhaften Völkern, die Kunst der Pferdezucht und des Wagenfahrens. Die daraus erklärbare Ungebundenheit zeigte sich in all ihren Lebensäußerungen, auch und besonders in der Religion. Und noch ein Weiteres: Unentwegt hatten sie sich durchzuschlagen durch feindliche Stämme, und sie hatten siegen gelernt. Damit zieht ein betont kriegerisches Element in ihre Mythologie ein, und dies besonders im Bereich der Schöpfungslehre. So polemisch, wie es in der Welt zugeht, muß es ursprünglich auch in der Götterwelt zugegangen sein; erst dann folgt die ersehnte friedliche Vereinigung.

Drei Mythenkreise sind es vor allem, die wir seit 1906, dem Jahr, als Hugo Winckler in Boghazköy den Spaten ansetzte, kennengelernt haben: erstens der Mythos, der heute die Fachbezeichnung »Himmelskönigtum« trägt, zweitens das Drachenkampfmotiv – Streit zwischen dem Wettergott und der Illuyankas-Schlange –, drittens die Sage vom Kampf der jungen Götter wider das ungeheuerliche »Steinkind« Ullikummi. Im Grund umkreisen alle drei Mythen (Texte s. Schöpfungsmythen und Pritchard) einen und denselben Komplex; es ist der uns schon vom Enuma Elisch her bekannte Sagenkreis um die Abfolge der Göttergenerationen und den Kampf der jungen wider die alten Gottheiten.

Im »Himmelskönigtum« geht es um die Ablösung der Herrschaft des Kumarbi durch den Wettergott Tesup. Kumarbi, »der von (der Stadt) Kumar«, ist Repräsentant der dritten Göttergeneration; er entmannt den Himmelsgott Anu, der seinerseits den Urgott Alalu entthront hatte, indem er Anus Mannheit abbeißt und verschlingt; dadurch wird er jedoch –

so ist das in so krauser Mythologie – mit drei Göttern schwanger, den Vertretern der vierten Göttergeneration Tesup, Aranzach und Tasmisu – Wetter, Wasser und »Stärke«; es ist nicht schwer, darin Zeus, Poseidon und Hades vorgebildet zu finden. Am Ende des abgebrochenen Texts muß Tesup das Himmelskönigtum erlangt haben. Der »Kampf mit dem Illuyankas-Drachen«, bis in späthethitische Zeit ein beliebtes Motiv bildnerischer Darstellung, muß im selben Zusammenhang gesehen werden; es wiederholt sich hier auf churritisch-hethitisch der Kampf des Marduk gegen Tiâmat. All das mag, vom Enuma Elisch her, noch bekannt anmuten. Der »Ullikummi-Mythos« bringt nun aber etwas Neues herein. Kumarbi zeugt das »Steinkind« Ullikummi, ein aus dem Meeresgrund aufwachsendes Ungeheuer aus härtestem Fels (Diorit), um wider die junge Generation unter Tesup bestehen zu können. Das ist das eigentlich Neue: Die früheren Götter versuchen, durch ein Ungeheuer die Macht zurückzuerobern, sie stellen sich also auf die Seite des Chaos, das sie doch selbst überwanden und bändigten, ja sie werden nunmehr mit der von ihnen unterjochten alten Chaosmacht wieder identisch; dafür gibt es kein mesopotamisches Gegenstück, wie der erste Herausgeber und Erschließer dieses Textes ausdrücklich feststellt (Güterbock, S. 109).

Tesup siegt schließlich, indem er dem Steinunhold die Füße vom Erdriesen Upelluri und damit vom mütterlichen Meeresgrund abtrennt – wir sehen hier das Vorbild des späteren griechischen Mythos von Antaios, dem Sohn der Gaia, den Herakles auf eben diese Weise überwältigt. Das Entscheidende ist im churritisch-hethitischen Ullikummi-Mythos aber dies, daß das alte Motiv des Heiligen Streits radikal verschärft wird. Mag Tesup auch siegen, nunmehr ist es vorbei mit jenem Optimismus im Sinn des Marduk-Glaubens, wonach nun alles zum besten bestellt und endgültig gelöst ist. Es weht eine herbere Luft. Nie mehr kann die fundamentale Spaltung der Götterwelt wieder vergessen werden, nachdem einmal vom Steinunhold die Rede war, den Götter wider Götter erstehen ließen. Tesup und Ullikummi, sie beide stammen vom selben Gott Kumarbi ab. Die Welt war unsicher geworden, ihre Grundlagen schwankten – wie modern, möchte man wiederum sagen. Ein Riß im Sein öffnete sich vor aller Augen. Das schrie nach neuen Lösungen. Die Griechen fanden sie in der Tragik, die Israeliten im personhaften Gott; beides ist, wie noch zu zeigen sein wird, jeweils auf das andere bezogen. Der tragische Epiker Hesiod muß, auf welchem Weg auch immer, Kunde von diesem Mythos, der vom Riß im Sein zeugt, erhalten haben.

Griechische Religion

Der griechische Geist gleicht einem Quellsee im hohen Gebirge, der sich aus unergründlicher Tiefe speist; zugleich aber ist dieser Quellsee ein Sammelbecken für alle Zuflüsse aus noch höheren, älteren Sphären der gesamten Bergwelt ringsum. Das Eigenartige des Geistes von Hellas liegt darin, daß hier einfach alles aufgenommen wird, was die griechische Neugier (vgl. Apostelgeschichte 17,21) nur zu fassen vermag; zugleich aber ist, was immer aufgenommen und verarbeitet wird, dann so einzigartig griechisch geprägt, daß seit über hundert Jahren Dauerstreit unter den Auslegern herrscht, ob dies oder jenes nun als griechisch oder als orientalisch zu gelten habe. Der eigentlich griechische Quellstrom ist immer mit dabei, doch er ist letztlich unauslotbar.

Das Ergebnis aber steht fest. Griechischer Geist beherrscht letztendlich das Denken der Menschheit bis zum heutigen Tag; wir brauchen nur an die Naturwissenschaft und Technik zu denken, deren griechische Wurzeln auch noch während des Mittelalters Sprosse trieben, bis sie dann in der Renaissance wieder voll zum Ausschlagen kamen. Das gilt aber im Grund von allen Bereichen des Geistes, von der Historie wie von der Philosophie und der Kunst, nicht zuletzt auch von der Religion. Deshalb sprechen wir auch von »Klassik« und von der »klassischen« Bedeutung des Griechentums. Die gesamte Welt der Antike, vom Hindukusch bis zu jenen »Säulen des Herakles«, die Mittelmeer und Atlantik scheiden, dachte und sprach gar schließlich griechisch. Auch der Strom der altrömischen Religions- und Mythologiegeschichte mündete ins griechische Sammelbecken; die ursprünglichen römischen Riten und die ihnen zugeordneten Mythenthemen waren aber durchweg auf Geschichte bezogen und nicht auf Natur, auf staatlich geregelten Ackerbau wie auf Kriegs- und Siegesveranstaltungen. Wir dürfen deshalb darauf verzichten, von römischen Schöpfungsmythen zu handeln; denn diese waren spätzeitlich und eben griechischen Ursprungs.

Wir verzichten auch auf die eingehendere Behandlung von Schöpfungslehren der griechischen Philosophie, der vorsokratischen vor allem, denn wir haben es hier nur mit »echten« Mythen zu tun – was Seitenblicke natürlich nicht ausschließt, vor allem solche nicht, die uns zum Einstieg in die hier anstehende Thematik verhelfen können.

Wir sprachen von dem »einzigartig Griechischen«; was ist das, wie ist es zu charakterisieren? Ich habe in mehreren Darstellungen ausgeführt, wie der geschichtliche Anfang sich auf die Entwicklung des griechischen Geistes ausgewirkt hat. Das Volk der Hellenen entstand, als um rund 1100 v. Chr. die Dorier sich, in die Peloponnes eindringend, den älteren Stämmen der Achaier, den späteren Ionern und Aioliern, zugesellten. Sogleich war das Land zu eng geworden, eine Auswanderungsbewegung größten Ausmaßes begann; erst wurde durch die jonische Wanderung die anatolische Westküste kolonisiert – Städte wie Milet, Ephesos, Smyrna entstanden –, dann griff die Bewegung weiter aus, bis nach den Küsten des Schwarzen Meers und gen Westen nach Sizilien, Unteritalien, die südfranzösische und spanische Küste. Welt wurde da erschlossen wie nie zuvor. Ende und Erfüllung dieser Expansionsbewegung darf im Alexanderzug gesehen werden, in dessen Ergebnis es lag, daß man bis zum Indus hin griechischen Lebensstil kennenlernte, und andererseits, daß rund ums Mittelmeer herum ein griechisch-römischer Kulturkreis von großer Einheitlichkeit entstand, der schließlich weit über Rhein und Donau hinaus bis an die Grenze Schottlands reichte. Dem entsprach auch eine geistige Komponente: Griechisch ist das Hingerissensein von der Idee der Ganzheit, von dem, was wir »Welt« nennen und wofür erst die griechische Sprache den einheitlichen Begriff Kosmos gefunden hat. Kosmik ist also ein bestimmendes Element griechischer Geistigkeit gewesen.

Die griechische Kosmik findet sich deutlich schon bei Homer, dem Dichter der Ilias, ausgeprägt, noch mehr beim späteren Verfasser der Odyssee. Nun hatten freilich auch schon die älteren Völker »Welt« gedacht, wenngleich sie dazu, wie die biblischen Autoren, den Doppelbegriff »Himmel und

Erde« verwandten: Ganzheit des Geschaffenen meinten auch sie. Das Besondere der griechischen Kosmik bestand jedoch darin, daß hier das mythologische Denken über die Welt gleichsam nahtlos ins philosophische überging. Bei Homer hören wir noch von »des Okeanos Fluten, welcher der Ahn und Schöpfer doch ist von den Lebenden allen« (Il. 14,245), ja noch mehr, Okeanos ist der »Ahn der Götter« (Il. 14,201), er ist also wirklich der Ursprung von allem und jedem. Einige Jahrzehnte später erklärt Thales von Milet, daß der Urgrund von allem das Wasser sei, wie Aristoteles berichtet. Der nächste in der Reihe der großen vorsokratischen Denker, Anaximander, hat als erster dann den Begriff des »Urgrunds« oder »Ursprungs«, griechisch Arché, zu voller philosophischer Klarheit entwickelt, und dennoch ist auch Anaximander, wie Werner Jaeger schön gezeigt hat, zugleich Theologe gewesen und geblieben. Theologie ist immer durch klare, philosophisch durchdachte Begrifflichkeit charakterisiert und dadurch von rein bildhafter Mythologie unterschieden; in diesem Sinn verdient gewiß auch schon das ägyptische »Denkmal memphitischer Theologie« diesen Namen voll und ganz. Doch erst die Griechen haben Theologie, wohlgemerkt als ein geistiges Arsenal der denkbar verschiedensten »Theologien«, nahtlos mit durchaus weltlicher Philosophie, Kosmologie und Psychologie zu einer einzigartig anmutigen Einheit zu verbinden verstanden und damit Epoche gemacht, will sagen klassische Geltung erlangt, bis auf unsere Zeit. Wehe aller künftigen menschlichen Geistesentwicklung, wenn dieser griechischen Anmut vergessen würde!

Griechische Kosmik reicht also in ungebrochener Einheit von der bildhaften Mythologie über die begrifflich abgeklärte Philosophie bis zur schon durchaus empirischen Physik. Das ist der erste Grundzug griechischer Geistigkeit, den wir ins Auge zu fassen haben. Der andere Grundzug aber ist die Tragik. Im »Denkmal memphitischer Theologie« suchen wir Tragik vergebens; in sumerischen Mythen jedoch, etwa dem von Inannas Hadesfahrt, finden wir sie schon klar ausgeprägt. Tragik ist keine Domäne der Griechen allein, wie ich in dem Buch »Tragik und Psyche« deutlich zu machen versuche. Aber wenngleich es auch in anderen Religionen durchaus tragische Dramen religiösen Charakters gibt, so ist Hellas doch einzigartig darin, daß hier die Tragödie, vor allem durch Aischylos und Sophokles, eine Wucht und Breitenwirkung erlangt hat wie nirgends sonst. Schon bei Homer durchzieht eine betont tragische Grundstimmung das ganze Daseinsverständnis, und das reicht bis zu Platon; erst von Aristoteles ab läßt die Kraft des Tragischen nach. Wir müssen uns hier mit diesen allgemeinen Feststellungen begnügen, ich darf hierzu auf meine im Anhang genannten Veröffentlichungen verweisen, deren Hauptthema durchweg das Problem des Tragischen ist.

Aus der griechischen Literatur ist uns kein Schöpfungsmythos erhalten, der unmittelbar im Kult Verwendung gefunden hätte wie etwa das Enuma Elisch oder auch das memphitische Denkmal. Wahrscheinlich hat es seit Homer auch nie einen gegeben. Gerade das ist ja charakteristisch, daß die griechischen Schöpfungsmythen in Texten von allgemeinem Bildungs- und Unterweisungscharakter vorliegen, also auf Philosophie und Physik hinzielen. Das gilt schon für den ersten Vertreter griechischer Schöpfungsmythologie, den Epiker Hesiodos aus dem boiotischen Askra, der gewiß ein tief religiös empfundenes theogonisches Gedicht geschrieben hat, das aber doch, sosehr es unmittelbar Anbetung der Olympier und Verehrung der inspirierenden Musen ausdrückt und zu Anbetung und Verehrung anleiten will, doch ein Lese-Epos gewesen ist – anders als die Ilias, die ursprünglich ein Kultlied für das Poseidonfest der Ioner auf Mykale gewesen war.

Karl Kerényi gliedert die altgriechischen Schöpfungsmythen thematisch in dreifacher Weise auf. Der erste Komplex ist der Sagenkreis um Okeanos und Tethys, von dem schon die Rede war: Hier wirkt zum einen der Selbstentstehungsmythos nach, insofern Okeanos nach Homer der alleinige Ursprung von allem war (Il. 14,201. 245) zum andern aber auch der Weltelternmythos, denn Homer redet ganz unbefangen daneben auch von der Urmutter Tethys sowie davon, daß das Welternpaar sich nunmehr für immer von weiterer Zeugung zurückhalte (206), was Kerényi mit Recht daraufhin auslegt, daß anders »auch unsere Welt keinen Bestand haben würde«, es wäre sonst alles »ins Grenzenlose weiter gezeugt worden« (S. 22) und nicht unter die ordnende Herrschaft des Zeus gekommen, und statt Kosmos wäre ewiges Chaos geblieben, nur Natur also und keine Geschichte. Das bedeutet auch für unser heutiges Weltverständnis immerhin einiges: Der Geist, der, soweit wir annehmen können, doch wohl nur auf einem einzigen Staubkorn des Universums entstand, setzt eine neue Qualität, die gegenüber dem immensen All nun doch wahrhaft souverän ist und im Wesen von diesem nicht mehr abhängt. So überzeitlich gültig können Mythen sein!

Der zweite Sagenkreis, in orphischen Fragmenten überliefert, ist der Mythos von der Urmutter Nacht – Nyx, die, vom Wind befruchtet, ein silbernes Ei legte, aus welchem Eros hervorging. Die untere Hälfte des Eis war die Erde – Gaia, die obere der Himmel – Uranos; Eros bewirkte, daß diese zwei Elementarmächte sich begatteten, und daraus entstand nun wiederum das Geschwisterpaar Okeanos und Tethys, aus deren Paarung dann, wie im ersten Sagenkreis, die weiteren Elemente hervorgingen. In dieser Systematisierung läßt sich fassen der Selbstentstehungsmythos, der Welternmythos und der Urmuttermythos, es fehlt aber noch das Thema des Heiligen Streits und des Gottesopfers. Davon hören wir dann im dritten Sagenkreis, den uns die Theogonie des Hesiod überliefert.

Dieser Dichter, jüngerer Zeitgenosse des Homer, greift auf die beiden älteren Sagenkreise zurück und ergänzt sie durch den Stoff vom Götterstreit, wie wir ihn von der churritisch-hethitischen Tradition her kennen, und zwar mit jener charakteristischen Verschärfung, wonach die Chaosmächte nunmehr zwar gebunden sind – die Titanen schmachten im Tartaros, der so weit unter der Erde liegt wie der Himmel über dieser –, aber als Gottheiten sind sie unvergänglich, das Chaos droht durchaus noch weiter, die Zeusherrschaft ist zwar von Dauer, aber doch niemals völlig ungefährdet.

Nach der Theogonie des Hesiod (Theog. 116ff.) entsteht zuerst das Chaos, der Urabgrund, das große »Gähnen« – dies die Urbedeutung des Begriffs; danach die »breitgebrüstete Erde« als Göttersitz, dazu dann, als deren chaotische Entsprechung, der Tartaros. Gaia hat sich aus dem Chaos selbst erzeugt, und danach erzeugt sie aus sich den Himmel – Uranos – als ihren Gatten; von diesem befruchtet, gebiert sie den Okeanos und dann, dem folgend, immer neue sowohl naturhafte wie geistige Elementarmächte, als jüngste den »verschlagenen Kronos« und seine kyklopischen und gigantischen Helfer. All diese Unholde waren »verhaßt dem eigenen Vater« Uranos, der sie, kaum geboren, wieder in den Leib der Gaia zurückdrängte; daraus entsteht dann der Urhaß der Erdmutter, die sich mit ihrem Lieblingskind Kronos gegen den Gatten verbündet: Sie verschafft dem Empörer eine »ungeheuerlich große, schneidende, zahnige Sichel« aus Eisen, mit welcher Kronos den Uranos entmannt. So geht es also auch hier letztlich darum, daß der Prozeß der Urzeugung beendet ist – zunächst durch Gewalttat, doch die Gewalttat wird schließlich ersetzt durch Geist und Recht – in der Machtergreifung des Zeus. Aus dem ins Meer geworfenen Zeugungsorgan des Vaters entsteht dann, angetrieben an Zyperns Küste bei Paphos, die »schaumgeborene« Aphrodite. Immer weitere Hervorbringungen folgen, wobei Hesiod vor allem die segen- und heilstiftende Hekate rühmt, die bei ihm keineswegs die schauerliche Unterweltsgöttin ist, sondern die auch von den Göttern aufs höchste verehrte gütige Helferin.

Dann folgt der entscheidende dritte Akt des Dramas: Kronos zeugt mit der Schwestergattin Rheia die Olympier; doch wird ihm von Uranos und Gaia die Weissagung zuteil: »Künftiger Sturz sei ihm bestimmt von dem eigenen Sohne, trotz seiner eigenen Stärke durch Zeus, des erhabenen, Arglist« (464f.). Kronos verschlingt daraufhin seine Kinder. Das Letztgeborene aber, Zeus, wird durch Gaia auf Kreta in Sicherheit gebracht; der getäuschte Kronos verschlingt statt seiner einen Stein, den er, durch Gaias List genötigt, wieder ausspeien muß zusammen mit allen früher verschlungenen Olympiern. Dann folgt der zehn Weltenjahre währende Endkampf, den Zeus und die Olympier nur dadurch für sich entscheiden können, daß sie aus unterirdischen Verliesen die hundertarmigen Uranos-Söhne zu Hilfe holen. Hier potenziert sich die churritisch-hethitische Verschärfung des Götterstreits; nicht nur, daß sich die alten Götter mit Chaosmächten verbünden, die jungen tun es ebenso und müssen es tun. Treffend sagt Kerényi: »Besiegt wurden immerhin Söhne des Himmels und der Erde, mit Hilfe von Gaia und ihren Söhnen: Söhnen der Erde und des Himmels« (S. 31).

Darin drückt sich eine geschlossen tragische Weltsicht aus. Hesiod ist ein ganz und gar tragisch denkender Dichter – wie schon Homer. Götter kämpfen wider Götter, härter geht es nicht. Und dennoch siegt mit Zeus das Recht; auch und gerade das gehört zur wirklichen, zur echten Tragik! Nicht daß alles Geschehen von blinden, gleichrangigen Mächten bestimmt ist, von Zufall und Notwendigkeit etwa, wie man heute mit Jacques Monod gern sagt, nicht das ist Tragik im Vollsinn; den Ehrennamen Tragik verdient nur ein Daseinsverständnis, wonach alles auf Geist und Recht hinausläuft, auch um den Preis des Untergangs derer, die Geist und Recht nicht rechtzeitig erkannt haben und deshalb auf die falsche Farbe setzten. Das kann selbst Göttern widerfahren, darin liegt die unerhörteste Botschaft des frommen Sängers aus Askra.

Sollte der monotheistische Hochgott des biblischen Schöpfungsmythos davon ausgenommen sein, nur weil er Einer ist und nicht Vielheit? Oder könnte es wohl sein, daß auch *dieser* Gott diesen Konflikt in sich austragen muß – und daß wir das Göttliche gar nicht anders denken können, einfach deshalb, weil durch die Offenbarung Geist entstanden ist und weil Geist letztlich tragisch denken muß, will er wahrhaftig sein und nicht der fortschrittsgläubigen Banalität verfallen? Sollte also nicht auch der biblische Gott darin ein ewiges Gottesschicksal zu ertragen, zu durchleiden und zu überwinden haben, daß er genötigt ist – durch göttliche Not und Notwendigkeit gewiß –, sich selbst in sich selbst und durch sich selbst zu überwinden? Die Normaltheologie weiß davon wenig. Aber hat nicht schon Paulus eben dazu das Wesentliche gesagt: »Ist jemand in Christo, so ist er eine neue Kreatur; das Alte ist vergangen, siehe, es ist alles neu geworden . . . denn Gott war in Christo und versöhnte die Welt mit ihm selber« (2.Korinther 5,17ff.). War er dann nicht vorher unversöhnlich, und hat er sich dann nicht gewandelt in einem geschichtlichen Akt, dem Akt des Versöhnungstods des Gottgesandten? Ist das aber nicht das Herzstück des Christentums? Und bedeutet das nicht Wandlung, heilsame Wandlung im Göttlichen? Und hat nicht der fromme, der tragische Dichter aus Askra dieses, letztlich nur dieses und nichts anderes gemeint?

Kehren wir von den letzten Folgerungen zum Ansatz zurück. Hesiod war ein tragischer Dichter; und er bewährt sich als Zeuge für die echte Tragik – im Unterschied zur bloß scheinbaren, sturen, die wir mit »Zufall und Notwendigkeit«

charakterisieren können – schon durch jenes Vorzeichen, das allen seinen Verkündigungen das wesentliche Gepräge gibt, das Vorzeichen des Heils, des Glücks und der Seligkeit, wie das eben zur Zeit des Hesiod allein verstanden werden konnte. Er sagt es deutlich genug.

Tragisch im allgemeinen Sinn ist bei Hesiod seine Auffassung vom Geschichtsverlauf. Er trägt sie vor in seinem späteren Gedicht »Werke und Tage«. Da spricht er von den vier Zeitaltern des Menschengeschlechts, dem goldenen, silbernen, ehernen und eisernen. Hesiod ist sich bewußt, daß er verdammt ist, im eisernen Zeitalter zu leben. Wie er diesen Äon beurteilt, sagt er schon in der Theogonie, wenn er auf die »eiserne« Sichel hinweist, mit welcher Kronos den Uranos entmannt hat: Das Eisen bedeutet ein urzeitliches Verhängnis, es ist eben tragisch; doch es ist auch das einzige Mittel, den Bestand des Kosmos über dem wilden Chaos zu sichern. Ob unsere Atomkraftgegner über diese Polarität je nachgedacht haben? Ich bezweifle es. Doch ich verstünde ihren Aufschrei, dächten sie dabei an jene resignierend hoffnungslose Äußerung menschlicher Not, wie sie Hesiod in seinem späteren Epos »Werke und Tage« hervorstieß: Zu Beginn seiner Gegenwartsanalyse, der Schilderung des eisernen Zeitalters, wünscht er, nicht in dieser Zeit geboren zu sein, sondern »entweder vorher oder nachher«. Und dennoch glaubt er an das Recht. Das ist jene »echte« Tragik, von der wir reden.

Doch das Vorzeichen wirkt noch stärker: Eros ist eigentlich der älteste aller Götter und ist doch ewig jung. Und Aphrodite, die goldene, ist älter als die Olympier. Liebe ist also das Urprinzip der Welt, des Seins. Erotische Liebe gewiß, aber was verschlägt das? Liebe ist letztlich Liebe, auch in der extrem materialistischen Perversion. Platon, der gewaltigste Denker der Antike – vielleicht der Menschheit –, hat im Dialog »Gastmahl« – Symposion – die tragische Rolle des Eros beschrieben, der sich unablässig sehnt und nie erlangt, wonach er strebt, aber dennoch nach dem »Schönen«, dem Heil, streben muß. Hesiod aber hat schon lange vor Platon verkündet, Eros sei das göttliche Urprinzip der Welt, des Seins schlechthin. Daß dies den Normalchristen, der über den Wurzelgrund seines eigenen Glaubens nachdenkt, so kalt läßt, spricht nicht für die christliche Normaltheologie. Sie hätte vom griechischen Schöpfungsmythos vieles, ja Wesentliches zu lernen.

Wie die Welt entstand und wie die Götter wurden, diesen Fragen hat die Mythologie des alten Orients viel Aufmerksamkeit gewidmet; erstaunlich gering dagegen ist die Rolle, welche dabei das Thema der Erschaffung des Menschen spielt. Das wird damit zusammenhängen, daß in der Frühzeit der Hochkultur der Mythos noch ganz ins Schöpfungsritual eingebunden war, an dem der Mensch im Gottesdienst unmittelbar teilnahm und durch das die Gottheit gekräftigt und die Welt durch Wiederholung der Ganzheitsentstehung erneuert und verjüngt wurde. Da war der Mensch ein Teil des Geschaffenen, das genügte, und es fehlte jene Abstraktion des Denkens, die von »dem« Menschen zu sprechen vermag – »wir« sind kultisch jedenfalls dabei, das reicht. Es gehört schon ein bedeutendes Stück nachdenkender Distanz dazu, wenn der Mensch von »dem« Menschen redet. Freilich fehlt im alten Orient das Thema der Menschenentstehung keineswegs; schon bei den Primitiven fanden wir es. In Sumer handelt ein Fragment, das die früheste Version der Sintflutsage enthält, davon, daß An, Enlil, Enki und Ninhursag das »Volk der Schwarzköpfe« geschaffen hatten (Kramer, S. 116); ein anderer Text spricht davon, daß die Urmutter Nammu auf ihres Sohnes, des Gottes Enki, Geheiß aus »Lehm über dem Abzu« die Menschen gebildet hat (Wörterbuch der Mythologie, S. 58). Menschen sind eigentlich nur die Sumerer; und der Mensch ist dazu da, die Götter zu bedienen. Im Enuma Elisch, bei entwickelterer Abstraktion, fanden wir den darüber noch hinausgehenden Gedanken, daß der Mensch für göttliche Fehle zu sühnen hat. Auch im frühen Ägypten ist es so, daß eigentlich nur die Bewohner von Kemet, dem ägyptischen »Schwarzerdeland«, wirklich Menschen sind, während die Fremdvölker im wahrsten Sinn des Worts lediglich »am Rand« eine Rolle spielen; auch hier ist der Mensch für den Gottes-

Thronender Zeus mit Blitzbündelkeil, der Sieger im Heiligen Streit. Bronzestatuette vom Berg Lykaion in Arkadia, 6. Jahrhundert v. Chr. Nationalmuseum Athen.

dienst da, die Vorstellung einer einmaligen Menschheitserschaffung tritt jedoch zurück hinter der Konzeption eines ständigen Vorgangs: Chnum, der Kataraktengott von Assuan, schafft jeden Einzelmenschen, indem er ihn aus Nilschlamm auf der Töpferscheibe gestaltet – immer doppelt, als Leib und als idealen Ka –; die memphitische Theologie dagegen spricht von Ptah als dem Menschenschöpfer, wobei »diese Art von Schöpfung für den Ägypter nicht an den Weltanfang gehört, sondern immer wieder neu durchgeführt wird« (Wörterbuch der Mythologie, S. 405). Die Hethiter schließlich reden oft von schicksalsbestimmenden Gottheiten, die so gut wie immer weiblich sind, der griechischen Moira entsprechend. Doch die Menschenerschaffung selbst wird in den mythisch-epischen Texten nur nebenbei erwähnt.

Die Griechen stehen all dem gegenüber auf einer neuen Ebene, wie auch, mit anderer Denkrichtung gewiß, die Israeliten. Hellas knüpft an alle ihm zukommenden alten Traditionen an; wir sagten, es sei ein Sammelbecken, doch es ist auch ein Quellgrund. Am Anfang der griechischen Anthropologie und Anthropogonie (Lehre vom Wesen und vom Ursprung des Menschen) stehen die alten mythischen Überlieferungen der frühen Hochkulturen, am Ende dann eine überaus reichhaltige philosophische Theorie. Für den Anfang steht Hesiod, für das Ende der Sophist Protagoras, für den der Mensch »Maß aller Dinge« ist. Dazwischen finden wir alle denkbaren Übergangsstadien von der reinen Mythik bis zur reinen Empirie; in all dem aber zeigt sich eine kräftige, durchgehende Tendenz, die von der bildhaft-religiösen Schau zur abstrakten Theorie führt. Mit einer Ausnahme freilich, und diese Ausnahme war entscheidend bedeutsam für die künftige Entwicklung bis hin zur christlichen Lehre vom Menschen: Es war Platon. Die griechische Geistesentwicklung führt jedenfalls von der Kosmologie zur Anthropologie, doch darüber hinaus letztlich wieder zur Theologie.

Menschen stammen wie die Götter aus den Blutstropfen des Uranos, mit denen Gaia befruchtet wurde, sie stammen von Eschenbäumen ab – aus Eschenholz werden die Speere des ehernen Zeitalters gefertigt –, Menschen entstiegen der Erde wie Alalkomeneus am Kopais-See (Kerényi, S. 204ff.); aus all dem ragt heraus die Erzählung von der Erschaffung der ersten

Frau, Pandora genannt – »Die Vielgabige«. Nach der einen Überlieferung wird sie von Hephaistos aus Erde erschaffen, nach der anderen, von Menander erzählten, ist sie ein Werk des Titanen Prometheus. In beiden Fällen gilt Pandora als Unheilbringerin. Oft wird dabei auf die Frauenfeindlichkeit Hesiods hingewiesen, doch zeigt Theogonie 604ff., daß der Dichter grundsätzlich das »wackere Weib« als Glückspenderin hoch verehrt und dabei lediglich darauf hinweist, daß solches Glück von Zeus mit Unheil ausgeglichen werden muß, weil der Mensch »des Lebens ungemischte Freude« nicht erträgt. Im Grund steckt darin sogar die denkbar höchste Huldigung an die Frau, deren ein patriarchal denkendes Zeitalter überhaupt fähig ist: Glück und Schönheit werden allein durch die Frau in die Welt gebracht. Damit muß freilich auch Not kommen – Hesiod ist eben Tragiker durch und durch. Nicht vergessen werden darf dabei aber auch, daß nach der jahwistischen Schöpfungsgeschichte der Fall ebenfalls durch Eva herbeigeführt wird!

In all dem zeigt sich, daß griechisches Denken schon in der frühen Mythologie eine doppelte Herkunft des Menschen kennt, eine göttliche und eine chthonisch-irdische. Der entscheidende Unterschied kommt dann durch Pandora in die Welt: der Tod, das unerbittlichste von all den vielen Übeln, die dem Gefäß entschlüpften, das sie als Unheilsgeschenk den Menschen zu bringen hatte. Von nun an erst sind die Unsterblichen und die Sterblichen endgültig voneinander geschieden.

Dies ist die Grundauffassung der sozusagen offiziellen Mythologie geblieben: Dem Menschen ziemt die stille und gefaßte Hades-Resignation. Doch kennt Hellas durchaus auch die Hoffnung, wiewohl wir davon nicht allzuviel erfahren, denn dies war die Domäne der vor der profanen Öffentlichkeit sich streng abschließenden Mysterienreligion. Kerényi schildert das religiöse Erlebnis des Höhepunkts der eleusinischen Mysterienfeier, wo ein Feuerstrahl aus der Tiefe herausbrach, so: »Im Feuer der Scheiterhaufen, die um alle Städte der Griechen loderten, wurden die Toten – so hätte man glauben müssen – zu Asche und höchstens nur noch zu Schatten! Und man hört jetzt, mit der lauten, singenden Stimme des Hierophanten (sc. des obersten Priesters daselbst) verkündigt, daß die Totenherrin selbst im Feuer ein Kind, ein Starkes, gebar . . . Eine Geburt im Tode *war* möglich!« (Mysterien, S. 99f.).

Von solchem aus den Mysterien stammenden Unsterblichkeitsglauben war Platon völlig durchdrungen. Auch das ist ein Erbe der griechischen Schöpfungsmythologie, das wichtigste vielleicht. Zum Wesen der Seele gehört Freiheit von der Materie, also auch von deren Vergänglichkeitsgeschick. Damit meint Platon freilich keineswegs jenen banalen Dualismus, den der Vulgär-Platonismus der Spätantike manchmal vertrat, wonach beim Tod der unsterbliche Teil des Menschen gleichsam gradlinig in die himmlische Heimat zurückkehrt. Im zehnten Kapitel der Schrift »Vom Staat« – Politeia – schildert der Denker die dunklen Wege, auf denen die Seelen der Nicht-Vollendeten bis zu ihrer nächsten Wiederverkörperung zu gehen haben, um sich in neuem Leben erneut zu bewähren. Es gibt, wie Platon im Timaios sagt (69a ff.), einen unsterblichen und einen sterblichen Seelenteil; in letzterem hängen die unreinen Begierden, und nur wer »Göttliches und Unsterbliches denkt«, kann »der Unsterblichkeit teilhaftig« werden und muß »notwendig vor allen anderen glückselig sein« (90 bc). Also ist das Gutsein im leiblichen Leben Bedingung seliger Unsterblichkeit.

Der platonische Leib-Seele-Dualismus ist also rein tragisch strukturiert. So sagt die Schicksalsherrin zu den Seelen: »Die Tugend ist herrenlos, von welcher, je nachdem jeglicher sie ehrt oder geringschätzt, er auch mehr oder minder haben wird. Die Schuld ist des Wählenden; Gott ist schuldlos« (Pol. 617 e). So sehen wir, daß zur Tragik zweierlei gehört: der schuldlose Gott und der Mensch, der zur freien Wahl des Guten oder Bösen gezwungen ist. Zur Freiheit gezwungen! Darin liegt das Geheimnis, in welchem letztlich griechischer Geist und biblischer Glaube zu unlöslicher Einheit verbunden sind.

Die indische Religion der vedischen Epoche

Nach der Mitte des zweiten vorchristlichen Jahrtausends drangen die Indo-Arier, durch das heutige Afghanistan ziehend, ins Fünfstromland des Indus-Gebiets ein, sie brachen die Burgen der letzten Reste einer vormals blühenden drawidischen Hochkultur, die wir seit Beginn der Ausgrabungen der alten Hauptstädte Mohenjo Daro und Harappa im Jahr 1921 kennen, und breiteten sich langsam erst über den Pandschab aus, um im Lauf der Jahrhunderte dann ins Gangesgebiet vorzustoßen. Es bildeten sich zahlreiche kleinere Fürstentümer, die manchmal zu größeren Reichen zusammengefaßt wurden, so etwa unter dem König Poros (Purusha), den Alexander in der schweren Schlacht am Hydaspes im Jahr 327 v. Chr. schlug. Einige Jahrzehnte später wurde dann nahezu ganz Indien unter dem großen Herrscher Ashoka zu einem Gesamtreich zusammengefaßt, in welchem der Buddhismus die herrschende Religion war.

Die Religionsgeschichte des arischen Indien wird, vereinfacht, nach folgenden Epochen aufgegliedert: Mit dem Eindringen der Arier setzt man den Beginn der *vedischen Religion* an; diese läuft aus in zahlreiche teils mehr religiöse, teils mehr philosophisch-spekulativ bestimmte Schulen und Geistesrichtungen, die man gewöhnlich unter dem Namen *Brahmanismus* zusammenfaßt nach der geistigen Führerschicht, den Brahmanen. Deren Name wieder leitet sich ab von der geheimnisvollen Weltpotenz brahman, der Zauberkraft im Opferritus. Aus einigen besonderen Richtungen des Brahmanismus gehen seit rund 500 v. Chr. einige zunächst streng weltverneinende Erlösungsreligionen hervor, so der *Jainismus,* der heute noch in Indien lebendig ist, und vor allem der *Buddhismus,* von dem, nach rund tausendjähriger Blüte, in Indien so gut wie nichts mehr lebendig blieb, der jedoch in Hinterindien wie in Zentral- und Ostasien einen gewaltigen Aufschwung nahm. Zwischen 200 vor und 200 nach Chr. muß ein Buch geschrieben worden sein, der »Gesang des Erhabenen«, die Bhagavadgita, durch welches einerseits das Erbe der alten, vorbuddhistischen Religion wieder belebt wurde, das aber andererseits mit ganz neuen Vorstellungen den Aufbruch jener eigenständigen Religion in Gang setzte, welche bis heute in Indien vorherrscht und deren verschiedene Richtungen man unter dem Begriff *Hinduismus* zusammenfaßt. Grundsätzlich gilt dabei jedoch, daß der Hinduismus, ebenso wie das alte Hellas, sowohl als Sammelbecken wie als eigener Quellstrom – Religion der Bhagavadgita – betrachtet werden muß; die alten Gewässer strömen aber unentwegt weiter ein, daher gilt die vedische Literatur auch heute in Indien als das Grundbuch für alle religiöse Erkenntnis und Lebensgestaltung.

Veda heißt »(heiliges) Wissen«, die Worte »heilig« und »Wissen« sind sprachgeschichtlich stammverwandt. Die vier vedischen Bücher (Rig-Veda, Atharva-Veda, Yajur-Veda und Sama-Veda) dürften erst in verhältnismäßig später Zeit schriftlich fixiert worden sein. In der Indologie rechnet man damit, daß der gewaltige Textbestand möglicherweise erst anderthalb Jahrtausende nach der Einwanderung der Indo-Arier niedergeschrieben und also ebenso lange mit äußerster Exaktheit mündlich tradiert worden ist; jedenfalls ist kein Zweifel daran, daß der Grundbestand der Texte sich auf die Lage zur Zeit der Einwanderung bezieht.

Das für uns wichtigste Werk ist der Rig-Veda (RV), zum überwiegenden Teil eine Sammlung von hymnischen Texten, die bei den verschiedenen Opferriten zu rezitieren waren. Der Rig-Veda war ursprünglich die Agende für den Opferpriester, den »Hotar«: Dieses Sanskritwort ist abzuleiten von dem altindischen Stamm hu-, was, schon akustisch nachempfindbar, anrufen heißt und mit dem altgermanischen Wortstamm guth- verwandt ist, der dieselbe Bedeutung hat und von dem unser deutsches Wort Gott herkommt! Die älteren Teile des Rig-Veda sind anrufende Hymnen, durch welche die Gottheit zur Heilstat erweckt und gekräftigt werden soll. Wir mögen geneigt sein, hierin noch »primitives Heidentum« zu sehen, sollten aber besser in einer Konkordanz nachschlagen, wie oft auch im Alten Testament der biblische Gott angerufen wird mit der Aufforderung, endlich zu erwachen und von seiner Macht Gebrauch zu machen.

Aus der früheren Schicht stammt RV X,121, ein Hymnus an den unbekannten Schöpfergott, dessen Name erst im Schlußvers vorkommt, doch dieser Vers ist späterer Zusatz. Dennoch ist kein Zweifel, daß unter dem scheu verehrten Unbekannten kein anderer gemeint war als der altvedische Prajâpati, der »Herr der Zeugung«. Von ihm wird in unserem Hymnus berichtet, daß er sich im Anfang als goldener Eidotter selbst gebildet habe. Durch ihn hat alles Lebende seinen Atem, und zwar sowohl die Himmlischen wie die Irdischen; er ist es, dessen Weisungen alle folgen, er hat den Ozean und den Weltenstrom wie die Gebirge und die Himmelsrichtungen geschaffen, er hat Himmel und Erde befestigt und durch die

Sonne gestützt, auf ihn schauten Himmel und Erde hilfesuchend, »als sie auseinandergestemmt waren«, er hat die hohen und tiefen Wasser gerufen und geordnet, die einst das Goldei selbst trugen und dann das Feuer gebaren und schließlich unter seinem Blick fähig wurden, als Reinigungsstoff für das Opfer zu dienen. Das meiste mutet uns nun recht bekannt an. Typisch indo-arisch ist freilich die Hervorhebung von Feuer und Wasser im Zusammenhang mit dem Opfer; denn darauf läuft der vedische Schöpfungsmythos schließlich hinaus, zu erklären, wie, als höchstes unter allem Geschaffenen, die Opferkraft Brahman entstand: Sie ist, wie Vers 8 sagt, die eigentliche und wesentliche Hervorbringung der Wasser, die zuvor das Opferfeuer geboren hatten. So ist unser Hymnus, in dem wir zunächst unschwer den primitiven Urvater- und Selbstentstehungsmythos wiederfinden, doch schon die reife Ausgestaltung eines Sagenstoffs, die nun unmittelbar auf die brahmanistische Kosmologie und Seinsphilosophie hinzielt.

Neben den zahlreichen Hymnen, die auf das Schöpfungsgeschehen anspielen, wobei vor allem die Preisgesänge auf Agni, den personifizierten (Opfer-)Feuergott, zu nennen sind, verdient vor allem jene Gruppe von Texten Erwähnung, die sich auf den für die frühen Arier wichtigsten Schlachtenhelfer-Gott beziehen, auf Indra. Der Name hat nichts mit dem Namen Indiens zu tun, welcher vielmehr von »Sindhu« abzuleiten ist, dem Hauptstrom des Pandschab (»Fünfstromland«); die Bedeutung des Namens Indra dürfte wohl auf Stärke und Macht zu beziehen sein. Indra entspricht in vieler Hinsicht dem germanischen Thor-Donar. Er ist nicht Weltenschöpfer, vielmehr könnte man ihn als den letzten Sieger im Heiligen Streit bezeichnen, insofern dem Marduk, Tesup und Zeus vergleichbar, ohne daß im Rig-Veda freilich auf das System der Göttergenerationen besonderes Gewicht gelegt würde. Indra entsprach jedenfalls in hervorragender Weise der Mentalität jener burgenbrechenden, die Frauen der Besiegten – der Dasas, der »Dunklen« – an sich reißenden und sich in endlosen Siegesgelagen mit Soma, dem metähnlichen Rauschtrank, bezechenden jungen Arier. Ihm huldigten sie in ihren Kultfeiern noch jahrhundertelang nach dem Einbruch mit Vorliebe, mehr als jedem anderen Gott, und das immer unter gewaltigem Somaverbrauch; welcher Wandel seither . . .

Indras berühmteste, zum Schöpfungsgeschehen gehörende Tat ist die Tötung des Vritra-Drachens, der Frauen, Vieh und Gewässer umschlungen und vor den Menschen versperrt hielt, die wichtigsten Lebensgüter also. RV I, 32 ist der klassische Siegeshymnus zum Preis dieser Tat, und, kein Zweifel, der dazugehörige Ritus war ein ungeheures Somagelage, denn mit einem gewaltigen Somatrunk beginnt Indras Heldenkampf (Vers 3). Beflügelt von dem Göttertrank, ergreift Indra die Wurfkeule, die der Gott Tvastr (»Gestalter«, indischer Hephaistos) ihm »vom Glanz der Sonne geschnitzt« hatte, und zerschlägt dem dämonischen Unhold das Rückgrat. Die »Wasser«, die »Frauen der Fremdstämmigen«, und die »Kühe« werden frei – so wird Indra zum »Herrn der Gaben«, die man zum Leben braucht, zum Stifter wohnlichen Lebens auf Erden.

Die entscheidende Frage ist die nach dem Wesen des Vritra. Geschildert wird er als eine männliche Kobraschlange von kosmischem Ausmaß. Die Deutungen sind zahlreich; wir können uns auf zwei beschränken, die einander ergänzen. Paul Thieme erläutert den Namen als »Einschließung«, »Wehr« (in der Bedeutung des Wasserwehrs) und »Wall«. Den mythologischen Hintergrund dieser Vorstellung hat schon vor Jahrzehnten Hans Reichelt erschlossen: Dahinter steht die Auffassung, daß ursprünglich über der Welt einc steinerne Himmelskappe lag, die alles »Licht« von der Erde abhielt. Es war nun die göttliche Gnadentat vom Anfang, daß dieser Steinhimmel zertrümmert und statt seiner der sternfunkelnde tropische Nachthimmel erstellt wurde, der das Licht immerzu durchließ und regelmäßig dem Tag Raum gab. Vom Chaos zum Kosmos also, auch hier.

Doch an dieser Stelle wird mit einemmal unser mythologischer Horizont überraschend weit, wenn auch durch einen Gegensatz. Wir denken an den biblischen Schöpfungsbericht, wo die Rede ist von einer »Feste« (Firmamentum), die von Gott errichtet wurde, um die drohenden oberen Gewässer von der Erde abzuhalten; das ist eine gemeinsame altorientalische Vorstellung. Hier jedoch, im frühen Indien, stoßen wir zwar auf denselben Komplex, doch mit genau gegenteiliger Wertung. Dahinter stehen zweifellos geographisch bedingte Differenzen, aber nicht nur. Die göttliche Gnadentat vom Anfang konnte einmal die Errichtung des Firmaments sein, ein andermal dessen Zerschlagung; es kam wohl entscheidend darauf an, was jeweils unter »Licht« verstanden wurde. Licht ist erhelltes Dasein, ist Vernunftmacht und Sprachfähigkeit, Vernunft ist demnach zu verstehen als Möglichkeit des Gottvernehmens, Sprache ist zu verstehen als die Möglichkeit, solche Seinsoffenbarung mitzuteilen. Beidemal, sowohl im alt-vorderasiatischen wie im alt-indischen Bereich, wird durch göttliches Schöpfungswirken Licht vermittelt. Doch im einen Fall werden die (sintflutartigen oberen) Wasser abgehalten, im anderen werden sie in den Lebensraum als segenbringendes Element hereingeführt. Im ersteren Fall sind also die Wasser lichtfeindlich, im zweiten lichtfreundlich.

Was steht hinter dieser Differenz? Doch wohl, soweit wir es zu überschauen vermögen, der ganze Unterschied zwischen den beiden Geistessphären, der altvorderasiatischen hier, der altindischen dort. Licht aus dem Chaosdunkel der Urzeit ist im alten Vorderasien die Stiftungstat durchs Wort des Schöpfer-Gottes; Lichtlosigkeit ist im frühen Indien der dämonisch verursachte Zwischenfall, der durch Gottes Kämpfertum ein für allemal aufgehoben ist. Dabei ist entscheidend, daß auch nach altvorderasiatischer Vorstellung das Chaosdunkel nochmals hereinbricht, nämlich in der Sintflut; doch durch Gottes Versprechen bleibt es nun beim Licht des Daseins, durch sein Wort also (1.Mose 8,21f.). Vertrauen auf das Wort gewährt den zum Leben nötigen Bestand des Kosmos.

Das ist im Rahmen der altindischen Mythologie sehr anders. Der Kämpfergott hat die Chaosmacht besiegt, einstmals, in der Urzeit. Doch wie wird der Weiterbestand des Lichts im Sein gewährleistet? Im vedischen Indien durch den Ritus, das ist eindeutig. Doch wenn im Lauf der Geistesentwicklung das altvedische Ritenverständnis schwächer wird, müssen Ersatzleistungen erfolgen. Im Brahmanismus schon wurde der Ritus vergeistigt; die Meditation des einzelnen trat an seine Stelle, und dieser »Erkenntnisweg«, Iñana-Marga, wurde bald als weit heilvoller aufgefaßt als der, mehr für die Massen gedachte, »Weg der rituellen Observanz«, Karma-Marga. Daraus erklärt sich dann ein merkwürdiger religionsgeschichtlicher Vorgang.

Gerade Indra, der einst höchstgepriesene Gott, ist im Lauf

der Zeit völlig in den Hintergrund getreten. Dafür gibt es nur eine Erklärung: Nicht in erster Linie deshalb, weil Indra neben den heutigen Hochgottheiten Vishnu und Shiva als allzu archaisch, ja moralisch fragwürdig angesehen wurde, trat jener Wandel ein; denn der Rig-Veda ist ja doch heute noch das »Alte Testament« der Hindu, und hier spielt Indra nun einmal die unbestrittene Hauptrolle (im Register der Geldner-Ausgabe des Rig-Veda füllt der Name Vishnus zwei Spalten, der des Indra jedoch deren 77!). Man muß hier symbolisch interpretieren: Die Indratat vollzieht sich heute im Meditieren des vedischen Textes durch jeden frommen Hindu-Leser, sie ist völlig spiritualisiert und auch in gewisser Hinsicht entgeschichtlicht, will sagen zeitlos geworden, sie steht nicht mehr am Anfang, sondern vollzieht sich zeitlos-allezeit. Da könnte ja die allzu massive, ja deftige Mythologistik nur ablenkend wirken, nähme man sie als sozusagen prähistorische Aussage und also wörtlich; nein, sie wird als Allegorese genommen für ein innerpsychisches Geschehen, und Indra, nunmehr seiner Grundart nach durch jeden Hindu repräsentiert, braucht als objektiv vorhandene Gottheit nur noch eine winzige Nebenrolle zu spielen, ein Kult für ihn kommt kaum noch vor – im Buddhismus stellt er mit seiner Gattin Indrani den Torhüter für die Heiligtümer dar!

Der Hochgott ist heute Vishnu oder Shiva, Indra hat so gut wie keine Bedeutung mehr. In diesem Entwicklungsgang spiegelt sich ein wesentlicher Zug der indischen Religionsgeschichte: Er liegt in der Spiritualisierung (geistige Verinnerlichung) sowie in der philosophischen Allegorisierung, die auf mythologische Göttererzählungen weithin verzichten kann. Jene letztere Entwicklung bahnt sich nun ebenfalls schon im Rig-Veda an, und zwar in dem späten Hymnus RV X, 129. Genaugenommen ist das eigentlich gar kein Hymnus, sondern ein abstrakt fragendes Umkreisen des Seinsrätsels. Der Dichter-Denker setzt, schon ganz in brahmanistischem Stil, ein mit der Gegenüberstellung von Seiendem und Nichtseiendem – beides existierte im Anfang noch nicht, nur Abgrund war! In diesem Begriff fassen wir noch den alten mythischen Schöpfungsglauben der primitiven Schicht; dann aber geht es unentwegt weiter mit Fragen auf Fragen; und in diesem Fragen liegt eigentlich schon die Antwort, die über sich selbst, über alles

Denken letztlich ins Unsagbare hinausweist. Ein »Begehren nach Entstehung« bildete sich im Anfang (Vers 4); doch woraus und woher? Die Dichter ahnen etwas davon, »in ihrem Herzen forschend, durchs Nachdenken«, durch Meditation also. Wer weiß sonst davon? Die Himmlischen nicht, sie sind schon »diesseits«, wie können sie von ihrem jenseitigen Ursprung wissen (Vers 6)? »Wenn ein Wächter dieser Welt ist im höchsten Himmel, der weiß es wohl: oder ob er es nicht weiß?« Mit dieser Frage endet der Hymnus. Er weist voraus auf alle künftigen Entwicklungen, auf die mystischen Wald-Yogins der Upanishadenzeit mit ihrem Verzicht auf alles abstrakte Lehren wie auf die Identitätsphilosophen dieser Epoche mit ihrer im reinen Denken erschlossenen Gleichsetzung von Atman und Brahman, von Seelenkern und Weltzentrum (am klarsten ausgesprochen in der Chandogya-Upanishad 6), auf den Buddhismus mit seiner Hinwendung zum achtteiligen Heilsweg zwischen Weltsucht und Weltflucht wie auf die Bhagavadgita mit ihrer Hinwendung zur Gottesliebe.

Ostasiatische Religion

Die religiöse Entwicklung in Korea und, von da aus weiterwirkend, in Japan steht, soweit wir es überschauen können, unter dem dominierenden Einfluß Chinas, des »Reichs der Mitte«, Tschung-Kuo. Mit dem Aufsuchen altchinesischer Schöpfungsmythen tun wir uns aber schwer. Strenggenommen liegen heute gar keine vor. Das geht zum großen Teil zurück auf die großangelegte Büchervernichtung unter Kaiser Shi-Huang-Ti (um 220 v. Chr.), obwohl manches Wichtige aus alten Beständen, woraus sich die ursprünglichen Lehrmeinungen einigermaßen rekonstruieren lassen, sowohl die des sagenhaften Lao-Tse wie die des historisch besser bezeugten Kung-Fu-Tse (Konfuzius), doch erhalten geblieben ist. Doch an die Mythologie von Lao-Tse und Kung-Fu-Tse kommen wir nur schwer heran. Wolfgang Münke führt uns im Lexikon der klassischen chinesischen Mythologie die Mühen heutiger Interpretation jener alten Texte vor Augen, die dann zu Anfang des ersten vorchristlichen Jahrtausends (Chou-Zeit) durchgängig zu Kaiserchroniken historisiert worden sind. Immerhin gelingt es Münke, einige Grundzüge einleuchtend herauszustellen. Nicht der farblose Ti (»Gott«) oder Shang-Ti (»Gott der Höhe«) stand am Anfang der überschaubaren Entwicklung, sondern »Shun . . . (der) Apoll der Ost-Yi-Bogner«, einer »Rasse, die um 1500? v. Chr. das Hoangho-Gebiet in Besitz nahm« (S. 288). Wir können vorsichtig einen Heiligen Streit am Anfang und die ihn schlichtende Weltordnungstat des Shun erschließen, ein Urflutdämon Kung-Kung wird durch Shun in die Finsternis weggespült, eine Urschlange erhält den Auftrag, weitere Urfluten zu verhindern, eine Himmelsschwalbe besiegt den Höllenrichter und opfert sich selbst um ihrer Mitstreiter und der Menschen willen. Alles ist später in Göttergenealogien eingepaßt, diese sind wiederum mit Kaisergenealogien verbunden, und so fort. Aber ein systematisch klares Gesamtbild ist nicht zu gewinnen, mythische Texte des frühesten Ritus, die mit dem Inanna-Mythos oder dem Denkmal memphitischer Theologie vergleichbar wären, fehlen, obwohl sie ursprünglich zweifellos vorhanden waren. Wichtig für unseren Zusammenhang sind, angesichts dieses Zustands der literarischen Zeugnisse, vor allem die Funde der Archäologie, insbesondere in der genialen Deutung durch Carl Hentze, wonach die herrlichen Bronze-Vasen aus der Shang-Zeit (ca. 1700–1100 v. Chr.) als Weltsymbole aufzufassen sind, wobei Tiger und Drache als Vorbilder des späteren Yang-Yin-Prinzips eine hervorragende Rolle spielen, aber auch die Vierecksordnung der Welt, mit ihrem Zentralpunkt im Zenit eigentlich ein Fünferprinzip, in welchem dem Reich Tschung-Kuo (China) und seinem Herrscher die wesentliche Ordnungsaufgabe zufällt: Auch das ist ein Schöpfungsmythos, von freilich schon weit ins Politische fortgeschrittener Art.

Eingehendere Aufschlüsse über frühe Schöpfungsmythologie in Ostasien erhalten wir in Japan, und zwar aus dessen heute noch sehr kräftiger Alt-Religion, dem Shintoismus (von chin. Shin-Tao, »Weg der Götter«). Diese alte Volksreligion, die sich mit dem Buddhismus recht gut, mit dem Christentum Japans weniger gut zu stellen vermochte, zeigt sich heute immerhin fähig, eine zeitgemäß anmutende Theologie und Metaphysik zu entwickeln als eine Art geistiges Obergeschoß über der noch stark von primitiven Vorstellungen bestimmten Schicht des Volksglaubens, in dem sich die frühe ostasiatische Schöpfungsmythologie spiegelt.

Sie spiegelt sich, in der Tat; denn der Spiegel spielt eine Hauptrolle in der Mythologie des alten Japan. Drei Reichskleinodien werden verehrt, keiner außer dem Kaiser hat sie je gesehen: Juwelenhalsband, Schwert und Spiegel. Das sind: Herrschaftsrecht, Kriegsmacht und Bewußtsein. Im Spiegel erkennt das Bewußtsein sich selbst. Das gilt für den Menschen, es gilt auch für die Gottheit. Damit sind wir beim japanischen Mythos.

Aus dem Chaos entstand der Himmel, daraus gehen sieben Göttergenerationen hervor, als letzte das Geschwisterpaar Izanagi und Izanami, im Grund Yang und Yin, nun japanisch personifiziert. Diese beiden festigen den Grund und lassen so die Inselwelt entstehen – Nippon als Welt. Sie zeugen miteinander die Gottheiten aller irdischen Güter; Izanami stirbt bei der Geburt des Feuergottes, Izanagi folgt ihr ins Totenreich, um sie wieder zu befreien, doch vergebens (das Orpheus-Eurydike-Motiv, aber auch schon das weit ältere Inannamotiv!). Aus dem Leib Izanagis entstehen die Sonnengöttin Amaterasu, die Mondgöttin Tsuki und der Ozeangott Susanoo. Die Dreizahl ist für japanisches Denken das Symbol des Kosmos, wie es für chinesisches die Zweizahl ist. Von Amaterasu stammen die Kaiser ab. Ein Mythos berichtet von einem Frevel des Susanoo gegen die Sonnengöttin Amaterasu, welcher die Göttin veranlaßt, sich gekränkt in eine Grotte zurückzuziehen: Der Welt fehlt nun das Sonnenlicht. Durch einen Spiegel, den die anderen Götter beschaffen und der Göttin vorhalten, wird sie bewogen, hervorzukommen und ihr Licht wieder leuchten zu lassen. Der Spiegel des Selbstbewußtseins, des Geistes also, erhält die Welt. Er ist in der Welt, an ihm reflektiert sich der Geist, an ihm entsteht, was wir Ich und Selbst nennen, sowohl bei den Göttern wie bei den Menschen. Er ist in der Welt; aber er ist ein Göttergeschenk. Dieser Mythos des Shinto hat seinesgleichen nicht in der Welt der Religionen. Doch, wenn auch ohne dessen massive Bildhaftigkeit, wird die Wahrheit, die er enthält, in knappen Worten vorgetragen in einem ganz anderen Text und in ganz eigenem Zusammenhang: Wir denken an die Aussagen des Johannesprologs über das Licht, das in der Welt war und alle Menschen erleuchtet und das dennoch nicht zur Welt gehört und deshalb von der Dunkelheit nicht aufgenommen wird . . .

Alt-Amerika

Abenteuer der Frühe: Jahrtausendelang schoben sich Jäger- und Sammlergruppen auf Nahrungssuche übers Eis der Beringstraße in den riesigen Doppelkontinent hinein, den sie schließlich bis Feuerland durchstreiften und, dünn genug, besiedelten. Dann, etwa um 9000 v.Chr., schmolz die Eisbrücke, und die Einwanderer blieben von nun an abgeschnitten von der im tiefsten stets zusammenhängenden Kulturentwicklung Eurasiens und Afrikas. Dennoch verläuft die Kultur- und Religionsentwicklung Alt-Amerikas völlig parallel zu der Eurasiens, wenngleich in vielem mit einer bemerkenswerten Verzögerung von einem bis zwei Jahrtausenden. Das deutlichste Beispiel dafür ist die Schrifterfindung in der Kultur der sogenannten »Olmeken« (heute als La Venta-Kultur bezeichnet). Der geistige Zustand der späteren höchstentwickelten Kulturen, so im Reich der Azteken (Mexiko), im Bund der Mayastaaten (Yucatan und Guatemala) wie in den Muisca-Ländern (Columbien) und im Inka-Reich (Peru), erweckt Assoziationen, die etwa an altorientalische Mächte des zweiten Jahrtausends denken lassen; mit einer wesentlichen Ausnahme freilich: Das ungeheuerlich ausgewucherte Menschenopferwesen, die Sucht nach Leiden und Blutvergießen, auch mit Selbstkasteiungen aller Art verbunden, ruft den Eindruck hervor, hier seien früharchaische Blutmysterien nicht etwa verfeinert, also sublimiert, sondern gerade bewußt erhalten, ja immerzu massiv gesteigert worden. Letztlich ist das nur begreiflich, wenn man bedenkt, daß Anlagen zu solcher Einstellung wohl in der Gesamtmenschheit vorhanden waren; aus welchen Gründen jedoch gerade in ganz Alt-Amerika daran so entschieden festgehalten wurde, bleibt ein Geheimnis.

Andererseits hat die Kulturentwicklung Alt-Amerikas auch wieder Reifegrade erreicht, die volle Bewunderung erwecken, und nur mit tiefer Trauer können wir Heutigen darauf zurückblicken, daß diese Kulturen durch die spanischen Eroberer in barbarischer Weise einfach »gekappt« wurden, wie Oswald Spengler gesagt hat; doch muß dabei auch bedacht werden, daß jede europäische Nation zur damaligen Zeit in ungefähr dieser Weise auf die »Heidengreuel« reagiert hätte, zu einseitiger Schuldzuweisung an die Spanier besteht kein Anlaß.

Ganz abgeschnitten scheint Alt-Amerika von Eurasien aber doch nicht gewesen zu sein. Führende Amerikanisten vertreten die Auffassung, daß es, von früher Zeit an und vielleicht bis ins Hochmittelalter dauernd, Kultureinflüsse von Südostasien nach Meso- und Südamerika gegeben haben müsse, Expeditionen oder auch Zuwanderungen, durch die vor allem chinesische Kulturelemente übertragen worden sind. Zahlreiche Einzelbefunde sprechen für diese Vermutung, angefangen vom Baumwollanbau über die Bronze, die Batikfärberei bis hin zu Symbolen wie Thron und Baldachin; wir werden also auch und gerade in den Beständen der Religionsgeschichte auf solche Zusammenhänge achten.

So hat zum Beispiel das Dreierprinzip, das wir aus Ostasien kennen, in Alt-Amerika eine wichtige kosmologische Bedeutung: Die Welt ist eine Pyramide aus drei mal drei Schichten, unsere Erde ist die Basis. Zugleich spielt das Viererprinzip eine wichtige Rolle, besonders bei den Mayavölkern, deren Dörfer noch heute genau nach den vier Weltrichtungen ausgerichtet sind. Desgleichen gilt aber auch das polare Zweierprinzip, das wir von China (Yang und Yin) als maßgebend kennen: Die Weltpyramide hat eine genau umgekehrte untere Entsprechung, in neun Schichten ragt die Unterwelt in die Tiefe, ganz so wie chinesische Fürstengräber der Shang-Zeit sich sowohl als Pyramide nach oben wie auch mit symmetrisch dazu gestalteten Grabkammern in die Tiefe senkten (Hentze, S. 72ff., mit Hinweis auf die Mayapyramiden).

Drei Komplexe von Schöpfungsmythen altamerikanischer Hochkulturen seien als beispielhaft erwähnt. Der erste Komplex gehört der Kultur der Azteken an, also der spätesten Schicht, aus der sich aber altes Gut erschließen läßt. Der höchste Gott ist Nelli Teotl (»Wahrer Gott«); aus ihm stammt alles Sein und vor allem jedes Leben, doch ist er in seiner Unsichtbarkeit nicht faßbar und kann deshalb auch keinen Kult erhalten. Nelli Teotl manifestiert sich aber in zwei gegensätzlichen Hochgottheiten – man denke wieder an China –: in dem dunklen Tezcatlipoca, was »Rauchender Spiegel« heißt und an die Bedeutung des Spiegelsymbols in Japan denken läßt (Lanczkowski weist dabei auf die Gewissenserforschung im Selbstbewußtsein hin, S. 41), und in dem lichten Quetzalcoatl (»Federschlange«), dem gütigen Schöpfergott. Die geschaffene Welt ist aber stets gefährdet, wie Quetzalcoatl selbst; der aztekische Krieger- und Stammesgott Huitzilopochtli (»Süd-Kolibri«, als Frühlingsbringer) und der Sonnengott Tonatiuh bedürfen unaufhörlich geopferter Menschenherzen, um ihre welterhaltende Tätigkeit durchführen zu können. Vier Weltepochen laufen nacheinander ab, wir selbst leben in der vierten und letzten. Eine ungeheure Weltangst bedrückt diese Menschen, eine Furcht um die Schwäche ihrer Götter. Immerhin, daß der Mensch für das Gottsein der Gottheit verantwortlich sei, dieser Gedanke hat etwas Herzbewegendes trotz der nicht zu leugnenden grauenvollen Opferpraktiken.

Bei den Maya kommen, mit entsprechenden Namen, dieselben Hoch-Gottheiten vor wie in Mexiko, ja wahrscheinlich sind die Maya, die man als Erfinder des arithmetischen Nullwerts und auf Grund ihrer vegetativen Tempelplastik durchaus als die »Inder« Alt-Amerikas bezeichnen könnte – und nicht, wie irrig so oft geschieht, als »Griechen« –, überhaupt die schöpferischen Urheber der meisten gesamt-mesoamerikanischen Mythen gewesen. Besondere Hervorhebung verdient die Maya-Sage von dem göttlichen Brüderpaar Hunahpu und Xbalanque: Von diesen Brüdern wird berichtet, daß sie – wie Inanna – in die Unterwelt stiegen und dort, den Unterweltsgöttern im heiligen Ballspiel unterliegend, den Tod fanden, jedoch danach, in ihren gleichnamigen Söhnen wiederauferstehend, als Sonnen- und Mondgott die dunklen Götter des Vulkanismus und der Erdbeben überwinden und so zu Segensbringern der Menschheit werden (Text Märchen, S. 126ff.).

Einen ungemein ergreifenden Mythos kennen wir aus dem alten Peru (Text Märchen, S. 236ff.): Es ist die Sage vom Schöpfergott Kontiki Viracocha, der Pachayachachic genannt wird, was »Der unsichtbare Gott« bedeutet. Er hat die Welt und die Menschen erschaffen, doch die Menschen verfielen sogleich dem Götzendienst; Viracocha straft sie mit Blitzschlägen und Sintfluten, doch vergebens, die Menschen lassen auch danach, als sie die Erde neu besiedeln dürfen, von der Verehrung abgöttischer Mächte nicht ab. Eine andere Tradition erzählt: In Tiahuanaco am Titicaca-See, auf der von fernen Gletscherbergen umrahmten riesigen Hochfläche des Altiplano, des amerikanischen Tibet, schuf Viracocha, nunmehr in Menschengestalt gedacht, dann eine Generation von Riesen als Modell für die künftige Menschheit, doch verwarf er diesen Versuch wieder, um nach seiner eigenen Gestalt Menschen zu erschaffen. Doch trotz genauer Anweisungen des Hochgottes für ein frommes und heilsames Leben fielen die Menschen wiederum von ihm ab, wieder folgt eine Flut und wieder ein Neuanfang. Dann zieht Viracocha durch alle Lande, lehrend und predigend, aber auch resignierend. Er verkündet, daß falsche Propheten kommen und sich als Viracocha ausgeben würden, und er verheißt, daß er den Frommen schützende und belehrende wahre Propheten senden werde. Dann, so heißt es, verließ er das Festland, an der Küste des heutigen Ecuador sei er mit seinen beiden Dienern zuletzt aufs Meer hinausgeschritten, immerzu nach Westen, und schließlich am Horizont verschwunden. Kommt er wieder? Es klingt wie eine leise Ahnung durch den Text. Und es ist, als entschwinde mit Viracocha der lebendige Mythos – die Inkaherrscher ließen an seiner Statt dann eine Goldstatue anfertigen, die anzubeten war, doch viel mehr ließen sie ihre eigenen mumifizierten Ahnen anbeten, vergötterten also wiederum das Geschöpf. Der lebendige Mythos wandelt sich zu einer stillen eschatologischen Hoffnung. Die Parallele zum abendländischen Denkgeschick ist augenfällig.

Ernst Jünger spricht vom »Auszug des Regenten« und bezieht sich dabei auf die These von Léon Bloy: »Dieu se retire«, Gott zieht sich zurück. Auszug des Regenten, Gottes Sich-Zurückziehen, das ist weit treffender als die heute in der Theologie so lautstark vertretene These Nietzsches vom »Tod Gottes«. Gewiß kennt der Mythos sterbende Götter, etwa solche, die dann neuen, besseren Gottheiten Platz machen müssen, vor allem aber solche, die wiederauferstehen – das Christentum lebt ja selbst von diesem Mythos! Doch muß der Mythos heute einen theologisch, und das heißt auch metaphysisch einleuchtenden, gedanklich klar faßbaren Sinn haben. Nun ist der »Tod Gottes« nach dem Nietzschewort ein geistesgeschichtliches Phänomen: Wir glauben eben nicht mehr an die Chimäre »Gott«. Das ist zwar gedanklich faßbar und einleuchtend, aber einen theologischen und metaphysischen Sinn hat das nicht und soll es bei Nietzsche, dem Erbfeind der Metaphysik (»Hinterweltlerei«), auch gar nicht haben. Bei

Jünger und Bloy aber ist es Metaphysik und Ontologie. Gott ist wirklich, das gehört schon zum Gottesbegriff, aber sein Sein steht in steter Korrespondenz zum Menschlichen, er reagiert aufs Menschliche, aber er hört dabei nicht auf, Gott zu sein, der Mensch ist also verantwortlich für Gottes Sich-Zurückziehen. Das ist weit tiefer und universeller gedacht. Und es bringt einen Gedanken ins Spiel, durch welchen das noch rein mythologische Gottesbild mit dem gedanklich durchlichteten in einen unlösbaren Wesenszusammenhang gebracht wird.

Der diesen Zusammenhang schaffende Gedanke hütet das eigentliche Erbe der mythologischen Religion in der Hochkultur, er ist es, durch welchen die Verbindung zum alten, ewigen Mythos stets erhalten bleibt, auch in reinster gedanklicher Ausprägung, in metaphysisch durchgeklärter Theologie. Was ist der Inhalt dieses Gedankens? Es ist die Erkenntnis, daß Gott *leidet!* Er leidet an seiner Schöpfung, die er aus Liebe schuf und der er aus Liebe die Freiheit gab, ihn wiederzulieben oder auch ihm die Liebe zu verweigern. Nur von dieser Erkenntnis aus ist das Wesen Gottes in der Tiefe wirklich verständlich, wird aber dann auch als schlechthin notwendig einsehbar, gerade in unserer hinsichtlich des Mythischen so arm gewordenen modernen, technisch-wissenschaftlich bestimmten Geisteslage; denn diese verlangt immer dringlicher nach der Wiederkehr des Mythischen in gedanklich faßbarer Gestalt.

Alt-Amerika hat dafür, gewiß in noch rein mythologischer Ausdrucksweise, eine Veranschaulichung von auch den heutigen Menschen noch unmittelbar erschütternder Eindringlichkeit gestiftet. Das sogenannte Sonnentor des uralten Heiligtums Tiahuanaco zeigt in erhabener Reliefierung über dem Türdurchlaß das Bild des Viracocha (Abb. Mann, Großer Jaguar, S. 58). In all seiner Machtfülle steht der Schöpfer vor uns, eine Aureole von Strahlen mit Jaguarköpfen umgibt sein Haupt, in den Händen hält er zwei Zepter mit Kondorköpfen als Symbole seiner Weltherrschaft. Doch dieser Gott weint! Die Augenhöhlen waren einst mit Edelsteinen ausgelegt, und unter diesen befinden sich je drei weitere Höhlungen auf den Wangen, in denen Juwelen die Tränen des Schöpfergottes darstellten. Daß Gott durch seine Schöpfung und an ihr leidet, ist der erhabenste Gedanke, dessen die Religion fähig ist.

Literatur zum vierten Kapitel

Allgemein:

Hugo Gressmann, Altorientalische Texte zum Alten Testament, Berlin–Leipzig 1926, Nachdruck 1965 (AOT).

Karl Jaspers, Vom Ursprung und Ziel der Geschichte, München 1964.

Lepenski Vir – Menschenbilder einer frühen europäischen Kultur, Köln–München 1981.

Ulrich Mann, Theogonische Tage, Stuttgart 1970 (Darstellung und Interpretation der altorientalischen und altmediterranen Mythologie, mit ausführlichen Literaturangaben).

Jacques Monod, Zufall und Notwendigkeit, Philosophische Fragen der modernen Biologie, München 1971.

Herbert Joseph Muller, Asia Minor – Wiege Europas, deutsch Hamburg 1963.

James B. Pritchard, Ancient Near Eastern Texts relating to the Old Testament, Princeton 1955 (ANET).

Fritz Schachermeyr, Die minoische Kultur des alten Kreta, Stuttgart 1964.

Die Schöpfungsmythen, mit Vorwort von Mircea Eliade, Darmstadt 1980 (SCH).

Wilhelm Weischedel, Der Gott der Philosophen, Darmstadt 1975.

Sir Mortimer Wheeler, Alt-Indien und Pakistan, Köln o. Jg. (London 1959).

Wörterbuch der Mythologie, hg. von H. W. Haussig, I, Stuttgart 1965 (WM).

Zu Mesopotamien:

Texte s. ANET, AOT, SCH.

Geoffrey Bibby, Dilmun, Hamburg 1977.

Walther Hinz, Das Reich Elam, Urban-Bücher 82, Stuttgart 1964.

Samuel Noah Kramer, Geschichte beginnt mit Sumer, München 1959.

André Parrot, Assur, München 1961; ders., Sumer, München 1962.

Hartmut Schmökel, Das Land Sumer, Urban-Bücher 13, Stuttgart 1955/62.

Zu Ägypten:

Texte s. ANET, AOT, SCH.

Siegfried Morenz, Ägyptische Religion, in: Die Religionen der Menschheit, Stuttgart 1960.

Joachim Spiegel, Das Werden der altägyptischen Hochkultur, Heidelberg 1953.

Zu Hethitische Religion:

Texte s. ANET, SCH.

Ekrem Akurgal, Die Kunst der Hethiter, München 1961.

Hans Gustav Güterbock, Kumarbi, in: Istanbuler Schriften 16, Zürich–New York 1946.

Evelyn und Horst Klengel, Die Hethiter – Geschichte und Umwelt, Wien – München 1970.

Zu Griechische Religion:

Texte s. Hesiod, Sämtliche Werke, deutsch Thassilo von Scheffer, Sammlung Dieterich, Wiesbaden o. J.; Homer, Ilias und Odyssee, griechisch-deutsch, Tusculum; Aischylos, Tusculum; Sophokles, Tusculum; Die Vorsokratiker, übersetzt und eingeleitet von Wilhelm Capelle, Kröners Taschenausgabe 119, Leipzig 1935; Platon, Sämtliche Werke, deutsch von F. Schleiermacher, Rowohlts Klassiker, Hamburg 1957 ff.

Werner Jaeger, Die Theologie der frühen griechischen Denker, Darmstadt 1964.

Karl Kerényi, Die Mythologie der Griechen, Darmstadt 1956; ders., Die Mysterien von Eleusis, Zürich 1962.

Ulrich Mann, Tragik und Psyche, Stuttgart 1981; ders., Vorspiel des Heils, Stuttgart 1962.

Gerhard Nebel, Homer, Stuttgart 1959.

Martin P. Nilsson, Geschichte der griechischen Religion, 2 Bde., München 1961.

Zu Indische Religion:

Texte s. Gedichte aus dem Rig-Veda, übersetzt und erläutert von Paul Thieme, Reclam 8930, Stuttgart 1964/75; Upanishaden, übersetzt und erläutert von Paul Thieme, Reclam 8723, Stuttgart 1966/77.

Jan Gonda, Die Religionen Indiens I, in: Die Religionen der Menschheit, Stuttgart 1960.

Hans Reichelt, Der steinerne Himmel, Zeitschrift für indogermanische Forsch. 32/1913; s. hierzu Ulrich Mann, Mythos und Psyche, in: Denkender Glaube (Ratschow-Festschrift), hg. von Otto Kaiser, Berlin–New York 1976.

Zu Ostasien:

Carl Hentze, Funde in Alt-China, Göttingen 1967.

Wolfgang Münke, Die klassische chinesische Mythologie, Stuttgart 1976.

Edmond Rochedieu, Der Shintoismus, Genf 1973 (Textstücke).

Zu Alt-Amerika:

Texte s. Märchen der Azteken und Inkaperuaner, Maya und Muisca, hg. und übertragen von Walter Krickeberg, Düsseldorf–Köln 1968/76.

Die Religionen des alten Amerika (Krickeberg, Trimborn, Müller, Zerries), in: Die Religionen der Menschheit, Stuttgart 1961.

Günter Lanczkowski, Aztekische Sprache und Überlieferung, Berlin–Heidelberg–New York 1970.

Ulrich Mann, Der Große Jaguar, in: Die Karawane, Ludwigsburg 1979 (hier ausführliche Literaturangaben).

Ernst Jünger, Heliopolis, Tübingen 1949 (jetzt: Werke, Bd. 10, Stuttgart).

Die Hochreligion

Vollentwickelte Ausprägungen
von Weltentstehungsmythen

Wir sagen hier »Ausprägungen«. »Gestaltet« wurden die Schöpfungsmythen in der ersten und zweiten Phase mit ihrer mythologischen Gestaltenfülle; jetzt aber tritt die Gestaltenfülle mehr oder weniger in den Hintergrund, dafür erfolgt nunmehr die bewußte Erfassung des eigentlichen Prägewerts, nämlich ihres *Sinns,* besser: allen Sinns überhaupt. Das ist der eigentliche innere Sinn der Hochreligion!

Das Wesen der Hochreligion

Hochreligionen sind gekennzeichnet zum einen durch einen universellen, zum andern durch einen personalistischen Zug; dazuhin sind sie offen für die Wissenschaftlichkeit des neuen Denkens, oder sie sollten es wenigstens sein, ihrem eigensten Wesensgesetz nach. Sie sind also gefordert, über die bloße Mythologie hinaus wissenschaftliche Theologie zu treiben; was die Schöpfungslehre anlangt, so müssen sie eine Metaphysik entwickeln, eine systematische Lehre von dem, was als eigentlichster Seinshintergrund »hinter« (metá) der vordergründigen »Natur« (physis) steht. Sie müssen bewußt auf Ganzheit zielen, darauf drängt der universelle Zug; und sie müssen dem vollentwickelten Selbstbewußtsein Rechnung tragen, darauf drängt der personalistische Zug; dies letztere will freilich nicht besagen, daß sie sich auch auf einen personhaften Hochgott ausrichten müßten, was bekanntlich beim Buddhismus weithin nicht der Fall ist, es will aber besagen, daß eine persönliche Bürgengestalt nötig ist, auf die der Glaube des einzelnen, der nun voll individuiert ist, sich stützen kann.

Trotz des universellen Zugs zielen die Hochreligionen jedoch in ihrer Grundtendenz deutlicher in gegensätzliche Richtungen, als dies zuvor je der Fall war. Die Einheit der religiösen Vorstellungswelt und des Zielbereichs war und ist am stärksten bei den Primitivreligionen; sie ist bei den mythologischen Religionen der Hochkultur schon merklich schwächer, wie wir etwa beim Vergleich Sumers mit Ägypten oder der griechischen Religion mit der altindischen sehen konnten. Auch auf diesen beiden Ebenen schon haben die so verschiedenen geographischen, historischen, wirtschaftlichen und gesellschaftlichen Vorgegebenheiten die jeweilige Mythologie unterschiedlich beeinflußt; das Nomadendasein in einem weiten Steppenland wirkt sich in anderer Weise aus als die Agrikultur in einem Kanalsystem von Tieflandströmen. Dennoch fanden wir da noch weitgehende Gemeinsamkeiten. Das wird nun aber entscheidend anders mit dem Aufbruch der Hochreligionen. Diese verstehen sich durchweg als entschiedene Neuansätze. Sie reagieren damit bewußt auf verfestigte Traditionen, die sich als religiös unzulänglich herausgestellt haben. So müssen sie nun den Forderungen des Tages in jeweils ganz eigener Weise Rechnung tragen, und dies, das ist das Neue, in voller Bewußtheit und meist in bewußtem Gegensatz zum Herkommen – was natürlich nicht ausschließt, daß herkömmliche Traditionen doch unterschwellig weiterwirken, ja mehr noch: daß lediglich gewisse neuere Entwicklungen als Irrwege erkannt und gebrandmarkt werden, daß aber nun die jeweils als wesentlich erkannte Urwahrheit neu auf den Leuchter gestellt wird.

Die heute noch lebendigen Hochreligionen, mit denen wir uns zu befassen haben, sind, von Osten nach Westen gezählt, der Buddhismus, der Hinduismus, der Parsismus, der Islam und die biblischen Religionen Judentum und Christentum. Shintoismus und chinesischer Universismus wurden, was die einschlägigen Schöpfungsmythen anlangt, schon gestreift. Bei einem großen Überblick fällt gleich eine Grund-Differenz in der inneren Ausrichtung der genannten Hochreligionen ins Auge, die Helmuth von Glasenapp so formuliert: Diese Religionen »scheiden sich in zwei Gruppen: in solche, die östlich, und solche, die westlich vom Hindukusch entstanden sind. Die östlichen lassen sich als ›Religionen des ewigen Weltgesetzes‹ charakterisieren, weil nach ihnen die Welt ewig ist . . . Die westlichen Religionen der ›geschichtlichen Gottesoffenbarung‹ machen hingegen die Existenz des Kosmos und seiner Bewohner von dem Wirken eines von der Welt verschiedenen und ihr unendlich überlegenen persönlichen Gottes abhängig« (S. 8). Dieses Schema ist, wie wir noch sehen werden, etwas zu einfach; doch ist es wertvoll und ermutigt uns, auf dem Weg solcher typologischen Einteilung einige Schritte weiterzugehen.

Es sei hierzu kurz zusammengefaßt, was ausführlich in meinem Buch »Die Religion in den Religionen« dargelegt wurde. Als extreme Gegensätze kann man leicht zwei Typen von

Hochreligionen einander entgegenstellen: Die erste richtet sich auf den »Hochgott« aus, der ganz als Person erfaßt wird, zugleich als Herrschergestalt, für welche die »Höhe« das Symbol ist – »Ehre sei Gott in der Höhe!« –, der durch sein Wort wirkt und herrscht und in Bitte, Dank und Preisung die menschliche Antwort erwartet, die aus Glauben an ihn und Liebe und Treue zu ihm entsteht; die zweite hingegen richtet sich nach dem dunklen Geheimnis der Tiefe aus, dem der Religiöse durch Versenkung in die eigene Seele nahekommt, welches auch aus jenen Fesseln befreit, in die der nur an der Oberfläche des Sichtbaren hängende Mensch geschlagen ist. Wir bezeichnen diese beiden Religionstypen als *Religion der Geisthöhe* beziehungsweise der *Seelentiefe.* Völlig ungemischte Reinformen kommen in der Welt der konkreten, geschichtlichen Religionen nicht vor; dennoch entsprechen zwei Hochreligionen diesen Typen recht weitgehend, es ist die Religion Altisraels und der Buddhismus. »Deine Güte ist, soweit der Himmel ist, und deine Wahrheit, soweit die Wolken gehen. Erhebe dich, Gott, über den Himmel und deine Ehre über alle Welt« (Psalm 57,11f.), so betet der Fromme in der Geisthöhenreligion den »höchsten Gott« an, den El Elyon (1.Mose 14,18). »Gleichwie, ihr Mönche, das große Meer allmählich tiefer wird, allmählich abfällt . . . ebenso auch, ihr Mönche, ist in dieser Lehre und Disziplin die Schulung eine allmähliche . . .« (Mensching, BG, S. 51ff.), so spricht der Buddha nach einer sehr frühen Überlieferung in einer längeren Rede immer wieder vom Meer und seiner Tiefe, in der die Juwelen liegen; vier Versenkungen lehrt der Buddha als Hauptstück des Heilswegs (BG, S. 148f.), worüber Friedrich Heiler schon vor Jahrzehnten tiefgründigen Aufschluß gegeben hat. Höhe und Tiefe verschränken sich dann freilich auch wieder; auch vom biblischen Gott kann gesagt werden, daß er die tiefste Tiefe erfüllt, »bettete ich mir in die Hölle, siehe, so bist du auch da« (Psalm 139,8); und der Buddha lehrt, daß auf die tiefste Versenkung schließlich Aufstieg folgt. Hat der sich Versenkende den letzten Grad erreicht, so »steigt er allmählich zu immer höheren Höhen des Bewußtseins empor, bis er dessen höchsten Zustand erreicht hat« (BG, S. 149). Hochreligion will immer Ganzheit; doch sie hat jeweils eine primäre Haupt-Zielrichtung.

Wir wollen diese beiden Haupt-Zielrichtungen auf einer senkrechten Achse einzeichnen und die Verbindungslinie *Geist-* oder *Seelenachse* nennen. Rechtwinklig dazu verläuft aber noch eine zweite Achse hochreligiöser Haupt-Ziele, die wesentlich enger am Weltlichen orientiert ist; wir wollen diese Achse als Welt-Achse bezeichnen. Die Welt ist für den Buddhismus ja gerade nicht religiöser Gegenstand; und der fromme Israelit betont: »Wenn ich nur dich habe, so frage ich nichts nach Himmel und Erde« (Psalm 73,25). Das ist anders in der griechischen Religion, die in ihrer reifsten Entwicklung mit Tragik und Kosmik durchaus im Begriff war, Hochreligion im Vollsinn zu werden – mit Sokrates und Platon als »Propheten«. Die griechische Religion sucht und findet das Göttliche erstlich und letztlich in der Breite, der Fülle und dem Glanz der Welt, wir können sie *Weltbreiten-Religion* nennen. Auch hier herrscht natürlich das Ganzheitsstreben, Zeus ist wirklich Hochgott »in der Höhe«, die Mysterienerlösung dagegen kommt aus der Hadestiefe; aber die Kosmik in all ihrer Breite ist doch das hervorragende Element, und auch jene besondere Art von Kosmik, die in religiöser Metaphysik wie bei Platon das *Ganze* zur Erkenntnis bringen will; solche Metaphysik hat ja dann auch das theologische Denken der altchristlichen Gottes- und Seinslehre bestimmt, ganz anders als im Judentum und dem diesem stets verhaftet gebliebenen alten Judenchristentum, christliche Theologie ist im Ansatz und in der Breite griechisch bestimmt.

Dazu aber nun noch ein anderer Pol. Das indische Denken seit der Upanishadenzeit ist in seinem Schwerpunkt, anders als der Buddhismus, durchaus am Wesenskern der *Welt* interessiert, wenn auch nicht in gleichem Maß wie im Griechentum an der Breite und dem Glanz der Welt; in der Chandogya-Upanishad 6 erfahren wir, daß der Wesenskern des Ich (Atman) und der Wesenskern der Welt (Brahman) für den wirklich Erkennenden zur Einheit werden: tat tvam asi, »das (und das und dies alles) bist du!«. Auch diese Erkenntnis ist ein zutiefst religiöses Ziel. Der Wesenskern von Seele wie von Welt bedeutet Sinnhaftigkeit des Seins. Wir können diese Religion als *Weltsinn-Religion* bezeichnen. Und wir ordnen die beiden Pole Weltbreiten-Religion und Weltsinn-Religion auf unserer *Weltachse* an.

So gewinnen wir dann ein Schema, das wir wie die Windrose oder das Zifferblatt mit Zahlensymbolen kennzeichnen können. Geisthöhe soll bei der Zwölf sein, Seelentiefe bei der Sechs, Weltbreite bei der Neun, Sinnmitte bei der Drei. Das geheimnisvolle Zentrum in der Mitte nennen wir X. Um diese Mitte sind alle lebendigen Religionen letztlich zentriert, bei noch so verschiedenen Schwerpunkten im Äußeren. Und weil sie alle, sofern sie lebendig sind, an diesem X hängen, mit ihm lebendige Verbindung haben müssen, so haben sie auch bei verschiedensten Zielpunkten dennoch Anteil an der alles umgebenden Peripherie, welche wir als jene geistige Verbindungslinie ansehen wollen, auf welcher es, geschichtlich-empirisch nachprüfbar, stets zu gewissen Verbindungen und Übernahmen zwischen allen äußeren Zielpunkten kommt. Lebendiges religiöses Leben gleicht somit einem Schwingen und Klingen im Ganzen, wenn auch mit verschieden stark angeschlagenen Unter- und Obertönen. So hat auch die israelitische Religion im Lauf ihrer Geschichte mystische Züge, ja Versenkungspraktiken entwickelt; so fehlen dem späten Buddhismus, besonders im Lamaismus und im japanischen Amidaglauben, Hochgottheiten nicht; so strebt auch griechischer Geist nach jener Sinnmitte, nach dem, »was die Welt im Innersten zusammenhält« (Goethe, Faust I); und so huldigt auch der Hinduismus, besonders in seiner strotzenden Bilderwelt, der Fülle der Welt.

Wir haben damit ein Verstehensschema entworfen; doch wir hüten uns vor allzu massivem Schematisieren. Es sei wiederholt, Typenreinheit dürfen wir in der konkreten geschichtlichen Religion nicht erwarten; die Schwerpunkte sitzen in der Realität nicht genau da, wo wir sie gern placieren möchten, doch im ungefähren stimmen sie durchaus. Interessant ist dabei vor allem das Christentum, dessen Schwerpunkt wir zwischen der Neun und der Zwölf ansetzen müßten, denn das historische Christentum ist Kind eines jüdisch-griechischen Elternpaars. Das Wichtigste beim Gebrauch unseres Schemas ist, daß wir, trotz allen Auseinanderstrebens, den ganzheitlichen Zusammenhang des Umkreises unseres Zifferblatts nicht aus dem Blick verlieren, wie auch, daß wir die geheime Mitte immer mit bedenken. Sie ist geheim, diese Mitte, sie ist nicht einfach faßbar und religionswissenschaftlich beschreibbar;

aber sie fehlt auch nicht, wovon jeder Religionswissenschaftler überzeugt ist, der selbst Religion hat und der zugleich, ohne deshalb zur von ihm zu erforschenden Religion zu konvertieren – wo finge das an, und wo endete es gar! –, doch davon durchdrungen ist, daß Gott sich auch in anderen Religionen offenbaren kann. Dafür sei abschließend der große verstorbene Ägyptologe Siegfried Morenz zitiert, der in der Einleitung zu seiner Darstellung der ägyptischen Religion sagt: »In der Arbeit wurde mir deutlich, daß man selbst erfahren haben muß, was Religion sei und daß Gott sei, wenn einem das Gott-Mensch-Verhältnis ferner Zeiten aus den Quellen sichtbar werden soll« (S. IX).

Buddhismus

Wir halten uns an die eingangs genannte Reihenfolge, von Ost nach West. Mit dem Buddhismus haben wir es nicht leicht bei unserer Suche nach Schöpfungsmythen, denn, wie schon gesagt, von seinem Ansatz her ist er an der Welt nicht interessiert. Er ist freilich auch nicht bloße Weltverneinung, hat doch der Buddha, im Gegensatz zur Praxis der damaligen Wald-Asketen, gerade den »mittleren Weg« zwischen Weltflucht und Weltsucht gelehrt; aber er hat ihn gelehrt als die *freiere* Freiheit von der Welt! Das Weltgeschehen ist ein ewig sich drehendes Rad; aus diesem ewigen Turnus herauszugelangen, das bedeutet Nirwana (Nirvâna = »Erlöschen«, nämlich des Brandes der Weltsucht). Sucht man nach einer geschichtlichen Wurzel solchen Weltverständnisses in primitiven religiösen Schichten, so ist es der Selbstentstehungsmythos, der hier isoliert genommen und in metaphysische Aussagen umgesetzt wird. Das Grunderlebnis des Buddha, die Erleuchtung (bodhi), bedeutet, daß er den ewigen Kreislauf des Zeugens und Vergehens leidend durchschaute. In dieser Tiefensicht war er zugleich hoch über alles Seiende gelangt, auch über die weltschaffenden Götter. Alles war zu Nichts geworden; und dennoch war Siddharta Gautama alles andere als ein Nihilist. Alles Sein war zwar nichtig; doch die Wahrheit, die er erkannte, lag tief unter dieser oberflächlichen Nichtigkeit – »Die Welt ist tief, und tiefer als der Tag gedacht« (Nietzsche) – und hoch über dieser. Wir haben durch den großen Denker Martin Heidegger gelernt, scharf zu unterscheiden zwischen dem Seienden einerseits (wozu alles in der Welt Existierende, und also auch das Ich, gehört) und dem Grund des Seienden, nämlich dem *Sein* andererseits. Diese Unterscheidung findet sich zwar beim Buddha nicht, wenigstens nicht als denkerisch ausgeprägte und ausgeformte Differenz; dennoch liefert diese Unterscheidung den einzig brauchbaren Schlüssel zum Verständnis des Buddhismus in seinem Ansatz. Der Buddha erkennt alles Seiende als nichtig. Doch hätte er das Sein auch ausdrücklich vom Seienden unterschieden, so hätte er das Sein niemals als nichtig bezeichnet! Er hat es immer nur indirekt umschrieben. Die Ur-Wirklichkeit, aus der alles ist, ist für ihn wirklich geworden in der bodhi; und Nirwana ist weder Nichts noch ein Seiendes, sondern etwas – ein X sozusagen –, das man nur als das »Ganz Andere« umschreiben kann. Das Problem der Entstehung des Seienden wird so bei ihm aus einer metaphysischen oder ontologischen, also »seinskundlichen«, zu einer erkenntnistheoretischen Frage. Wir finden die Brücke zwischen den Ufern nicht im metaphysischen Denken oder im hymnischen Wort, sondern nur in der Versenkung (Meditation). Der Buddhismus ist so gesehen im Ansatz radikal dualistisch, wie Heinrich Zimmer schön gezeigt hat; er kennt *zwei* Wirklichkeiten, wobei die eine, die weltliche, diesseitige keineswegs nur Schein ist wie beim monistischen Brahmanismus und Hinduismus. Beide Wirklichkeiten wollen ernst genommen werden, doch wir bringen sie denkerisch nicht zur Einheit zusammen. Das erklärt den Mangel an Schöpfungsmythen im Buddhismus, die an sich im damaligen Indien, wie wir schon sahen, natürlich in reichem Maß vorhanden waren. Es gibt da nur ein Sich-Losreißen von der einen Wirklichkeit und ein Sich-Hineinstürzen in den Bereich des Nirwana.

Nun hat der Buddhismus aber seit den Tagen des Stifters eine sehr bewegte Geistesgeschichte durchlaufen oder durchlitten, mehr vielleicht als jede andere Hochreligion. Schon die auf die Phase des sogenannten Urbuddhismus folgende Epoche der »Lehre der Alten«, was indisch Theravada heißt, bedeutet etwas anderes als die reine bodhi des Stifters. Theravada ist zum Namen für jenen Buddhismus geworden, der heute noch in Hinterindien lebendig ist; die konkurrierende

Richtung nannte ihn spöttisch Hinayana, »Kleines Fahrzeug«, tadelnd, daß nach ihm nur die Elite der Mönche das Nirwana erreichen könne, die große Gesamtheit der Menschen jedoch nicht. Dafür bietet nun die Richtung des Mahayana (»Große Überfahrt«) die Lösung an. Jeder ist zur Buddhaschaft berufen! Zwar gilt auch hier noch die Lehre vom ewigen Kreislauf; doch der gilt nur für die diesseitige Welt des ewigen Werdens und Vergehens (Samsâra); der im Theravada-Buddhismus nur als das »Ganz Andere« bezeichnete, geheimnisvolle und unbeschreibliche Nirwana-Zustand wird im Mahayana zur Paradieseswelt Sukhavati, zum »Reinen Land«, das in leuchtenden Farben geschildert wird: Es ist »reich an allerlei Blumen und Früchten, geschmückt mit Edelsteinbäumen und bewohnt von Scharen lieblich singender Vögel«, Lotusblumen blühen dort von meilenlangem Umfang, und »aus der Spitze eines jeden Edelsteinlotus gehen sechsunddreißighunderttausend Millionen von Buddhas hervor, mit goldenen, goldfarbenen Leibern, mit den zweiunddreißig Merkmalen eines Großen Mannes, die in unermeßliche, unzählige Weltteile im Osten hinausgehen und den Wesen die Lehre predigen. Ebenso gehen sie im Süden, Westen und Norden, unten und oben, entlang und in den Zwischengegenden in unermeßliche, unzählige Weltteile hinaus und predigen in der ganzen von Hindernissen freien Welt den Wesen die Lehre« (BG, S. 279f.). Es sind also Armeen von Buddha-Helfern auf dem Plan, die, inkarniert als sogenannte Bodhisattvas (Anwärter auf Buddhaschaft), den zahllosen Menschen zu Hilfe kommen; der Heilsweg ist nun nicht mehr schwer und nur von wenigen begehbar, jetzt könnte man den Bodhisattva, jeweils wirklich eine »Heilandgottheit« (Mensching, BG, S. 244), geradezu sagen lassen: »Mein Joch ist sanft und meine Last ist leicht.« Nirgendwo ist diese Helfer-Armee eindrucksvoller dargestellt als in dem Tempel Sanjusangendo zu Kyoto (Japan), wo tausend Goldstatuen des Bodhisattva Kwannon in Reih und Glied als Hilfstruppe »aufmarschiert« sind.

An und für sich genommen sind beide Welten ewig; Schöpfungsmythen, wie wir sie kennen, sind da also nicht zu erwarten. Doch der Eintritt in die Zweitwelt Sukhavati ist wunderhaft, ist im Grund ein für jeden Frommen der Mahayanareligion bereitetes und von ihm zu erlebendes Schöpfungsgeschehen. Solche »Schöpfung« steht hier nicht in einem fernvergangenen Anfang, sie harrt in der erwarteten Zukunft. Die Schöpfungslehre, die auch hier nicht fehlt, ist also Endzeitlehre geworden, sie ist, wie der Fachausdruck lauten mag, »eschatologisiert«. Diese Wendung ist wesentlich für buddhistisches Weltverständnis. Von der Ewigkeit des Werdens und Vergehens her, zur Ewigkeit des Seins und Bleibens in Herrlichkeit hin, um diesen Wandel geht es eigentlich im Mahayana; dazwischen liegt das eigentliche Schöpfungsereignis. Daß es sich dabei um ein wirkliches Schöpfungsereignis handelt, spiegelt sich weniger in den Texten wider als in der Bildkunst, die nur von diesem zentralen Umschwungsereignis her verstanden werden kann.

Wir betrachten nur wenige Beispiele. Die ältesten buddhistischen Symbole der Bildkunst, schon vor der Mahayana-Epoche entstanden, sind die sogenannten Stupas (»Haarknoten«, nach ihrer Form): Reliquienbehälter aus Stein, die in rituellem Gang im Sonnenumlaufsinn umschritten werden, um sich darin als wegweisende Mitte zu offenbaren: Überreste des Buddha selbst oder seiner erlauchtesten Schüler strahlen die bodhi unablässig weiter aus. Die frühen Stupas, in Indien vor allem die von Sanchi und von Barhut, wie auch in Nordwest-Pakistan und rund um Kabul, haben von Anfang an eine Grundform, in der sich eine eindeutige Weltsymbolik ausdrückt: Über einer viereckigen Basis ruht eine Halbkugel, Anda, das »Weltei«, darauf steht ein altarartiges Gebilde, aus dem ein Mast mit dreizehn Würdeschirmen ins unendliche Oben emporragt. In der Mitte des Welten-Eis liegt die Reliquie. Die ganze Mahayana-Metaphysik drückt sich schon in diesen älteren Symbolen aus, die auch Dagoba (Reliquienbehälter) genannt werden, woraus dann in der Neuzeit das Wort Pagode wurde.

Die ältesten Stupas sind umgeben von einer Galerie aus kleinen Bogennischen, in welchen zu Festzeiten ein kleines Licht brannte. Bald danach wurde in der Nische jeweils eine kleine Buddhastatue angebracht. Die Symbolik ist deutlich: Buddha ist das Licht; und das Licht tritt aus dem Innern des Welteis ins Außen, die bodhi befindet sich sozusagen verborgen im Weltinnern, wo sie, durch Versenkung entdeckt, nur darauf wartet, endlich in die Welt treten zu können. Die Welt ist also, so gesehen, von jeher bodhi-haltig. Sie wartet auf das Schöpfungsgeschehen, das Licht-Entzündung ist.

Am stärksten durchdringen sich Erst- und Zweit-Welt, ohne freilich je identisch zu werden, in der buddhistischen Richtung des sogenannten »Diamant-Fahrzeugs« (Vajrayana) im tibetischen Lamaismus. Hier rücken die alten Landesgötter zu Schutzgottheiten auf, und die Hochbuddhas, fünf an der Zahl unter dem ursprünglichen einen Adi-Buddha, sind faktisch zu Erlösungsgöttern geworden. Auf den Bildfahnen der religiösen tibetischen Kunst sieht man in zahlreichen Themenkreisen die innerseelischen Geschehnisse der Schöpfung der Zweitwelt in leuchtenden Farben dargestellt, wozu vor allem Detlef Ingo Lauf sachkundige Einführung gibt. Eine besondere Rolle spielt in diesen Darstellungen das sexuelle Motiv der Paarung der männlichen Gottheit mit der dieser zugeordneten Shakti, der weiblich gedachten Symbolfigur für deren seelische Energie, und solche Paarung spielt sich dann auch in der Seele des meditierenden einzelnen ab. Die Schöpfung der Zweitwelt als Zeugungsakt also: Hier kehrt der Weltelternmythos in eschatologischer Gestalt wieder.

Solche Zeugung soll schließlich zu heilsamer Wiedergeburt führen, die endgültig ins »reine Land« Sukhavati führt, wo der Kreislauf sein Ende findet. Diesen Übergang einzuleiten oder wenigstens das Betreten einer dieser End-Geburt näheren irdischen Stufe vorzubereiten, das ist der Zweck des berühmten *Tibetanischen Totenbuchs*. Es ist eine Litanei von Texten, die dem Sterbenden und dann dem Abgeschiedenen während seiner drei nachtodlichen »Bardo-Zustände« im Lauf von 49 Tagen ins Ohr gesprochen werden. Die Nähe zum reinen Land ist am größten zu Beginn; kommt da der Eintritt und also die Schöpfung der Zweitwelt nicht zustande, so heftet sich neues Begehren nach Existenz an die Seele, und nach sieben Wochen verkörpert sie sich dann als Keim in irgendeiner Empfängnis zu neuem leiblichem Leben (Texte BG und Evans-Wentz). Das Buch enthält also im Grund den mahayanistischen Schöpfungsmythos! Er ist völlig der Zukunft zugewandt und völlig existentialisiert, will sagen ins Erleben des einzelnen verlegt. Das ist die Folge davon, wenn religiös nur auf die Seelentiefe geachtet wird und nicht auf Weltbreite und Weltsinn. Die Welt an sich interessiert nur insofern, als sie

Erst- oder Zweitwelt ist, in welch letztere hinein das seelische Streben aus der ersteren heraus zielt. Futurisierung und Existentialisierung sind die wesentlichen Kennzeichen des buddhistischen Schöpfungsmythos.

Verzicht auf die Erstwelt, die »Natur« also, das ist der Preis; Gewinnung der Zweitwelt, das ist das Ziel. Der denkbar schärfste Dualismus, der in der Hochreligion vorkommen kann, drückt sich hierin aus. Doch letztlich ist dieser Dualismus existentieller und nicht kosmologischer Art. Die Elemente und Gottheiten der Zweitwelt entstehen aus dem Herzen, so wie auch die Erstwelt aus dem Herzen entstand (BG, S. 309f.). Die Erstwelt stammt aus dem Begehren, die Zweitwelt aus der Liebe. Dies aber, gerade dies ist der erhabene Gedanke, durch den der Buddhismus aus weltenferner Distanz doch überraschend dem Christentum wieder nahekommt. Denn nicht Haß gegen die Erstwelt, sondern Liebe sogar zu ihr – wenn auch nicht Begehren –, das ist das letzte Wort des Buddhismus über die »Schöpfung«. An diesem Punkt, nur in ihm freilich, wird der Dualismus monistisch. Und hierin ist sich der Buddhismus in seinen verschiedensten Richtungen einig, und das durch die Zeiten hindurch; denn Liebe zu allen Wesen, das war es, was schon den Stifter im tiefsten bewegte, den Buddha Siddharta Gautama.

Hinduismus

Der Monismus, also die Lehre von der Einheit allen Seins und der Einheit Gottes, kennzeichnet den Hinduismus gegenüber dem dualistischen Buddhismus vom Ansatz her, wie ebenfalls Heinrich Zimmer deutlich macht. Der buddhistische Dualismus greift letztlich auf vorarische Anschauungen zurück; der Monismus ist der eigentlich arische Grundansatz gewesen, und er ist es geblieben. Im neunten Jahrhundert n. Chr. hat Indiens größter Metaphysiker, Shankara, die Lehre

Bronzestatuette aus Tibet. Der inkarnierte Buddha Avalokiteshvara (Offenbarung) in Umarmung mit seiner archetypischen Entsprechung Prajna ist ein Symbol aus dem Tantrismus, Beispiel für den Mythos von der Heiligen Hochzeit und dessen Psychologisierung.

von der »Zweitlosigkeit« (advaita) zu einem System ausgestaltet, das Indiens Philosophie bis heute entscheidend bestimmt. Dualismus und Monismus sind natürlich bloße Hilfs- und Grenzbegriffe; sie können keine eindeutig nachweisbaren Sachverhalte ausdrücken, sofern sie auf das Ganze des Seins bezogen werden. Indem wir »das Ganze des Seins« sagen, haben wir schon eine monistisch klingende Auffassung vertreten, denn wir rechnen dabei damit, daß sich alles, schlechthin das All, im Singular, in der Einzahl erfassen lasse. Doch könnte es sehr wohl sein, daß das Ganze aus zweierlei Grundwirklichkeiten besteht, etwa aus einer diesseitigen, »immanenten«, und einer unserem Fassungsvermögen gegenüber jenseitigen, »transzendenten«. Es ist leicht einzusehen, daß in der Religion, und zwar in jeder, ein dualistisches Moment eine bedeutsame Rolle spielt; geht doch die Religion, und zwar jede, davon aus, daß es Wirklichkeiten gibt, die nicht ohne religiöse Anstrengungen erreicht und auch dann niemals vom Menschen voll in Besitz genommen werden können. Die Jenseitswirklichkeit, um die es der Religion geht, »transzendiert« also die Diesseitigkeit. Doch das ist nur die eine Seite. Die Religion lebt niemals aus bloßer Gedankenspekulation, etwa von der Art, daß es doch so etwas wie »höhere Welten« geben müsse, einfach weil man sich das so wünscht, weil anders die unvollkommene Diesseitigkeit nicht erträglich wäre. Jede wirklich lebendige Religion lebt von Erfahrung, davon dürfen wir getrost ausgehen. Der heute vorliegende Bestand an religionswissenschaftlichen Kenntnissen erlaubt diese Grundthese nicht nur, sondern macht sie zwingend. Die Religion weiß, daß es eine »höhere« oder auch »tiefere«, jedenfalls eine hintergründige Wirklichkeit gibt, die sich durch religiöse Anstrengung wenigstens ansatzweise, doch niemals völlig erfahrbar macht. Dieser knappe religionsphilosophische Exkurs mag für unsere Zwecke genügen.

Es handelt sich also bei Dualismus oder Monismus lediglich um Schwerpunkte, die andere Aspekte nicht völlig ausschließen. Der hinduistische Monismus meint keineswegs eine simple Vordergründigkeit. Wir können uns das deutlich machen durch einen Blick auf das Grundbuch dieser Religion, die um die Zeitwende entstandene Schrift Bhagavadgita (»Gesang des Erhabenen«). Selbstverständlich stehen auch die vedischen Schriften heute wie einst in höchstem Ansehen, man könnte sie als das Alte Testament des Hinduismus bezeichnen; die Bhagavadgita wäre dann dem Neuen Testament zu vergleichen. Sie ist ein Einschub in das viele Jahrhunderte ältere Heldenepos Mahabharata. In achtzehn Kapiteln wird darin eine Zwiesprache wiedergegeben, die auf dem Feld von Kurukshetra nördlich des heutigen Delhi stattfindet, vor Beginn der großen Schlacht zwischen den Heeren der Pandavas und der Kauravas, vergleichbar etwa den Griechen und Troianern der Ilias. Der Pandava-Held Arjuna sitzt auf seinem Streitwagen, von Skrupeln geplagt: Jetzt soll wieder verhängnisvolle Gewalttat ausbrechen, die nur neue Daseinsverkettungen unheilvoller Art auslösen kann. Da wendet sich sein Wagenlenker Krishna nach ihm um und spricht Worte zu ihm, die eine neu-alte Offenbarung enthalten: Es gibt eine höhere Wahrheit, die mehr gilt und gibt als der alte Weg des rituellen Opfers (Karma-Marga) oder der intellektuellen Seinserkenntnis (Iñana-Marga) oder selbst der Versenkung (Yoga-Marga). All diese Wege sind nicht einfach falsch, man soll sie alle weiter begehen. Hierin liegt der typisch indische Unterschied zu der schärferen Antithese, wie sie Paulus zwischen Gesetz und Evangelium lehrt, oder auch wie er den »köstlicheren Weg« der Liebe dem der Werke und der Erkenntnis entgegensetzt (1.Korinther 13). Doch der Weg der Liebe gilt nunmehr in beiden Sphären, der westlichen wie der indischen, als das höchste Gut, da herrscht Übereinstimmung. Liebe zu Gott, zum einen, alleinen Hochgott Vishnu, darum geht es. In solcher Liebe geraten alle irdischen Werke und Taten zum Heil: »Also kämpfe, o Bharata« (»Held«), auf solche, geradezu an Paulus (Römer 14,20ff.), ja sogar an Augustin und Luther anklingende Ethik (dilige et fac quod vis, »handle aus Liebe, und alles ist rein«) läuft das Gespräch hinaus, das man schon als das indische Evangelium bezeichnet hat.

Doch nun das für unseren Zusammenhang Wesentliche. Arjuna erkennt bald, wer da eigentlich mit ihm spricht. Krishna gilt im Hinduismus als eine historische Gestalt, ein Held aus der Zeit der Kämpfe zwischen Pandavas und Kauravas um etwa 800 v. Chr.; der Verfasser der Bhagavadgita legt seine Offenbarung also einem für historisch angesehenen Stifter in den Mund, wodurch er dem Bedürfnis der neuen Hochreligion Rechnung trägt. Doch dieser Krishna ist zugleich mehr als ein bloßer Mensch; er ist eine Inkarnation des Hochgottes Vishnu selbst! Arjuna bittet ihn im Lauf des Gesprächs, doch einmal seine Verhüllung, seine »Maske«, zu lüften und sich in Reingestalt zu offenbaren. Diese Offenbarung wird geschildert im elften Kapitel. »Enthülle mir dein unvergängliches Selbst (darśayâtmânam, »dein Atman«), o Herr des Yoga« (XI, 4). Dem folgt die »Verklärung des Herrn«, wie sie der Übersetzer und Kommentator, der große indische Gelehrte und Staatsmann Radhakrishnan, nennt, unter ausdrücklichem Verweis auf Markus 9 und eine Vision der Hildegard von Bingen; er hätte, um Ähnlichkeiten und Unterschiede noch mehr hervorzuheben, auch auf die Gottesbegegnung des Elia (1.Könige 19), auf Visionen des Jesaja (Jesaja 6) und des Hesekiel (Ezechiel 1–3) verweisen können. Der westliche Leser ist vor allem betroffen von der Reaktion des Arjuna auf solche Gestaltoffenbarung der Gottheit: »Ich habe nie zuvor Gesehenes gesehen und freue mich, aber mein Herz ist von Angst aufgewühlt. Zeige mir deine andere Gestalt, o Gott, und sei gnädig« (XI, 45). Das klingt wie das »Weh mir, ich vergehe! denn ich habe den König, den Herrn Zebaoth gesehen mit meinen Augen« des Propheten Jesaja (Jesaja 6,5).

Was hatte Arjuna gesehen? »Da schaute der Pandava Arjuna das ganze Universum mit seinen mannigfachen Teilen in einem einzigen vereinigt, in dem Körper des Gottes der Götter« (XI, 13). Er huldigt ihm, »der du größer bist als Brahman, der erste Schöpfer« (XI, 37), ja: »du bist der erste der Götter, der Ur-Purusha . . . von dir ist dieses All durchdrungen« (38). Alle vedischen Götter sind in Vishnu, auch »Prajapati, der Urvater von allem« (39), Vishnu ist eines und alles, hen kai pan. Doch vergessen wir nicht, daß dies nur eine einen kaum zu ertragenden Augenblick erfüllende Seinsoffenbarung ist und keine billige Theorie, ein Werk der höchsten religiösen Anstrengung.

Nach Bhagavadgita XI gleicht Vishnu einem der herrlichen nordindischen Tempeltürme (Abb. Indien-Herder, bes. S. 142ff.), auf deren Außenseite sich die ganze Schöpfung und die ganze Götterwelt, in wunderbaren Reliefs ausgeführt, tummelt; doch im Innern des Turms liegt die enge Zella, schier dunkel, mit dem nur schemenhaft sichtbaren Kultbild. Dieses Zentrum ist eine einzige Bedrängnis, treibt die Seele geradezu aus ihrem Leib heraus ins Unendliche und wieder ins engste Gelaß des Herzens hinein, wo es zu dem Aufschrei des Arjuna kommt – und dann ist da wieder die Außenseite, die ganze Welt als Gestalt Gottes. Oder auch, wie es viele, besonders südindische Reliefs darstellen: Vishnu liegt, in menschlicher Gestalt, als Krishna also, schlafend auf der Weltschlange Ananta, aus seinem Nabel wächst eine Lotusblüte heraus, in dieser sitzt Brahma, der Weltschöpfer. Die ganze Welt ist ein Traumgedanke des Hochgotts (Abb. Indien-Herder, Vorsatz und S. 155 u. a.) und dennoch Wirklichkeit, aber eben relative Wirklichkeit; wirklich nur in ihrer Gotteinheit, die dennoch als sichtbare nicht ertragen werden kann. Die Verborgenheit des Monismus als Gnadentat der Gottheit also. Die Welt der Erscheinungen ist ein »Spiel« (lîlâ) der Gottheit, doch ein heilsames Spiel.

Wir hörten vom Schöpfergott Brahma. Er ist die Personifikation des alten upanishadischen Weltprinzips brahman, das nun, in der Hochreligion, zur persönlichen Gottheit wird. Ein »junger« Gott also, doch einer von der Gott-Dreiheit des Hinduismus, in welcher sich alles vereinigt: Vishnu, Shiva, Brahma. Im Heldenepos Mahabharata ist Brahma nach einigen Stellen der höchste aller Götter und wird mit Prajapati identifiziert. Er ist nach anderen Stellen aus dem uranfänglichen Weltei oder aus den Urwassern als erster entstanden, so heißt er denn auch Svayambhu, der »aus sich selbst Entstandene«. Älter ist die Vorstellung des Urindividuums Purusha, was eigentlich Person heißt. Purusha war ursprünglich ein »riesenhaftes Mannsbild« (Gonda I, S. 186), ein Wesen, das durch Selbstzeugung entstand und sodann, auseinandergehend, mit drei Vierteln das »Unsterbliche« im Himmel bildete und mit einem seiner Viertel zur irdischen Welt wurde. Wir erkennen darin leicht das Fortleben der primitiven Mythen. Im Hinduismus sind diese Vorstellungen dann schließlich systematisch in den Hochgottglauben eingefügt worden, wobei Purusha geopfert wird; aus seinen Körperteilen wurden die Elemente der Natur wie der Menschheit: Sein Auge wurde zur Sonne, sein Mund zum Brahmanen und so fort. Dabei ist nun zu bedenken, daß »Opferkraft« brahman heißt; wird Purusha geopfert, so bewirkt dies also brahman, und so wird Brahma zum Schöpfergott.

Doch ist Brahma nie zum obersten der Götter geworden; diesen Rang mußte er Vishnu überlassen, im südlicheren Indien dem schon vorarischen Shiva, dem ursprünglichen Herrn aller Yoga-Kunst. In der gewöhnlichen hinduistischen Göttertrias wird Brahma oft als der Schöpfer bezeichnet, Vishnu als Erhalter und Shiva als Zerstörer, der am Ende jeder Weltenära die alte Welt auflöst und die neue Schöpfung ermöglicht. Im eigentlichen Shivaismus jedoch hat der »Gnädige« – dies die Bedeutung des Namens Shiva – alle drei Funktionen. Das drückt sich in zahlreichen Mythen und Hymnen aus (Wörterbuch der Mythologie, Hinduismus, S. 162ff.; Rg. Lb. H. 46ff.). In der bildenden Kunst des Mittelalters hat diese Auffassung den großartigsten Ausdruck gefunden in jenen südindischen Bronzebildwerken, die Shiva als Nataraja, als den tanzenden Weltenherrn darstellen (Abb. Indien-Herder 66): Im Flammenkranz des Weltuntergangs tanzt der Erhabene über dem blöd glotzenden Zwerg »Gedächtnislos«, der im Grund den unbedarften Alltagsmenschen darstellt, der nicht merkt, zu wessen Tanzplattform er dienen muß. Der Weltenherr hat vier Arme, in einer Hand hält er die Trommel des Schöpfungsgetöses, in der andern die Flamme der Weltzerstörung, die dritte zeigt auf das erhobene linke Bein und weist damit die unterste Tiefe des Leibs auf der Seite des Unbewußten als Symbol der Versenkungsübung aus; die vierte Hand aber segnet und schützt den Betrachter des Bilds, den Menschen nämlich, der all dies erkennt. Dieser so Gesegnete ist aus dem Schöpfungsspiel ins Heil gelangt.

Der Hinduismus hat einen vollen und reinen Hochgottglauben ausgebildet, daran kann schon nach den wenigen angeführten Beispielen kein Zweifel sein. Besonders die tamilische Literatur des Shivaismus hat personhaft gehaltene Hymnen aufzuweisen, welche sich im Ausdruck der liebenden Selbsthingabe des Frommen an die Gottheit nicht von der Liebesmystik des östlichen Judentums, des Christentums und des Islam unterscheiden (s. Lyrik des Ostens, S. 205ff.). Dennoch bleibt etwas von dem gültig, was Glasenapp, wenn auch vereinseitigend, von der religiösen Wasserscheide zwischen Ost und West gesagt hat: Es ist die Auffassung von der Zeitlichkeit. Der Osten neigt mehr zum Kreislauf-Denken, im Westen dominiert der Gedanke der unwiederholbaren Einmaligkeit. Beides wirkt sich in den jeweiligen Schöpfungsmythen aus. Bei deren Betrachtung sollten wir freilich nicht übersehen, daß das reine Kreislauf-Denken, die absolute Zyklik, im indischen Hochgottglauben, verglichen mit der alten upanishadischen Metaphysik, doch merklich zurücktritt – wie ja auch schon in der buddhistischen Erlösungslehre –; und auf der anderen Seite sollten wir bedenken, daß die absolute Einmaligkeit der westlichen Schöpfungslehren sich gegenüber der modernen wissenschaftlichen Kosmologie, von der im ersten Kapitel die Rede war, schwer durchhalten läßt, jedenfalls was das äußere Naturgeschehen betrifft. So könnte westliche Religionsphilosophie doch wohl manches Wesentliche vom Osten lernen, was ja auch umgekehrt gelten wird. Jedenfalls ist die Einmaligkeit und Einzigartigkeit der Gottesbegegnung, wie sie der Westen betont, eine unaufgebbare religiöse Erkenntnis, worin der Osten noch einigen Nachholbedarf haben mag; andererseits dürfte aber auch der Westen vom Osten lernen können, wie religiös mit der Möglichkeit naturhafter Zyklik fertig zu werden ist. Das gegenseitige Lernen kommt erst langsam in Gang; künftig wird es nötiger sein, als wir heute so obenhin meinen.

Parsismus

Der heute gebräuchliche Name Parsismus bezieht sich auf die verhältnismäßig kleine religiöse Gemeinschaft der Parsen, deren größte Gemeinde in Indien, vor allem in der Gegend um Bombay, lebt, während im Iran selbst nur wenige kleine Gemeinden existieren, vor allem in Yazd, auch in Teheran, soweit sie nicht inzwischen dem neuesten Ausbruch des religiösen Fanatismus erlegen sind. Die Parsen sind Zoroastrier, ihr Prophet und Heiland ist Zarathustra, der um die Mitte des sechsten vorchristlichen Jahrhunderts in Baktrien gewirkt hat. Die zoroastrische Lehre ist im Lauf von zweieinhalb Jahrtausenden stark mit sowohl älteren wie jüngeren Elementen aus altiranischem wie altmesopotamischem Geistesgut vermischt worden; der heutige Parsismus strebt eine spiritualistische und symbolistische Auffassung alter Riten und Mythen an und entwickelt sich zusehends zu einer stark vergeistigten Religiosität. Darin nimmt er zweifellos ein altes Erbe auf, das letztlich schon auf den großen Reformator und Propheten selbst zurückgeht.

Zarathustras Reform zielte vor allem auf Überwindung des altiranischen, dem altindischen verwandten polytheistischen Göttersystems. Hier wurde in anderer Weise entmythologisiert als im upanishadischen Indien; während die geistige Zielrichtung in Indien von der praktizierten Religion weg und auf theoretische Abstraktion hin führte – wiewohl dabei immer an dem altindischen meditativen Denken des Yoga festhaltend –, zielte Zarathustra energisch auf neue, gereinigte Religiosität im Sinn eines lebendigen Hochgottglaubens hin. Das personhafte Element war hier von Anfang weit stärker ausgeprägt als im indischen Bereich, stärker auch als im späteren Hinduismus. Dies dürfte letztlich auf den Einfluß der mesopotamischen Religiosität zurückgehen; schon bei den Sumerern, wie dann bei den Ostsemiten und schließlich und vor allem bei den Westsemiten, bestimmt die personhafte Beziehung zur Hochgottheit die Frömmigkeit des einzelnen weit stärker als im altindischen Bereich.

Schließlich dürfte sich auch einiges aus dem altisraelitischen Monotheismus auf Zarathustras Prophetie ausgewirkt haben, wenngleich Verbindungslinien nicht nachzuweisen sind, doch »Ideen haben Flügel«. Andererseits wirkt aber bei Zarathustra auch ein alt-indoiranisches Element nach, von dem schon die Rede war, der Monismus. Zugleich aber stoßen wir hier auf ein schwieriges Problem: Zarathustras Lehre ist bekanntlich durch einen radikalen *Dualismus* gekennzeichnet. Geo Widengren betont mit guten Gründen, daß auch dieser Dualismus altarisch sei (S. 74ff.). Es handelt sich dabei freilich um einen Dualismus vor allem von ethischer Art (Gut und Böse) wie anthropologischer (Leib und Seele) und schließlich theologischer (Gott und Widergott), nicht jedoch wie in jenem vorarischen Dualismus, auf den der Buddhismus zurückgreift, der mehr von kosmologischer, ja ontologischer Art ist (zwei Wirklichkeitsbereiche, zwei »Welten«). Zarathustra hat jedenfalls zwei alt-indoiranische Geisteselemente miteinander verbunden, er hat »einen Monismus mit einem scharfen Dualismus kombiniert, der offenbar seiner eigenen Einstellung zur Welt und zum Dasein getreu entspricht«; die Folge jedoch: »Die innere Unausgeglichenheit des Systems bringt . . . leicht erkennbare Spannungen und Widersprüche mit sich. Es ist kaum glaubhaft, daß sich Zarathustra dieser Widersprüche seiner theologischen Auffassung bewußt war« (Widengren, S. 75). Dazu ist freilich zu sagen: Die Widersprüche sind im Grund theoretisch-logischer Art, im lebendigen religiösen Akt lösten sie sich für die ursprüngliche zarathustrische Gemeinde dadurch, daß hierin ein Appell von außerordentlicher Dringlichkeit zur Entscheidung für das Gute und gegen das Böse vernommen wurde. Erst Jahrhunderte später folgten dann dogmatische Lösungen, wie übrigens auch in Judentum, Christentum und Islam, welche dem Bedürfnis nach theoretischer Klarheit Rechnung trugen; das geschah vor allem durch die spät-zoroastrische Zervan-Spekulation (Zervan = Zeiteinheitsgott).

Religionsphilosophisch und religionspsychologisch gesehen lag Zarathustras genialste religiöse Leistung darin, daß er bei der Verkündigung des monotheistischen Hochgottglaubens nicht die alten, »anderen« Götter abschaffte – wie etwa Echnaton oder Muhammad es taten – oder auch sie zu nebensächlichen Statisten degradierte – wie im frühen Buddhismus geschehen –; sie lag auch nicht darin, daß er einen »neuen« Gott verkündigt hätte, von dem bislang keine Kunde auf Erden vorhanden war – das hat im Grund überhaupt kein Prophet irgendeiner lebendigen monotheistischen Religion getan, auch Muhammad nicht, Mose schon gar nicht (vgl. 1.Mose 4,26), ja nicht einmal Paulus in Athen tat das, denn er verwies auf den »unbekannten Gott«, der daselbst schon seinen Altar hatte (Apostelgeschichte 17). Zarathustra verkündigte den altindoiranischen Hochgott Varuna, jedoch unter Verzicht auf den allzu mythologistisch gewordenen Namen, den er durch die allgemein bekannte Gottesanrede »Allweiser Herr«, Ahura Mazda, ersetzte; so wurde Altes mit Neuem lebendig verbunden. Dazuhin wurden die wichtigsten alten Gottheiten mit neuen Namen versehen, aber nicht nur das; sie wurden einerseits als Aspekte oder Manifestationen des Hochgotts von gewisser Selbständigkeit betrachtet – mythologisch gesprochen könnte man von »Erzengeln« reden –, andererseits aber wurden sie durch die neue Namensgebung als im Innern, in der Seele des Frommen erlebbare und zu verwirklichende Größen und Werte offenbart, sie wurden also, wie man heute gern sagt, »existentialisiert«. Das ist, wie gesagt, Zarathustras genialste Leistung gewesen! Wenn wir das wieder lernten: daß wir uns als »Christus-Träger« und als vom »Heiligen Geist Erfüllte« erleben können – darum ginge es wohl heute in der wirklich lebendigen Religion!

Bei Zarathustra wurden so sechs alte Götter zu neuem Leben erweckt und zugleich als Ausstrahlungen des Hochgottes begriffen. Es sind dies die sogenannten Amesha Spenta, die »heiligen Unsterblichen«. So wird Mithra, der Vertrags- und Rechtsgott, zu Vohu Manah (»Guter Sinn«), Varuna, der alte Himmels- und Ozeangott, zu Asha (»Wahrheit«), Indra zu Xshathra (»Rechte Herrschaft«, sowohl als Selbstbeherrschung wie als altpersisches Reichsideal), Sarasvati, die Fruchtbarkeits- und Weisheitsgöttin, zu Armaiti (»Rechte Gesinnung«, Besonnenheit, Sophrosyne), das Dioskurenpaar der beiden Götterzwillinge Nahaithya wird zu den Größen Haurvatat (»Innere und äußere Gesundheit«) und Ameretat (»Unsterblichkeit«). Das ist ein Entwurf, der jedes Religiösen Bewunderung verdient.

Doch nun das Problem des Dualismus, das uns schließlich auf die Schöpfungslehre hinführt. Von den in der großen Textsammlung Yasna (»Opferrituale«) enthaltenen 72 Kapiteln sind ganze sechzehn Originale des Propheten; es sind seine Gathas (»Verspredigten«), unzusammenhängend numeriert. Die dritte Gatha (Y. 30, übersetzt nach Widengren, S. 77) ist die für uns wichtigste. Sie beginnt:

> Wohlan, die beiden Geister zu Anfang,
> die im Tiefschlaf als Zwillinge erkannt wurden,
> sind in Sinn und Wort und Handeln
> das Bessere und das Schlechte.
> Zwischen diesen beiden haben die klar Sehenden
> recht geschieden,
> die übel Sehenden nicht . . .

Diese beiden Geister erschufen das »Erste Leben« und das »Nicht-Leben«, und zwar der eine dies, der andere das. So entstand das Weltall mit seiner inneren Spannung. Es gilt nun, in der rechten Religion – dem Zarathustrismus eben – sich für das Gute und gegen das Schlechte zu entscheiden. So will sich der »Rechte Sinn« konkret auswirken.

Im visionären »Tiefschlaf« (xvafna), in einer meditativen Traumvision, die vielleicht durch Hanfdrogen gefördert wurde, hat Zarathustra diese Wahrheit geschaut. Sie enthält seine Theogonie und Kosmogonie. Beide zielen auf seine kräftig betonte Eschatologie mit Weltgericht und ewiger Scheidung von Gut und Böse. Der uralte Zusammenhang von Arche-Theologie, Arche-Psychologie und Arche-Eschatologie ist hier also in Reinform wieder sichtbar.

Aus Gott kommt somit die Spaltung und Scheidung, im Gottesdienst vollzieht sich die Lösung durch rechte Entscheidung. Das klingt einfach, doch darin liegt die Grundspannung eines jeden Monotheismus. Worin urständet das Böse? In Gott; doch die Lösung urständet ebenfalls in ihm. Heilsgeschichte bedeutet Bewegung von Gott her zu ihm hin. Anders gibt es im Hochgottglauben niemals *Sinn*. Doch aller theoretischen Sinnfindung muß im Hochgottglauben die lebendige religiöse Sinnfindung vorausgehen, nicht umgekehrt. Andererseits darf die theologische Antwort schließlich ihre Auskunft auf die theoretischen Fragen auch nicht schuldig bleiben.

Wie lautet die Auskunft Zarathustras? Der Widersacher Ahra Mainyu (»Feindgeist«), später Ahriman, ist der Zwillingsbruder des Spenta Mainyu (»Heiliger Geist«); dieser ist gleichsam der »Sohn« des Ahura Mazda, doch ist der Sohnbegriff hier nicht mehr eigentlich mythologisch gemeint, er ist eine Metapher (Bildrede). Ahura Mazda »zeugt« nicht, obwohl Vater genannt, er sendet den Heiligen Geist als seine Offenbarungswirklichkeit aus sich heraus in die Welt. Doch er sendet offenbar auch den Feindgeist, das Widerspiel des Spenta Mainyu, und doch dessen »Zwillingsbruder«! Spenta Mainyu ist die Gesamtheit der Heiligen Unsterblichen, und er ist in gewisser Hinsicht Ahura Mazda, also Gott selbst. Doch Ahra Mainyu ist dann wohl ebenfalls Gott? Diese Frage wird bei Zarathustra nicht beantwortet, sondern einfach beiseite geschoben. Die religiös praktizierte Antwort der Entscheidung im Glauben genügt. Die Welt ist nun einmal zwiespältig; Gott aber ist nicht zwiespältig, er hat den Zwiespalt in sich selbst überwunden und den Widersacher von Anfang an verworfen.

Doch das war seine nur ihm eigene, seine eigenste Möglichkeit.

Eine dogmatisch befriedigende Antwort ist das nicht; eine religiös befriedigende hat in der Glaubensentscheidung immer erst zu erfolgen. Das ist immerhin eine Lösung. Vielleicht gibt es keine bessere?

In Judentum, Christentum und Islam wurde die theoretische Lösung so gefunden, daß der Widersacher als ursprünglich gutes Geschöpf verstanden wird, welches aus der ihm gewährten Freiheit heraus sich gegen Gott wendet und so zum Diabolos (»Verwirrer«) wird, dessen Herrschaft freilich stets begrenzt bleibt, um in der Endzeit abgetan zu werden. Der Zoroastrismus hat sich später zu einem viel radikaleren Dualismus entschieden: Ursprung von allem ist dann der geheimnisvolle, sozusagen wertneutrale Zervan, der »Zeitgott«. Ein armenischer Kirchenvater berichtet diesen Mythos: »Bevor irgend etwas existierte, sagen sie, die im Himmel und auf Erden sind, war einer namens Zervan, was Schicksal oder Glücksglanz bedeutet. Tausend Jahre verrichtete er Opfer, daß ihm ein Sohn würde, dessen Name Ormizd wäre, der die Himmel und Erde und alles, was in ihnen ist, erschaffen sollte. Nach tausend Jahren des Opferverrichtens setzte sich Zervan nieder, um nachzudenken. Er sagte: ›Wozu soll das Opfer, das ich verrichte, eigentlich nützen? Soll mir der Sohn Ormizd geboren werden, oder mag ich mich umsonst mühen?‹ Und während er dies überdachte, wurden Ormizd und Ahriman im Mutterschoß empfangen: Ormizd infolge des Opferverrichtens, und Ahriman infolge des Zweifels daran« (nach Widengren, S. 284).

Ganz im Geist des Propheten ist dieser späte Mythos insofern, als hier wiederum das Entscheidende »existentialisiert« ist. Der Zweifel ist der Ursprung des Teufels! So war es im Anfang, so ist es stets. Im rechten, den Zweifel überwindenden Glauben wird die Existenz des Teufels zunichte gemacht. Nicht in gleichem Maß entspricht der Mythos dem Geist des Propheten jedoch insofern, als hier an den Anfang aller Dinge wieder ein früharisches, wertneutrales Purusha-Prinzip gesetzt und Ahura Mazda zu dessen Erzeugnis gemacht wird. Ein im Vollsinn monotheistischer Hochgott ist das nicht.

Dieser späteren Lösung ist der Mythos des Zarathustra

unendlich überlegen, wenngleich er keine dogmatisch befriedigende Antwort liefert. Aber er verkündet Gott, wirklich Gott; und er stellt den Menschen religiös voll in die Verantwortung für die Gottesverwirklichung. Darin liegt die Größe der zarathustrischen Theogonie und Kosmogonie. Herodot berichtet in seinem Geschichtswerk (I, 132), bei den persischen Gottesdiensten singe ein »Magier« ein »theogonisches« Lied. Wir kennen keinen solchen magischen Text; doch Yasna 30 ist jedenfalls ein theogonisches Lied für den Gottesdienst. Wir dürfen annehmen, daß alle Gathas in den zarathustrischen Gottesdiensten rezitiert wurden. In ganz schlichter Form fanden diese Gottesdienste statt, wie ungefähr heute wieder bei den Parsen: Umschreitung des heiligen Feuers, Gebet mit erhobenen Händen und Gesang der Gathas. Gesang also auch und gerade der theogonischen, kosmogonischen und eschatologischen dritten Gatha! Dabei, darin, dadurch wurde die Welt jeweils wieder in ihrer Reinheit erschaffen, wurde das Böse überwunden und Gott in der Welt verwirklicht.

Islam

Um das Jahr 610 nach unserer Zeitrechnung mag es geschehen sein: Muhammad aus dem vornehmen Geschlecht Haschim, einer Sippe des mächtigen Stamms Quraisch, doch als wenig bemittelt nicht sehr geachtet, hatte durch die Heirat mit der reichen Chadidscha Muße und Freiheit gewonnen, seinen religiösen Erfahrungen zu leben; oft lauschte er an einsamen Orten über der Handels- und Messestadt Mekka verworrenen Lauten, die ihn da ansprachen, bis mit einemmal eine klare Stimme ertönte: »Iqra'!«, lies und rezitiere laut; »Trag vor im Namen deines Herrn, der erschaffen hat, den Menschen aus einem Embryo erschaffen hat. Trag vor! Dein Herr ist edelmütig wie niemand auf der Welt, er, der gelehrt hat, das Schreibrohr zu gebrauchen, den Menschen gelehrt hat, was er zuvor nicht wußte« (Quran, Sure 96, 1–5, Übersetzung nach Paret). Das ist, worüber sich die Quran-Forscher einig sind, die älteste Offenbarung, die dem Propheten zuteil wurde. Von da an brach es wie ein Sturm über ihn herein. Seine frühen Predigtsprüche – so könnte man das Wort Quran übersetzen – sind gestrafft und gedrängt, von prägnanten Bildworten und knappen Bildreden durchzogen, in hämmernde Rhythmen gefaßt, herrlichste archaische Poesie, durchtränkt von zwingender und lichtvoller religiöser Wahrheit. Nach dem Auszug (Hidschra, meist nicht ganz korrekt mit »Flucht« übersetzt) aus dem undankbaren und harthörigen Mekka, nunmehr rasch zum mächtigen Fürsten von Jathrib (Medina) geworden, hatte der Prophet längere Weisungen zu verkünden, eine gewisse Langatmigkeit kommt auf, doch immer noch klingen traumhaft anmutende Passagen an, von der herben Schönheit stimmungsvoller Märchentexte. Der dritte Nachfolger und Stellvertreter (Chalif) des Propheten, Uthman, ließ die verstreuten Aufzeichnungen, auf Kamelschulterblättern, Pergamenten und Rindenfaserstücken notiert, ordnend zusammenstellen, wobei die Reihenfolge im allgemeinen nach der Textlänge erfolgte. So kamen an den Anfang, mit Ausnahme der »Eröffnerin« (Fatiha, Sure 1), die langen medinischen Texte, die mekkanischen bildeten den Schlußteil des ganzen, in 114 Suren (etwa »Kapitel«) eingeteilten Werks, das nun mit dem Gesamttitel Quran bezeichnet wurde.

Allah Rachmanan, der Erbarmer-Gott, hatte sich offenbart – der Name Rachmanan scheint schon vorislamisch zu sein. Der Grundzug der frühen Verkündigung, der sich aber bis in die Spätzeit der Quran-Entstehung durchhält, ist der Tadel menschlicher Undankbarkeit gegenüber dem barmherzigen Schöpfergott, der doch den Menschen mit allem begabt hat, was das Leben lebenswert macht. Das Gericht über die solcher verwerflichen Gesinnung huldigende Menschheit steht unmittelbar bevor! Gericht wegen der Vielgötterei, welche versucht, dem alleinigen Gott (arabisch Allah) konkurrierende Götzen beizugesellen. »Gott vergibt nicht, daß man ihm andere Götter beigesellt« (QS 4,51); vor allem gegen die Gottestöchter Allat, Uzzat und Manat richtet sich diese Polemik, doch bald gegen den Polytheismus der ganzen Welt, so auch gegen das Christentum, das Gott einen »Sohn« zuschreibt (vgl. QS 19,36). Der Tadel menschlicher Undankbarkeit und die Gerichtsandrohung stellen uns vor das erste Problem, das uns hier beschäftigen muß: Was ist früher, die Preisung des gnädigen Schöpfers oder die Verkündigung seines harten Gerichts?

Das zweite Problem stellt sich uns durch die Frage nach der geistigen Abhängigkeit des Mannes Muhammad aus dem kulturell und religiös damals doch etwas unbedarften Alt-Arabien von jüdischen, christlichen und möglicherweise auch griechisch-philosophischen Einflüssen. Letzteres scheidet freilich so gut wie ganz aus. Doch ersteres stellt eine bis heute noch nicht völlig eindeutig beantwortete Frage dar. Man darf sich aber hierbei guten Gewissens einer Lösung anschließen, die Rudi Paret behutsam und mit guten Argumenten vertritt: »Auf Grund des koranischen Sprachgebrauchs ist . . . anzunehmen, daß er (Muhammad) erst nach der Emigration nach Medina die Thora als die heilige Schrift der Juden und das ›Evangelium‹ . . . als die der Christen kennengelernt hat, und auch das nur dem Namen nach« (Paret, S. 60). Dennoch kann kein Zweifel darüber sein, daß jüdische und christliche Vorstellungen und Ideen, in mancherlei Umformungen und ohne irgendwelche genauere Quellenkenntnis versteht sich, auch im polytheistisch denkenden Mittel- und Südarabien mit zur geistigen Atemluft gehörten. Dessen ungeachtet ist aber die religiöse Eigenständigkeit des Propheten unbestreitbar; sein religiöses Genie kann von niemandem in Zweifel gezogen werden; und es kann auch einem überzeugten Christen nur wohl anstehen, wenn er heute, zwei Jahrhunderte nach Lessings Nathan, sich offen dazu bekennt, daß dem Propheten aus Mekka göttliche Offenbarung zuteil geworden ist.

Das erstgenannte Problem wird ebenfalls durch Paret behutsam einer Lösung zugeführt, der wir uns anschließen können. Er sagt: »Auf Grund des Textbefundes scheint nun einmal sowohl die Verkündigung vom strengen Herrn des Gerichts als auch die vom gütigen Schöpfer und Erhalter der Welt für die früheste Zeit von Mohammeds prophetischer Tätigkeit verbürgt zu sein« (Paret, S. 78). Beides ist also gleichgewichtig und gleich ursprünglich. Der Schöpfungsmythos des Muhammad kann also, und das im Blick auf beide genannten Fragenkreise, im Grundsätzlichen als mit dem biblischen deckungsgleich angesehen werden, was nicht ausschließt, daß zahlreiche Einzelheiten in völlig eigenständiger Weise ausgeführt sind. Jedenfalls bestimmt der Schöpfungsgedanke, verbunden mit der Gerichtsankündigung, den Einsatz und das Ziel der Verkündigung Muhammads, und das in ganz existentieller Zielrichtung: Der Schöpfungsgedanke zielt auf des Menschen Dankbarkeit – ähnlich übrigens wie schon bei

Paulus Römer 1,19–21, wovon, wie wir sahen, der Prophet mindestens in seiner Frühzeit keine Kenntnis haben konnte; gerade deswegen ist die Übereinstimmung so bemerkenswert.

Das theologische Wesen der Schöpfung liegt darin, daß sie Zeichen (ajah) ist für den Menschen, der sich als dankbares Geschöpf erweisen soll. Für zahlreiche Stellen stehe die besonders schöne und an die Bibel erinnernde aus der späten Sure 2: »In der Erschaffung von Himmel und Erde; im Aufeinanderfolgen von Tag und Nacht; in den Schiffen, die zum Nutzen der Menschen auf dem Meer fahren; darin daß Gott Wasser vom Himmel hat herabkommen lassen, um dadurch die Erde, nachdem sie abgestorben war, wieder zu beleben; darin, daß er auf ihr allerlei Getier sich hat ausbreiten lassen; darin, daß die Winde wechseln, und in den Wolken, die ihm zwischen Himmel und Erde in Dienst gestellt sind, – in alledem liegen Zeichen für Leute, die Verstand haben!« (QS 2, 164, Übersetzung nach Paret). Das könnte ungefähr so auch im Alten Testament stehen; bei aller Selbständigkeit der Prophetie des Muhammad herrscht doch eine überraschende Analogie zwischen der alt-islamischen und biblischen Schöpfungslehre.

An die quranische Urschrift hängen sich zahlreiche spätere Überlieferungen an, die darüber Hinausgehendes zu berichten haben, aber doch mit dem Offenbarungsbuch konform zu sein beanspruchen. Es sind dies die Texte, die mit dem Begriff hadîth (etwa Überlieferung) bezeichnet werden. Ein hadîth besteht aus zwei Teilen; im ersten wird die Kette erwähnt, die den Überlieferungsstrang darstellt, also etwa: Ich hörte von A, daß er B hat sagen hören, C habe ihm von einem Wort des Propheten berichtet . . .; der zweite Teil ist dann der Inhalt des Berichteten. Im allgemeinen darf man der hadîth-Tradition durchaus zutrauen, daß sie den Geist der ursprünglichen Prophetie treu bewahrt hat. An diese Tradition schließt sich dann, Stufe um Stufe, weitere dogmatische Lehre und vor allem juristische Auslegung an, daraus gehen dann allerdings auch manchmal sehr eigenwillige Folgerungen hervor, bis schließlich zu den zahlreichen Häresien, an denen der Islam wahrlich keinen Mangel hat.

In der Frühzeit der Traditionsbildung nach den Lebenstagen des Propheten sind es dann neben jüdischen, christlichen, mandäischen und manichäischen Einflüssen vor allem griechisch-metaphysische Ideen und auch mystische Gedanken verschiedener Herkunft gewesen, die da in mancherlei Hinsicht zur Auswirkung gekommen sind. Ein schönes Beispiel stellt das Eingangskapitel des Werks von Ibn al-'Arabî (gestorben 1240) dar, wo über die zahllosen »schönen Namen Gottes« spekuliert wird, und zwar »spekuliert« im wahrsten Sinn, denn diese Namen sind die verborgenen Wesenheiten aller seienden Dinge, deren Sein eben darin besteht, daß sie diese Wesenhaftigkeiten widerspiegeln. Aristotelische und neuplatonische Gedanken haben sich offensichtlich in dieser Schöpfungslehre niedergeschlagen: »Nachdem Gott bereits die ganze Welt wie einen geformten seelenlosen Körper geschaffen hatte und sie wie ein unpolierter Spiegel war . . .: so erforderte die Sachlage das Polieren des Spiegels der Welt. Adam war eben die Polierung dieses Spiegels und der Geist dieser Gestalt, und die Engel waren einige Kräfte dieser Form, d.h. der Form des Kosmos, den die Leute (gemeint sind die Sufis, die islamischen Mystiker) in ihrem Sprachgebrauch als den Großen Menschen bezeichnen (hier mögen auch indische Vorstellungen wirksam geworden sein, d. Verf.); denn die Engel waren für ihn dasselbe wie die geistigen und körperlichen Kräfte im menschlichen Organismus. Eine jede dieser Kräfte war durch sich selbst verhüllt und konnte nichts sehen, was vortrefflicher war als sie; denn sie besaß, wie sie behauptete, die Eignung zu jeder hohen Stelle und jedem erhobenen Rang bei Allah . . .« In dieser kompliziert wirkenden Metaphysik ist doch eindeutig der Bezug auf Gottes freies Schaffen hergestellt; Gott nennt das erhabene Wesen, von dem die Rede war, Mensch; dessen Wesen ist: »Er nimmt auch gegenüber Gott die Stellung ein wie die Pupille, durch die das Sehen geschieht, gegenüber dem Auge . . . Durch ihn schaute Gott auf seine Geschöpfe und hatte Barmherzigkeit mit ihnen« (Rg. Lb. I. 120f.). So ist denn hier, ähnlich wie auch in der mittelalterlichen Scholastik des Christentums, Kosmologie und Anthropologie in den Denkformen der damals gültigen strengen Philosophie mit dem völlig personhaften Ansatz- und Zielpunkt der Glaubenslehre auf einleuchtende Weise verbunden worden, wobei das Symbol des Spiegels den mythologisch anschaulichen Schlüsselbegriff bildet.

Diese Lehrentwicklung hatte ihren Ausgang schon bei einer

rund drei Jahrhunderte älteren Idee islamischer Mystiker genommen, in welcher sich altpersische Vorstellungen von den »anfangslosen Lichtern« (anagra raoça) des obersten Himmels, der Sphäre der ewigen Ursprungsideen sozusagen, mit platonisch-neuplatonischen Gedanken treffen: Es ist die Vorstellung vom »Licht Muhammads«, jener ewigen, aus Allahs eigenem Licht geschaffenen Lichtquelle, die sich in der durch Engel dem Propheten vermittelnden Offenbarung des Qurans niederschlug, die aber zugleich den Wesenskern alles Seienden darstellt. Im neunten Jahrhundert schrieb Sahl at-Tustarî: »Allah hat das ›Licht Muhammads‹ aus seinem Lichte geschaffen und mit seiner Hand gebildet. Dann blieb dieses Licht 100000 Jahre vor Allah, der es jeden Tag und jede Nacht 70000mal betrachtete und anschaute . . . Dann schuf er aus ihm alle Geschöpfe« (Rg. Lb. I. 97).

Diese Lehre vom »Nur Muhammad«, dem Licht des Propheten, hat in der islamischen Mystik des Mittelalters hohe Bedeutung gehabt. Sie erinnert in mancher Hinsicht an die johanneische Logos-Lehre. Fände sie im heutigen Islam mehr Beachtung, so könnte sie ein hilfreiches Element interreligiöser Verständigung werden. Sie stellt jedenfalls den Kern der ausgereiftesten islamischen Schöpfungslehre dar.

Biblische Religion

Volk der Frühe auf Wanderung, jahrhundertelang; nicht ganz abgeschieden von den entwickelteren Kulturen seßhafter Gemeinschaften, ja gefestigter Staaten, dennoch diesen stets innerlich fern geblieben; nicht ohne Kenntnis der »anderen Götter« und ihrer Kulte, dennoch dem einen Stammesgott treu verbunden bleibend, der bislang in allen Fährnissen geholfen hat und immer weiterzuhelfen verspricht: Da ergibt sich eine Geisteslage, in der vor allem auf neuen Zuspruch sehnend gewartet wird, immerzu hoffend und gehorsam, auf das Wort jenes einen, einzigen Gottes, der sich als mächtiger erwies denn alle anderen Mächte.

Diese Frühzeit wurde dann immer wieder »erinnert«, an ihr wurde der Maßstab für rechte Lebensführung gewonnen. Bald schon, eben ins Kulturland eingedrungen und da nun sich auf Dauer einrichtend, schrieb man die alten und die neueren

Weisungsworte auf; es entstand die Sammlung heiliger Schriften, entstand die älteste Buchreligion unter den Hochreligionen. Aber immer kam es darauf an, nicht am toten Buchstaben hängenzubleiben, sondern auf den lebendigen Zuspruch im Schrifttext zu hören. In den einzelnen Texten, in den sich sammelnden Schriften, im geordneten Buch schließlich ging es immer um das eine: um das *Wort,* das lebendige Wort der Weisung, die Thora.

Auch im jungen Christentum ging es um das Wort. Stellte Paulus das neue Wort der endgültigen Verheißung als »Gute Botschaft« – Euangelion – dem alten Gesetzeswort schroff gegenüber, so doch nicht ausschließlich, nein: »Wir richten das Gesetz auf« (Römer 3,31). Thora ist Thora, Weisungswort ist Weisungswort, doch kann es totes Buchstabenwort bleiben oder lebendiges Heilswort werden: Auf diesen Wandel kommt es eigentlich an, der aber vollzieht sich im einzelnen, der das Wort vernimmt, und in solchem Wandel ist der Gottesgeist selbst am Wirken. Gehörtes Wort und gewandeltes Wort, in solcher Korrespondenz zwischen der objektiven, äußerlichen Seite und der subjektiven, innerlichen verwirklicht sich die Gottesoffenbarung. Sie zielt ins Zentrum der menschlichen Einzelexistenz, sie wirkt »existentiell«, wie wir das heute nennen.

Das geordnete Buch will also nicht bloß historische Unterrichtung über vergangene Geschehnisse bieten, sondern jene Kraft vermitteln, die wir Gottesoffenbarung nennen; doch es tut das, indem es *Geschichte* berichtet. Damit wird der jeweils neue Prophet, der jeweils gegenwärtige Verkündiger, der jeweilige Prediger, der jeweilige Hörer, der jeweilige Leser schließlich – auf solche Reihenfolge kommt es sachlich an – in die Geschichte dieser Offenbarung eingefügt. So gesehen ist das Buch der geschichtliche Ort, an dem sich die Offenbarung jeweils neu verwirklicht.

Geschichtsbericht ist Chronologie: Erst war dies, dann, daraus folgend oder auch trotz diesem ersten, war jenes. Gottesgeschichte aber kann gar nicht anders anfangen als mit dem Anfang, und zwar dem Anfang schlechthin; die biblische Schöpfungsgeschichte muß also den Anfang des ganzen Buchs bilden. Das ist freilich erst das Ergebnis langer Sammel- und Ordnertätigkeit an den ursprünglich ganz isolierten Texten gewesen. Die Redaktion der Bibeltexte ist der Schlußakt des Werdens der Buchreligion. Ursprünglich, wir sagten es, waren die Weisungsworte für den jeweiligen Augenblick, das darf nicht vergessen werden; das Buch zielt ja auf die jeweils heutige Einzelexistenz und gliedert sie, erst sekundär sozusagen, in das Gesamt der Offenbarungsgeschichte ein. Die biblischen Schöpfungsmythen erschöpfen sich also ebensowenig im bloßen Mitteilen von Weltentstehungskunde wie das Enuma Elisch oder das memphitische Denkmal, die ja durch den Kult gleichfalls ins existentielle Geschehen führten. Auch die biblischen Schöpfungsgeschichten sind im Kult am Tempel verlesen worden, sie mögen, wie Sigmund Mowinckel gezeigt hat, zusammen mit den Thronbesteigungspsalmen Jahwes ihre Rolle beim Neujahrsfest gespielt haben; sie werden dann später im Synagogengottesdienst zu Beginn des Thorajahrs verlesen und sind somit zur Grundlage eines vergeistigten Kults geworden. Erst im Christentum verlieren sie diesen festen Platz. So kommt heute beispielsweise in der Rheinischen Kirche die priesterliche Schöpfungsgeschichte 1.Mose 1 erst am Sonntag Jubilate des fünften Jahrgangs vor, der jahwistische Bericht 1.Mose 2 am 15. Sonntag nach Trinitatis im sechsten Kirchenjahr. Durch die Theologie des Paulus wurde nämlich das »Wort vom Kreuz« (1.Korinther 1,18) in den Rang der eigentlichen Schöpfungsgeschichte, der existentiellen Verkündigung und Bewirkung der neuen Schöpfung erhoben, von daher ist die erwähnte Entwicklung und Verschiebung verständlich und auch theologisch nicht unsachgemäß; doch hat sich dadurch auch noch eine weitere Verschiebung vollzogen, die höchst folgenschwer war.

Man muß sich vor Augen halten, daß die alten Schöpfungsmythen für das Judentum heute in keiner Weise jene Last darstellen, wie sie es für den sogenannten gebildeten Christen und seine mehr oder weniger modernistischen und atheistischen Gesprächspartner doch sind. Im Rabbinat der spätantiken Epoche galt die Regel, daß kein Schüler vor dem dreißigsten Lebensjahr die Schöpfungsgeschichte studieren durfte, so streng hielt man sich an den Mysteriencharakter dieser Texte; und die Verlesung im Synagogengottesdienst sichert heute noch den mythisch-symbolischen Charakter dieser Texte durch den hervorgehobenen Platz im Ritus. Für die Christen aber ist die Schöpfungsgeschichte der Bibel durch mehr als anderthalb Jahrtausende zwar immer auch religiöse Kunde, vorwiegend jedoch allgemeines Bildungsgut gewesen, zutreffende Welt-, Natur- und Geschichtskunde, in all dem einfach jene richtige Metaphysik, die nur von Dunkelmännern angezweifelt werden konnte oder auch von böswilligen Kirchenfeinden. Das ging gut bis ungefähr Kopernikus und Galilei, danach aber ging es nicht mehr gut. Denn danach konte man zwar hämisch, aber doch mit gewissem Recht sagen: An was für »Kindermärchen« doch diese Christen glauben, ohne die Fortschritte der modernen Naturforschung hinsichtlich der Weltentstehung zur Kenntnis zu nehmen! In der Abwehr gegen diesen Vorwurf befreiten sich dann die gebildeten Theologen von solcher Metaphysik und nahmen zu zahlreichen Lösungen Zuflucht, die nicht näher beschrieben werden können, jedenfalls aber zwischen völliger Verwerfung der alten »Fabeln« und mehr oder weniger vermittelnden Versuchen liegen, in diesen noch einige kosmologische Wahrheitselemente zu retten; letzteres gilt in mancher Hinsicht bis in unsere Zeit, wo es von seiten christlich überzeugter Paläontologen sogar Versuche gibt, die sieben Schöpfungstage mit erdgeschichtlichen Epochen in Übereinstimmung zu bringen.

All diese Rettungsversuche sind aber zum Scheitern verurteilt, und zwar deswegen, weil sie als hoffnungslos veraltetes Nachzüglertum eingeschätzt werden. Nur energische Neuentwürfe können da glaubhaft wirken. Die heutigen Erkenntnisse vom Wesen des Mythos wie der Psyche und der Religion im ganzen, sie allein bieten dazu den nötigen Einstieg. Wir haben in den ersten beiden Kapiteln ausführlich davon gehandelt.

Altbiblische Schöpfungsaussagen kommen nicht bloß am Anfang des »Tenakh« vor – wie der fromme Jude nach den Anfangsbuchstaben von Thora, Nebiim (Propheten) und Ketubim (Schriften) das in der Christenheit so genannte »Alte Testament« benennt. An zahlreichen Einzelstellen schimmern schöpfungsmythische Aussagen durch; in größerem Zusammenhang wird Jahwes Schöpfungswerk vor allem dargestellt im Psalm 104 sowie in der großen Schlußrede Jahwes im Hiobbuch (Hiob 38–41). Beide Texte haben einen deutlichen existentiellen Zielpunkt. Der Psalm 104, dessen Grundstruktur wohl nicht ganz ohne Einflüsse vom Sonnengesang des

Echnaton zu denken ist – von einem alten Hymnus also, den häretische Kreise Ägyptens bis in die Spätzeit als Geheimtext gegenüber dem wild ausgeuferten Amun-Polytheismus hochschätzten –, dieser Psalm zielt auf das Gotteslob für Jahwe hin und auf den Wunsch nach endzeitlicher Überwindung des Sündenzustands der Welt (V. 33ff.). Die Jahwe-Rede im Hiobbuch zielt auf das Bekenntnis des angefochtenen Frommen: »Ich erkenne, daß du alles vermagst« (Hiob 42,2); dazu also die Schilderung auch der ausgefallensten Monster der Schöpfung – wie aktuell das ist angesichts des so monströsen heutigen Weltbilds!

Allzu lange hält sich freilich der biblische Fromme nicht bei den Unbegreiflichkeiten der Schöpfung auf. Alles ist im Grund »weislich geordnet« (Psalm 104,24), meist auf den menschlichen Nutzen hin, und wo das nicht mehr ohne weiteres einleuchtet, genügt der herrliche, aber knappe Hinweis auf Gott selbst, der mit Ungeheuern wie den Walfischen im Meer zu »spielen« liebt (Psalm 104,26, so die gegenüber dem Luthertext zutreffendere Übersetzung). Überhaupt fällt bei den biblischen Texten im Vergleich mit denen der altorientalischen Umwelt auf, wie kurz sie sich doch bei Phänomenen der Natur aufhalten, wie wenig sie, denken wir an das Enuma Elisch, sich an langen kosmogonischen Entwicklungsphasen interessiert zeigen; es mutet an, als könnten sie nicht schnell genug vom bloß Naturhaften weg und zum Geschichtlichen hingelangen, zum Historischen, wohl verstanden als der Geschichte Israels. Elf knappe Kapitel für Schöpfung, Sintflut, Völkertafel und Turmbau von Babel, fürs gesamte Weltgeschehen also, und schon sind wir bei Abraham, da erst wird es dann ausführlicher. Eine ungemeine Dringlichkeit zur eigentlichen Heilsgeschichte hin beherrscht die Szene des biblischen Schöpfungsdramas. Das wirkt sich bis in die Einzelheiten aus. Die biblische Chronologie ist, verglichen mit der babylonischen, knapp bis zum äußersten. Gerade was wir heute, belehrt von der Naturwissenschaft über die maßlosen Zeiträume der Weltwerdung, als gesichertes Wissen der knappen biblischen Chronologie entgegenhalten, welch letztere wir als primitiv-mythisch anzusehen gewohnt sind, gerade dies erweist sich bei näherem Zusehen doch als in gewisser Hinsicht überraschend »modern«, nämlich als rational und existentiell.

Historie rechnet in Jahrtausenden, naturwissenschaftliche Kosmogenese in Jahrmillionen, ja -milliarden. Der Mythos des alten Orients hat also, so gesehen, naturwissenschaftliche Wirklichkeiten erfaßt – natürlich ohne sich dessen bewußt zu sein; der Mythos Israels dagegen historische – natürlich ebenso unbewußt. Nehmen wir als Beispiel die Zeittafel der Urkönige vor der großen Flut, wie sie in altbabylonischen Texten überliefert ist (AOT 147), so finden wir Regierungszeiten bis zu 72000 Jahren; in der biblischen Parallele dazu (1.Mose 5) erreicht Methusalah jedoch, als höchstbetagter Mensch der Weltgeschichte überhaupt, »nur« 996 Jahre! Wir sehen jedenfalls: Der altorientalische Mythos denkt von der *Natur* aus, der biblische vom *Menschen* aus. Das will berücksichtigt sein. So gesehen erweist sich das biblische Schöpfungsdenken sogar als das für seine Zeit eindeutig »rationalere«, es ist sozusagen ein Stück »Aufklärung«.

Dadurch muß es, objektiv gesehen, keineswegs »richtiger« sein. Die heutige Naturwissenschaft scheint eher das altorientalische Bild von der Weltwerdung zu bestätigen. Da ist Raum für Jahrmillionen, im biblischen Denken jedoch nicht. In diesem letzteren zielt alles auf Heilsgeschichte ab, und das ganz streng. Die im ersten Jahrtausend v. Chr. entstandenen Texte rechnen mit einer Weltschöpfung ungefähr um 4000 v. Chr. im Sinn unserer Zeitrechnung; die Flut wäre so gerechnet auf rund 2600 v. Chr. anzusetzen, Mose auf 1300. Wen wundert da, daß um unser Jahr Null herum eine fiebrige Erwartung herrschte: Nunmehr, mit dem ungefähren Jahr 4000 seit der Schöpfung, schien damals also die Zeit »erfüllt«! Alles war demnach, wie sich aus diesem Seitenblick ergibt, von vornherein schon auf Eschatologie angelegt, auf religiöse Verwirklichung und Erfüllung also, wir dürfen sagen: nach einer inneren Uhr unserer Psyche ausgerichtet, die sich ihrer eigensten Entwicklungsgesetze voll bewußt geworden war. Das ist, religionspsychologisch gesehen jedenfalls, das Geheimnis jener Wirklichkeitserfassung, wie wir sie in den biblischen Schöpfungstexten, und nur in ihnen, beobachten können. Die Schöpfung der Welt wird biblisch ganz unter dem Aspekt der Neuschöpfung von *Psyche* betrachtet, wir können sagen unter dem Aspekt des Heiligen Geistes. Darin liegt auch wieder das Wahrheitselement jener Verschiebung, die wir auf Paulus zurückführten, der das »Wort vom Kreuz« als die richtige Interpretation der kosmogonischen Berichte des Alten Testaments zu sehen lehrte. Wie auf seine Weise der Buddhismus, so hat auch die christlich-biblische Religion ihre Schöpfungsmythen voll eschatologisiert, und das zweifellos so, daß hierbei der ursprünglich in diesen Texten wirksam gewordene Ansatz zur vollen Konsequenz ausgezogen wurde. Das will stets im Auge behalten werden, wenn nach dem heute vertretbaren Wahrheitskern der biblischen Schöpfungsmythen gefragt wird.

Erst wenn wir bis dahin vorgedrungen sind, kann sinnvollerweise auch nach den *Wurzeln* gefragt werden, und danach schließlich noch nach dem *Sinn* des biblischen Gesamtbilds von unserem Weltenbaum. Die Wurzeln: Es war schon die Rede von altägyptischen und altmesopotamischen Vorstellungen, die sich auf das altbiblische Denken ausgewirkt haben, um den althergebrachten Einwand leicht zu widerlegen, wonach in der biblischen Offenbarungsreligion höchstens mit zeitbedingten Anbequemungen (»Akkommodationen«) an die menschliche Vorstellungskraft zu rechnen sei, nicht aber mit wirklichen Wesenszusammenhängen. Wer so dächte, der müßte sich von jenem Denker der Aufklärungszeit belehren lassen, der wie kein anderer seit Luther vom eigentlichen theologischen Zentrum her zu denken und zu künden wußte, von dem Königsberger Johann Georg Hamann: Alle Offenbarung ist geschichtlich, gehört in einen geschichtlichen Zusammenhang hinein und ist in ihm völlig inkarniert – denn jede wirkliche Erkenntnis, jede!, ist *offenbart.*

Dann aber muß auch ein Zusammenhang der biblischen Schöpfungsmythen mit den ältesten Vorstellungen bestehen. Herder, Hamanns Schüler, hatte so gesehen recht, in der Bibel die »älteste Urkunde des Menschengeschlechts« (1774) zu suchen. Darum fragen wir auch hier nach den Themen der primitiven Schöpfungslehre: Wo finden wir sie in der biblischen Religion wieder, und wie sind sie hier in spezifischer Weise umgestaltet?

Der *Weltelternmythos* scheint, auf den ersten Blick jedenfalls, im altbiblischen Denken überhaupt keine Rolle zu spielen. Jahwe schafft allein, er braucht dazu keine Göttin, er »zeugt« nicht, dazu ist das Bild Jahwes schon viel zu sehr spiritualisiert und personalisiert, vergeistigt mag man sagen. Dennoch, man lese Psalm 2,7; da findet sich zwar keine Göttin, wohl aber sehr reale »Zeugung« des messianischen Königs durch Jahwe, anders könnte dieser nicht Gottes »Sohn« sein. Ist das aber nur Umschreibung für ein Adoptionsgeschehen? Dazu ist der Text nun doch in zu realistischem Stil gehalten. Wo also bleibt dann die Göttin? Sie ist hier gewiß keine naturhafte Gebärerin, keine Ur-Gaia also; eben das war nun freilich jene »Lebensherrin« Chawwa (Eva) einstmals gewesen, ehe sie dann in der jahwistischen Schöpfungsgeschichte, nach Ausscheidung der altmesopotamischen Partnergöttin Lilith als der ersten Frau des »Erdgotts« Adam, schließlich zur bloßen Menschenmutter degradiert wurde (Näheres dazu in meinem Buch »Die Religion in den Religionen«, S. 285f.). An Stelle der nach dieser Degradation zur Ur-Sünderin Gewordenen aber trat dann, und zwar als eine durchaus historisch begriffene Frauengestalt, Jahwes Jungfrau-Geliebte und Tochterbraut Zion in die Lücke! Um diese leider immer zur Untreue neigende Tochter Zion leidet und trauert Jahwe unentwegt, mit ihr erhofft er sich neues Glück in der Wüsteneinsamkeit, so wie einst (Hosea 2,16ff.). Am Ende der Heilsgeschichte erscheint dann das mit der Sonne bekleidete Weib, welches, wiederum in der Wüste, das Gotteskind zur Welt bringt (Offenbarung 12) – das ist, wie Walter Friedrich Otto gezeigt hat, der alte Mythos von Leto und Apoll, der so in die biblische Religion übernommen wurde. So finden wir also auch das Motiv der *Heiligen Hochzeit* durchaus wieder, freilich nun völlig existentialisiert, historisiert und eschatologisiert, bis hin zur endlichen »Hochzeit des Lammes« (Offenbarung 19,6ff.).

Dasselbe trifft auch zu für das Motiv des *Heiligen Streits:* Daß Jahwe als Schöpfer ein Chaosungeheuer überwand, das unter verschiedenen Namen benannt wird (Tannin = »Drache«, Rahab, Leviathan, z.B. Psalm 74,13ff.; Hiob 26,12f.; Jesaja 51,9), ist eine zu häufige und auch zu profilierte Aussage, als daß sie lediglich als archaisches Relikt angesehen werden dürfte, welches der biblische Redaktor offenbar übersehen hat. Jahwes Schöpfungshandeln ist durchaus auch ein kämpferisches Tun; und die berühmten, in der gängigen Übersetzung so harmlos klingenden Worte an die ersten Menschen:

»Machet sie euch untertan«, die Wesen der Welt nämlich, lauten bei wörtlicher Übersetzung viel wilder: »Tretet, trampelt sie nieder mit Gewalt!« (1.Mose 1,28). Dahinter steht unverkennbar die altorientalische Auffassung, wonach die Welt voller dämonischer Ungeheuer ist, welche die heilstiftende Gottheit kämpferisch unterwirft; nach biblischer Auffassung hat also der Mensch zum einen den allerhöchsten Auftrag, Bundesgenosse des Schöpfers in der Chaosüberwindung zu sein – wie immer das weiter zu interpretieren wäre –, zum andern ist offenbar das Schöpfungswerk doch nicht ganz so abgeschlossen, wie das gemeinhin ausgelegt wird. Und wiederum entspricht dem Chaoskampf vom Anfang der vom Ende; auch dieses Motiv ist also kräftig eschatologisiert (Offenbarung 17; 20).

Das *Gottesopfermotiv* wird in einer streng monotheistischen Hochreligion natürlich nur in partieller Weise Berücksichtigung finden können, da Gottes Thron niemals völlig leerstehen kann; es liegt immerhin in spiritualisierter Form bereits da vor, wo erfahren wird, daß Gott leidet, so wie die biblischen Texte voll sind von Klagen über Gottes Leiden an der Untreue seines Volks. Verstärkt wird dies Motiv dann durch die Vorstellung vom stellvertretenden Leiden eines Gerechten zur Sühne für alle Fehle, wie sie besonders bei Deuterojesaja erscheint in seiner Verkündigung vom leidenden Gottesknecht (Jesaja 53). Noch einen Schritt weiter, und wir sind beim Opfer des Sohns.

Beim *Urvater-* und *Urmuttermythos* haben wir bereits bemerkt, daß in ihm, in sehr dinglicher Gestalt versteht sich, immerhin schon in frühester Zeit der Einheitsgedanke sich manifestiert hat: Die israelitische Lehre vom einen und einzigen Schöpfergott läßt sich also bis zu dieser Urgestalt in der Primitiv-Religion zurückführen. Das ist bedeutungsvoll. Der Monotheismus ist, in Gestalt seiner ausgereiften Verkündigung, wie wir sie seit Echnaton, Mose und Zarathustra kennen, gewiß als einzigartiges Geistesgeschehen anzusehen – wäre das Wort nicht so verschlissen, dürfte man getrost von »Revolution« sprechen; andererseits aber erweist er sich dann doch wieder als eine der ältesten Wahrheiten, die der Menschheit geschenkt waren! Gerade diese Sichtweise, die bis zu den Primitiven zurückführt, leitet uns zu besonderer Ehrfurcht an.

Hier haben wir, um ein Wort von Paul Althaus zu gebrauchen, gewiß »Uroffenbarung« in reinster Form vor uns.

Vor den tiefgründigsten und umfassendsten Fragenkomplex geraten wir mit der Frage, wo und wie sich der primitive *Selbstentstehungsmythos* in der biblischen Schöpfungstheologie ausgewirkt haben könnte. Natürlich lautet da die erste Antwort: Gar nicht! Gott war immer, er ist »von Ewigkeit zu Ewigkeit«. Gewiß, das ist biblisch gedacht und gesagt; und die Frage, was Gott denn »vor« dem Anfang getan habe, wird schon so lange Zeit als unzulässig abgewehrt, wie es überhaupt Theologie gibt, und dies auch mit gewissem Recht, vor allem logischem: Wenn es einen wirklichen »Anfang« gibt, so gibt es kein »davor«. Doch die Abschmetterung der besagten Neugierfrage führt ja bekanntlich dahin, daß es, wenn es kein »davor« gab, auch keinen Gott gegeben haben kann, der »vor« dem Anfang war, und das ist ja nun gewiß nicht die Meinung der Abschmetterer. Wir müssen uns also doch behutsamer mit dem Problem befassen, da die altbiblische, mythologische Denkweise offensichtlich mit der Wendung »von Ewigkeit zu Ewigkeit« sehr konkrete Vorstellungen verbunden hatte, die in der heute noch lebendigen biblischen Religion auch unter anderen Denkvoraussetzungen nicht einfach preisgegeben werden dürfen (vgl. Psalm 90,2).

Natürlich ist »Gott« nicht aus dem Geröll von Flußkieseln »entstanden«; doch was die Lepenski-Vir-Leute aus dem Rauschen des Tiefengeschiebes ahnend vernahmen, war ja mehr als bloße Kausalität (physikalische Ursächlichkeit), es war wirkliche Symbolik. Hier wurde das Sich-Entfalten des ankommenden Göttlichen erfahren, und das bedeutet im Ansatz immerhin schon den Advent des achsenzeitlichen Hochgotts! Es muß jedenfalls eine gemeinsame Wahrheit über die Jahrtausende hin angenommen und nach ihr gesucht werden; diese aber liegt darin, daß Gott sich wandelt und daher als im *Werden* begriffen verstanden werden muß. Aus dem Stein wird die Fischgestalt und aus dieser der menschenähnliche Gott – so verstand man es in der Lepenski-Vir-Kultur; aber gilt das denn, auch nur ansatzweise, für den biblischen Gott, ist dieser nicht ewig gleich und unwandelbar?

Doch halt: So unwandelbar ist Gott ja eigentlich erst nach dem Verständnis spätgriechischer Philosophie, und so gerät dann, ja dann erst, in die christliche Normaldogmatik die These von Gottes Immutabilitas (Unwandelbarkeit) hinein. Auch daran ist natürlich etwas Richtiges, das verlangt ein ausgereifter Gottesbegriff: Es muß deutlich sein, daß Gott kein Proteus oder Loki ist, kein Vertumnus (»Wendegott«), wie Luther einmal sagt (WA 18,701). Gott ist verläßlich, und das von Ewigkeit zu Ewigkeit. Unwandelbarkeit gehört, so gesehen, gewiß zu seinem Wesen. Das schließt aber nicht aus, daß Gott sich in gewisser anderer Weise in der Tat wandelt. Völlige Unwandelbarkeit kann es nicht geben, wo überhaupt Leben ist, und Gott ist lebendig und kein toter, starrer Götze – auch das ist eine biblische Grundauffassung. In gewisser Hinsicht wandelt sich Gott in der Tat. Jede Vergebung ist ja Wandlung! »Wo sich ein Volk bekehrt von seiner Bosheit, so soll mich auch reuen das Unglück, das ich ihm dachte zu tun« (Jeremia 18,8). Jedes Gebet rechnet mit göttlichem Wandel, man denke an Abrahams Feilschen um Sodoms Rettung, wo er schließlich Gottes Bedingung auf zehn Gerechte zu senken vermag (1.Mose 18). Wandlungsfähigkeit ist also einer der wichtigsten Wesenszüge des biblischen Gottes.

Das hat noch einen tiefräumigeren Hintergrund. Vom Gesetz und Gericht zur Gnade und Erlösung – das ist die Grundtendenz biblischer Heilsgeschichte. Das Christentum – doch, nach seinem Verständnis, auch schon das Judentum – lebt davon, daß Gott sein Gesetz durchs Evangelium überwindet, sich selbst also durch sich selbst. Nemo contra Deum nisi Deus ipse, »keiner wider Gott als Gott selbst«: mit diesem mystischen Spruch, wohl aus der Schule von Böhme und Oetinger, hat Goethe den vierten Teil von Dichtung und Wahrheit überschrieben. Der große Wandel Gottes durch Gott selbst, das ist das geheime Grundthema der biblischen Offenbarung.

Das aber gilt schon für die Schöpfungslehre. Jedenfalls war Gott »seit« dem Anfang ein anderer denn »zuvor«, einfach, weil es »davor« noch keinen Anfang gegeben hatte, den er erst setzen sollte. Gott mag auf eine gewisse Weise unwandelbar sein, daneben gilt aber doch auch, daß er, seitdem er zusammen mit seiner Schöpfung zu existieren geruht, ein anderer ist als ohne diese. »Gott allein« oder »Gott mit«, darin liegt der Wandel. Und dessen Ursache? Sogar danach darf man fragen, die Antwort lautet so biblisch wie nur denkbar: Weil Gott Liebe nicht nur hat, sondern Liebe ist (1.Johannes 4,16), deshalb kann er gar nicht anders als sich den Partner schaffen, den er lieben kann – die Welt. »Also hat Gott die Welt geliebt«, und das zweifach: einmal indem er sie schuf, zum andern indem er sich in seinem Sohn für sie dahingab (Johannes 3,16).

Also dürfen wir doch sagen, daß aus den Urfernen der göttlichen Ewigkeit hinter dem Schöpfungsgeschehen noch eine Spur durchleuchtet, die Gott als den sich zum Schöpfer Wandelnden erkennbar macht. In dieser Wahrheit finden sich vorbiblische Uroffenbarungen, so primitiv sie auch noch mit Donaustrudeln und ähnlichem verbunden sein mögen, mit der reifen Verkündigung der biblischen Hochreligion zur Einheit zusammen.

Hier sind wir aber nun auch an eine Stelle gelangt, wo es lohnt, jene harmonische Einheit von primitiver und biblischer Wahrheitserkenntnis nach vorn weiter bis in die Gegenwart durchzuziehen, um Möglichkeiten solcher Schöpfungserkenntnis, wie sie uns die Religion in so weitem Horizont bezeugt, unserem heutigen Denken gegenüberzustellen. Nehmen wir einmal diejenige moderne Auffassung ins Blickfeld, die uns als die dem biblischen Denken gegenüber am meisten konträre erscheint: Das Weltdrama ist unendlich, nach rückwärts wie nach vorwärts, »ewig« folgen aufeinander Kontraktion der Materie zu reiner Energie und erneute Expansion zu materieller Körperlichkeit der Welt und so fort. Doch stimmt das Wörtchen »ewig« hierbei? Gewiß nicht, wenn wir an den biblischen Bedeutungsgehalt des Begriffs Ewigkeit denken. Zum einen: Solche naturhaft zu denkende »Ewigkeit« ist im Grund zeitliche Endlosigkeit, nach rückwärts wie nach vorwärts; und dabei sollten wir uns daran erinnern, daß der Mythos solche Naturzeit grundsätzlich als verfallende Zeit sieht. Zum andern: Die biblische Ewigkeit ist voll von heiler Zeit, sie ist keineswegs eine Art Zeitlosigkeit, die ja erzlangweilig sein müßte; so hat schon Karl Barth hervorgehoben, daß auch Gottes Sein nicht ohne Zeitlichkeit gedacht werden könne, heile Zeitlichkeit versteht sich, aber doch Zeitlichkeit: und das heißt Fülle von stets neuen Geschehnissen, unerwarteten und dennoch immer guten – also auf jeden Fall

Geschichte, Heilsgeschichte; die Heilsgeschichte reicht demnach von Ewigkeit zu Ewigkeit, sie beginnt nicht erst mit der Schöpfung, sondern verläuft schon »vor« und »nach« ihr – in Gott selbst.

Dies vorausgesetzt, verschlägt es nun in Wahrheit gar nichts, ob das Weltgeschehen nach dem antik-biblischen Verständnis als in einen Zeitraum von vier oder sechs Jahrtausenden eingefaßt erscheint, oder ob es nach heutiger Auffassung eine Achtzig-Milliarden-Jahresepoche ausfüllt oder schließlich gar deren endlos viele durchläuft; denn es handelt sich dabei ja jeweils um »verfallende Zeit«, und das heißt vom Ansatz her *leere* Zeit, die erst, und das immer neu, durch heilsame Zeit ausgefüllt werden muß. Aus der Sphäre des göttlichen Seins heraus strömt immerzu, als aus dem Füllhorn göttlicher Liebe fließender Überschuß, heile Zeit ins Leere ein. Da gibt es dann, immer neu und immer also überraschend, jene Augenblicke, wo es heißt: Die Zeit ist erfüllt, die Gottesherrschaft ist im Einbruch (Markus 1,15). Das mag, allein aus der weltlichen Dimension heraus gesehen, in zahlreichen, ja zahllosen Augenblicken gesagt werden können; ist es doch, lediglich im Zeitraum unserer knappen derzeitigen Menschheitsgeschichte betrachtet, schon das Ur- und Stiftungsdatum einer jeden heutigen Hochreligion; so dürfte es aber auch schon im kosmischen Zeitwirbel vor Äonen gegolten haben und dann doch auch irgendwie verkündigt worden sein. Aber von Gott, dem Einen, her gesehen ist solche Erfüllung doch immer nur die eine und einzige. Diese Einheit in der Fülle der Vielzahl aber, dem nachrechnenden Verstand nur als einander ausschließende Gegensätzlichkeit zweier Thesen faßbar, fügt sich in selbstverständlicher Anmut zur polaren Ganzheit zusammen, wenn lebendige Religion ins Spiel eintritt.

Da wird die Einheit des Unvereinbaren einfach erlebt, jene »Coincidentia oppositorum«, welche der größte Denker des ausgehenden Mittelalters, Nikolaus von Kues (1401–1464), lehrte. Die Macht, die solche Einheit zustande bringt, die kennen wir nun gut; es ist die Macht des Mythos, die im Ritus die Welt zum Symbol für die höhere, eigentlichere Wirklichkeit werden läßt. Der eben formulierte zweite Halbsatz sollte in jedem Wort ernst genommen werden, nur in diesem Gesamtzusammenhang zieht die hiermit anvisierte Wahrheit nämlich!

Die Macht des Mythos läßt durch den Ritus die Welt zum *Symbol* für die höhere, eigentlichere Wirklichkeit werden. Wer da meint, den Mythos ohne Ritus haben zu können, irrt; er muß sich schon aufmachen dahin, wo in der religiösen Gemeinschaft auf Gottes Stimme gehört, mit gefalteten Händen auf sie geantwortet und in der hymnischen Preisung für sie gedankt wird, um solche Symbolwerdung zu erleben. Welche weltliche Instanz vermöchte wohl zu sagen, daß dies nur im von ihr festgelegten Rahmen geschehen könne? Der »wahren« Kirchen sind wohl mehr, als unser menschlicher Verstand erfassen kann. Doch ohne »Kirche«, sprich lebendige Tradition, die »Väter« und »Brüder« umfaßt (Consensus patrum et fratrum), geht es auch nicht. Lessing hat in der Ringparabel seines Dramas »Nathan der Weise« wohl das letztlich Gültige hierzu gesagt.

Soviel allgemein zum biblischen Schöpfungsverständnis, in gebotener Kürze versteht sich – wer vermöchte dies auch auszuloten –, doch das gilt ja für unser ganzes Unterfangen, die Schöpfungsmythen der Menschheit zu betrachten und zu sichten. Es stellt sich uns hier jetzt noch die spezielle Frage nach dem Ort und Rang des *Menschen.* Der Mensch ist nach Auffassung des »priesterlichen Schöpfungsberichts« (1.Mose 1,1–2,4a; erste Hälfte des fünften Jahrhunderts v. Chr.) Ebenbild Gottes. Das heißt zunächst: Bei den »Heiden« stehen Gottesbilder aus Metall, Stein und Holz allenthalben in den Tempeln; ihr aber, ihr Kinder Israel, sollt wissen, daß in der wahren Religion der Mensch, jeder einzelne, diesen Rang innehat! Es besteht Übereinstimmung in der Forschung, daß sich diese Auffassung ursprünglich vorwiegend auf die aufrechte Gestalt bezogen haben mag, aber eben die eignet ja gerade dem Menschen; Gottes Bild ist also der leibliche Mensch. Doch hat das auch eine Kehrseite. Gott kann gar nicht anders vorgestellt werden als eben so, daß wir in ihm, mag auch das Äußerliche, das Leibliche allmählich geringer eingeschätzt werden, das Urbild alles Menschlichen sehen. Es besteht also ein Korrespondenzverhältnis auf Gegenseitigkeit. Keine der beiden Perspektiven ist dabei entbehrlich.

Das wird noch deutlicher beim älteren, ganz mythisch-anschaulichen Bericht von Schöpfung und Menschwerdung, dem sogenannten jahwistischen (1. Mose 2, 4bff.; 10./9.

Jahrhundert v. Chr.). Hier wird gesagt, daß Gott dem Menschen, den er aus Erde, dem »irdischen« Stoff, gestaltet hatte, seinen Odem in die Nase blies, und dadurch erst wurde der Mensch zur wirklich lebendigen menschlichen Seele (2.Mose 2,7). Nimmt man, was trotz des Zeitunterschieds erlaubt sein muß, aus beiden Berichten das Gemeinsame, so ergibt sich, daß der Mensch einerseits ein *Spiegel* ist, der Gott bildlich reflektiert, andererseits aber auch ein *Behältnis,* in welchem sich Gottes Geisthauch befindet. Beides gilt. Ernst Benz hat diese beiden Seiten christlicher Anthropologie deutlich herausgestellt: der Mensch sowohl als Gottes Spiegel wie als Gottes Behältnis. Einen Spiegel kann man trüben, ein Behältnis kann man durchlöchern; doch man kann auch manch schwarzmagische Kunststücke mit beidem anstellen. Der Mensch ist jedenfalls als *Gottesbild* zugleich *Gottesträger* – »theophor«. Er ist dadurch in zweifacher Weise mit Verantwortung beladen, einmal dafür, daß seine Seinsweise als Gottesbild und Gottesträger richtig verwirklicht wird, er ist somit *für sich selbst* verantwortlich; zum anderen ist er dafür verantwortlich, daß er Gott richtig abbildet und daß er ihn richtig trägt; er ist also, so ungewohnt das klingen mag, *für Gott* verantwortlich! Es ist unschwer einzusehen, wie bleibend gültig die Anthropologie der biblischen Schöpfungslehre über Jahrtausende hin ist.

Dieser evidenten Gültigkeit gegenüber wiegen die Differenzen zu unserem modernen Weltbild doch verhältnismäßig leicht. Es sei nur eine davon beleuchtet: Nach dem priesterlichen Schöpfungsbericht hat Gott alle Arten von Pflanzen und Tieren von Anfang an als eigenständig erschaffen; durch die sich an den Darwinismus anschließende und naturwissenschaftlich nicht zu widerlegende Sichtweise der modernen Genetik aber wissen wir, daß alle »Arten« durch »natürliche Zuchtwahl« aus einheitlichen Grundformen des Lebens hervorgegangen sind. Schon zu Darwins Zeiten haben Theologen gegen ihn diese biblische »Lehre« ins Feld geführt. Sie sind damit gescheitert, und das deshalb, weil sie nicht mythische von naturwissenschaftlichen Erkenntnissen zu unterscheiden wußten. Im Grund meint aber die biblische Aussage doch dies, daß die Vielfalt der Arten, wie immer sie zustande kommt, der jeweilige Stand der Evolution also, von Gott gewollt ist. In richtigem mythologischem Verständnis gesehen, bestätigen sich also moderne Kosmologie und biblische Schöpfungslehre gegenseitig. Die Autoren der biblischen Schöpfungsgeschichte – wie auch die anderer Schöpfungsmythen – bedienten sich des damaligen, des jeweiligen »naturwissenschaftlichen« Weltbilds mit einer solchen Selbstverständlichkeit und Unbefangenheit, wie wir sie in unserer Zeit erst mühsam wieder lernen müssen.

Literatur zum fünften Kapitel

Allgemein:

Helmuth von Glasenapp, Die fünf Weltreligionen, jetzt Düsseldorf–Gütersloh–Wien o.J.

Friedrich Heiler, Die buddhistische Versenkung, München 1918; ders., Erscheinungsformen und Wesen der Religion, Reihe Die Religionen der Menschheit, Bd. 1, Stuttgart 1961.

Ulrich Mann, Buddhismus, in: Mitmenschlichkeit – eine Illusion?, hg. von Peter Rohner, München 1973; ders., Die Religion in den Religionen, Stuttgart 1975; ders., Theogonische Tage, Stuttgart 1970.

Gustav Mensching, Buddhistische Geisteswelt, Baden-Baden o.J. (BG).

Siegfried Morenz, Ägyptische Religion, Reihe Die Religionen der Menschheit, Bd. 8, Stuttgart 1960.

Upanishaden, übersetzt und erläutert von Paul Thieme, Reclam 8930, Stuttgart 1966/77.

Zu Buddhismus:

André Bareau, Der indische Buddhismus, in: Die Religionen Indiens III, Reihe Die Religionen der Menschheit, Bd. 13, Stuttgart 1964.

Das Tibetanische Totenbuch, hg. von W. Y. Evans-Wentz, Olten 1971.

Detlef Ingo Lauf, Das Erbe Tibets, Bern 1972.

Ulrich Mann, Buddhismus, s.o.

Gustav Mensching, Buddhistische Geisteswelt, s.o.

Giuseppe Tucci, Die Religionen Tibets, in: Die Religionen Tibets und der Mongolei, Reihe Die Religionen der Menschheit, Bd. 20, Stuttgart 1970; ders., Tibet, Genf 1973.

Zu Hinduismus:

Die Bhagavadgîtâ, Text mit Kommentar von S. Radhakrishnan, deutsch Wiesbaden o.J.

Jan Gonda, Die Religionen Indiens I u. II, Reihe Die Religionen der Menschheit, Bd. 11 u. 12, Stuttgart 1960 und 1963.

Lyrik des Ostens, hg. von Wilhelm Gundert, Annemarie Schimmel und Walther Schubring, Darmstadt 1965.

Religionsgeschichtliches Lesebuch, Heft 14 (Der Hinduismus), Tübingen 1930 (Rg. Lb. H.).

C. Sivaramamurti, Indien – Kunst und Kultur, Freiburg i.Br. 1975 (Indien-Herder).

Wörterbuch der Mythologie, hg. von H. W. Haussig, I. Abt., 8. Lief., Die Mythologie der vedischen Religion und des Hinduismus (Volker Moeller), Stuttgart 1966.

Zu Parsismus:

Geo Widengren, Die Religionen Irans, Reihe Die Religionen der Menschheit, Bd. 14, Stuttgart 1965.

Zu Islam:

Der Koran, übersetzt von Max Henning, Stuttgart 1960.
Rudi Paret, Mohammed und der Koran, Urban-Taschenbücher, Bd. 32, Stuttgart 1980.
Religionsgeschichtliches Lesebuch, Heft 16 (Der Islam), Tübingen 1931 (Rg. Lb. I.).

Zu Biblische Religion:

AOT (s. Lit. z. 4. Kap.)
Karl Barth, Die Kirchliche Dogmatik, Bd. I/2, Zollikon–Zürich 1960.
Ernst Benz, Der Mensch als Imago Dei, Eranos-Jahrbuch 1969, Zürich 1972.
Ulrich Mann, Die Religion in den Religionen, s. o.; ders., Theogonische Tage, s. o.
Sigmund Mowinckel, Psalmenstudien 1–6, Oslo 1921–24/1961.
Gerhard Nebel, Hamann, Stuttgart 1973.
Walter Friedrich Otto, Das Wort der Antike, Stuttgart 1962.

Vom Altern der Mythologie und von der ewigen Jugend des Mythos

Einen Mythos kann man *erzählen,* man kann ihn als preisende Anrede *beten*, man kann ihn in Hin- und Widerrede *spielen;* das geschieht in den poetischen Formen der Epik, Lyrik und Dramatik. Einen Mythos kann man auch *singen,* in Tönen mit Wortbegleitung oder ohne sie; das geschieht in der Musik, so in der Matthäuspassion, so in der Zauberflöte, so aber auch in Bachs Musikalischem Opfer, in Mozarts späten Klavierkonzerten wie in seiner g-moll-Sinfonie, in Beethovens Rezitativ-Sonate, in seiner Sonate Les Adieux wie in seiner letzten op. 111 (man lese dazu Thomas Manns Deutung im Doktor Faustus). Man kann den Mythos bildnerisch *darstellen;* das geschieht in den großen Werken der Plastik und der Malerei. In allen genannten Formen ist wesentlich, daß ein Akkord von Wort, Klang und Bild vernommen wird, wie das in den genannten Beispielen unverkennbar der Fall ist. Denn im lebendigen Mythos finden sich alle menschlichen Äußerungsmöglichkeiten zur Einheit zusammen, ist er doch das Vernehmbarwerden von Gottes Äußerung. Gott aber ist immer derjenige, der »alles in allem« ist (1.Korinther 15,28).

Der Freskenzyklus des Michelangelo

Wir betrachten, um Aufschluß über das letzte Problem unserer Gesamtthematik zu erhalten, jenes Werk der bildenden Kunst vom Beginn der Neuzeit, welches den biblischen Schöpfungsmythos in bis zum heutigen Tag unübertroffener Eindringlichkeit zur Anschauung gebracht hat: Es ist der Freskenzyklus des Michelangelo Buonarroti in der Sixtinischen Kapelle. Alles bezieht sich hier auf den Kult und nur auf ihn. Von der Altarwand, vor der die Messe zelebriert wird, haben wir bei der Betrachtung auszugehen. Von 1508 bis 1512 schuf Michelangelo den gewaltigen Komplex der Deckengemälde mit den Schöpfungsbildern, getragen und erläutert von den Sibyllen und Propheten. Von 1534 an malte er das gewaltige Bild des Jüngsten Gerichts an der Altarwand; zur Darstellung des Engelsturzes auf der Eingangswand kam es nicht mehr. Doch Altarwand und Decke müssen als Einheit gesehen werden.

Vom Altar aus öffnet sich also, anstelle des Chorfensters, der Luftraum des Weltgerichts dem Eingang; oben aber und dem Eingang zu leuchten die Szenen der Schöpfungsgeschichte auf, beginnend mit der Scheidung von Licht und Finsternis und endend mit Noahs Trunkenheit, die sich über dem Eingang der Laien befindet – das ist der Hinweis auf unsere Alltäglichkeit nach der Sintflut wie auch auf die Christushoffnung, die durch Wein und Kelter angedeutet wird.

Von entscheidender Bedeutung ist, daß alles vom Ritus her begriffen wird, von der Zelebrierung des Meßopfers auf dem Altar. *Maltechnisch* ausgedrückt genau darüber, wirklich *malerisch* gesehen aber genau dahinter befindet sich die Öffnung des Höllenschlunds: *Vor* diesem also findet symbolisch Fleischwerdung, stellvertretendes Sterben und Auferstehung des Gottessohns statt, ehe dieser dann im Hintergrund als griechischer Heros den Richterstuhl der Weltgeschichte einnimmt. Eine unsichtbare und doch nicht unwirkliche senkrechte Achse verbindet so, über den Höllenschlund hinweg, die Altarmitte und den Richterthron mit der ersten Schöpfungsszene in der Höhe. Es ist, als verbände eine Kraftlinie das Altargeschehen mit dem Schöpfungshimmel. Und genau so ist es auch theologisch gedacht, die Kraft des Abendmahlsgeschehens und die der ersten Schöpfungstat ist eine und dieselbe. Daß wir hier dem Maler nichts unterstellen, was ihm ferngelegen hätte, bezeugt er selbst deutlich genug. Am oberen Ende der unsichtbaren Kraftlinie befindet sich das hinreißend bewegte Bild des Jona, wie er, das Fischmaul gerade noch zu Seiten und aus diesem ins Leben auferstanden, verzückt nach oben blickt; er allein sieht den ersten Schöpfungstag, während Jeremia und die libysche Sibylle zu seinen Seiten ernst nach unten schauen, zum Altar hin. Jona, Symbolgestalt für die Christusauferstehung, ist so die Mittlerfigur zwischen den beiden Kräften in der Höhe und in der Tiefe, in fernen Schöpfungstagen und im gegenwärtigen Heilsgeschehen. Beides ist im lebendigen Kult lebendiger Religion ja doch eins und dasselbe.

Wohl jeder hat schon in irgendeiner Reproduktion Michelangelos Gemälde von der Erschaffung Adams gesehen; die ungemeine Bekanntheit dieses Bildgedankens – Gott der Herr von rechts heranschwebend, vor einer Engelschar, und im linken Arm die noch ungeschaffene Eva bergend, mit kraftvoll ausgestreckter Hand den noch wie im Halbschlummer daliegenden Adam erweckend –, er mag viel dazu beigetragen haben, daß Gott als alter Herr mit Bart auch ins neuzeitliche Bewußtsein eingegangen ist. Mittelalterlichen Meistern ließ und läßt man das durchgehen; doch wenn auch der größte Bildner der Renaissance nichts anderes zu sagen hat, muß da nicht auch die christliche Schöpfungslehre selbst durch und durch antiquiert sein, veraltet, weil »primitiv«, und deshalb endgültig im Widerspruch zum Geist moderner Wissenschaft? In Wahrheit ist freilich solche billige Selbstentschuldigung selbst denkbar »primitiv«, wohlverstanden natürlich nicht in dem Sinn, wie wir den Geist der primitiven Religion gewürdigt haben. In Wahrheit ist Michelangelos Schöpfungsbild überraschend »modern«, oder besser zukunftsträchtig. Dazu sagt einer der neueren Ausleger sehr treffend: »Die göttliche Gestalt ist kraftgeladen und aktiv, die menschliche kraftlos und rezeptiv. Der lebenspendende Strom, der vom einem zum anderen Zeigefinger überspringt, wurde oft als elektrischer Funke bezeichnet. Diese moderne Deutung war dem 16. Jahrhundert fremd, doch entspricht sie sinngemäß dem Geschehen« (Hartt, S. 94).

Die überzeitliche Gültigkeit liegt gewiß an Michelangelos Malkunst, die sich aber keineswegs in dem erschöpft, was man unter dem Begriff Maltechnik versteht. Das Besondere an dieser Malkunst ist dies, daß sie, sosehr sie zeitgebunden ist – was ja bei keinem großen Künstler fehlt –, dennoch keinen Augenblick den Gedanken aufkommen läßt, der uns Menschen der so historistisch denkenden Neuzeit beim Anschauen – oder Anhören – so unangenehm aufdringlich anzufallen pflegt: Ach ja Hellenismus, bzw. ottonische Romanik, bzw. Spät-Byzanz, bzw. spanischer Hochbarock, und so fort. Bei Kunstwerken vom Rang eines Michelangelo – oder etwa eines Bach oder Mozart – pflegte man früher den Ausdruck »klassisch« zu verwenden; bleiben wir dabei, klassisch ist in diesem Sinn, was endgültige Geltung hat und das, soweit voraussehbar, für alle künftige Zeit. Klassisch, das heißt also schlechthin überzeitlich gültig, trotz aller Zeitgebundenheit der äußeren Form, genauer aber meint es, daß ein überzeitlich gültiger Gehalt die selbstverständliche zeitgebundene Form überhaupt nicht mehr zum Bewußtsein kommen läßt; es ist da so, als sei das Formgehäuse transparent geworden, auch für die schlichteste Optik, so als strahlte aus einer Wunderlampe ein jenseitiges Licht ins trübe Diesseits. Tiefenpsychologisch gesehen heißt dies, daß *Archetypisches* erkennbar geworden ist – in der Musik Archephonisches –, wobei wie im Traum das zeitgebundene Kostüm mit einemmal bedeutungslos geworden ist und nur noch das ewig Gültige aufscheint.

Das also gälte es zu erkennen. Wir erinnern uns: Archetypisch ist das *Mythische!* Michelangelo also als einer der großen, der größten Mythiker, Archetypiker könnte man ebenso sagen, vor dessen Bildnerei – natürlich auch der plastischen, ach Moses in San Pietro, ach Mediceergräber in Florenz! – jedes Fragen nach Zeitgebundenheit verstummt. Bei welchem seiner Zeitgenossen gibt es noch solches Verstummen? Bei Dürer gelegentlich – die Apostel –; bei Altdorfer angesichts des sich aufreißenden Himmels über seiner Alexanderschlacht, aber Kostüme und Rüstungen der Landsknechtszeit fallen dann doch wieder kräftig ins Auge; bei Raffael oft, im Grund aber so ganz doch nur bei dem deshalb ebenfalls einzigen Lionardo – das Abendmahl, die Gioconda, am herrlichsten die Anna Selbdritt! Es ist wohl nicht zu gewagt, zu sagen, daß, Lionardo ausgenommen, keiner, nicht ein einziger der früheren Meister so rein jenen archetypischen Rang der Bildkunst erreicht hat, der uns Heutige noch unmittelbar, ohne den bewußten historistischen Gedanken, überwältigt – auch nicht Giotto, auch nicht die Eyck, nicht einmal Raffael, um nur die größten zu nennen. Michelangelos Menschen, auch wo sie bekleidet, also irgendwie im Zeitkostüm erscheinen, sind immer ebenso Gestalten von 1982 wie von 1532. Sein Adam ist der ewige Adam, wie sein Gott der ewige Schöpfer ist.

So verbreitet die Kenntnis des wunderbaren Bildes von Adams Erschaffung ist, so wenig die der sachlich vorhergehenden Bilder, der Altarwand zu, die als die letzten gemalt wurden – vielleicht, wenn hier von Steigerung die Rede sein kann, die gereiftesten. Gereift in dem Sinn, daß hier durch noch kühnere Verkürzungen die Dynamik verstärkt wird und durch noch flächigere Pinselführung die klassische Einfachheit zum kräftigsten Ausdruck kommt. Das gilt schon deutlich für das nächste Bild, die Sammlung der Wasser; Gott kommt aus der Raumtiefe herangeschwebt, mit gereckten Armen den

Elementen ihren Ort zuweisend, mit schier geschlossenen Augen aus eigener Geistestiefe heraus wirkend. Wiederum anders die Erschaffung der Gestirne und der Vegetation; im ersten Akt ein stürmisches Heranbrausen, Ortszuweisung für die Sonne, die dereinst beim Sohnesopfer ihren Schein verlieren wird (Lukas 23,45), Gottes Antlitz ist hier voll von schmerzensreichem Ausdruck, Hartts Deutung trifft zu: »Auf Michelangelos Bildern kann sogar Gott leiden. Die Falten auf der Stirn enthüllen nicht nur Entschlossenheit, sondern auch Schmerz. Die Gesichtsmuskeln sind gespannt, der tragische Ausdruck deutet auf das bedrückende Opfer des Sohnes hin« (Hartt, S. 108). Noch unerhörter der zweite Akt: Wie nach einer scharfen Wendung im Flug sieht man den schwebenden Gott nun von hinten – wer hat je zuvor Gott so von rückwärts gemalt? –, mit segnender Hand stiftet er die für den Menschen segensreichste Gabe der pflanzlichen Grünung, doch er wendet sich ab, es ist, als fliehe er, man mag an Ernst Jünger und Léon Bloy denken: Dieu se retire, der Regent zieht aus, doch er zieht aus zur Wiederkunft.

Das erste Bild des Schöpfungsdramas, Michelangelos letztes unter den Deckenfresken, unmittelbar über dem aufblickenden Jona und Gipfelpunkt der unsichtbaren senkrechten Achse, zeigt die Scheidung von Licht und Finsternis, den ersten Akt des Schöpfungsgeschehens im Zyklus. Das Bild ist das wohl unschärfste, auch das wegen des Lichts am undeutlichsten erkennbare, aber das wird so gewollt sein. Die Arme hoch übers Haupt gereckt, schwebt der Herr, wie immer in ein leichtes Gewand von mystischem Blaßviolett gehüllt – verhüllt und enthüllt in einem –, gleichsam wie aus Himmelshöhen nach unten sinkend, der linke Arm schiebt das Dunkel dem Kapellenraum zu, der rechte das Licht zur Altarwand hin, zum Gericht der Welt und zum Tisch des Herrn. Es ist dies das schlichteste unter allen Bildern und doch das geheimnisreichste. Hinter diesen Akt greift der Maler nicht weiter zurück, es ist dies der Anfang schlechthin. Ja es ist dies nicht nur die Auseinanderfaltung von Licht und Dunkel – und das bedeutet ja auch den Anfang jeder Möglichkeit des Malens –, es ist das erste In-Erscheinung-Treten Gottes, es ist sein eigenstes Sichselbst-Entfalten.

All das nun hat seinen Ursprung im Sakrament, im Kult,

aber es ist nicht nur Interpretation des Kults, sondern ebenso dessen Ursprung, dessen Quelle. Wir erinnern uns, Mythos und Ritus sind zwei Seiten einer und derselben Wirklichkeit. In dieser Einheit verbinden sich zugleich Ursprung und letztes Ziel. Schöpfung als ursprungshafte Vergangenheit, Jüngstes Gericht als letztes Ziel, mythisch interpretiertes Sakrament als heilstiftende Gegenwart geraten hier zur Einheit zusammen. Wie wir zu Beginn fanden: Hier verwirklicht sich die religiöse Einheit von Kosmologie, eschatologischer Psychologie und Theologie. In dieser Einheit aber liegt, wie wir sahen, die geheime Botschaft der Religion schon seit ihren frühesten Anfängen. So stellt Michelangelos gemalter Schöpfungsmythos geradezu den Idealtyp unseres gewaltigen Themas dar. Wer sich darauf einläßt, wer sich in diese Bilderwelt versenkt und, umgekehrt, sie in sich aufnimmt in andächtiger Dankbarkeit, für den beginnt die Farbenwelt zu klingen und das Mythenwort zu leuchten. Hier bedarf der Schöpfungsmythos keines Wahrheitserweises mehr. Hier hat er, zu Beginn der Neuzeit schon, seine auf lange Zeit hinaus gültige Gestalt und Wahrheit offenbart. Es ist nicht vorstellbar, daß auch nur ein kleiner Ausschnitt aus diesem mythischen Kosmos veralten könnte. Michelangelos Schöpfungsmythos ist so jung geblieben wie die beiden jugendlich nackten, griechisch heroischen Hauptgestalten seines Bilderdramas: Adam und Christus.

Doch nun ist das Stichwort genannt, um das es uns zum Abschluß geht und um dessentwillen wir die jungbleibende Bilderwelt der Sixtina beschwören mußten als das große Paradigma, das erlebnishafte Gegenargument wider jene Resignation, die uns Moderne immer wieder befallen will: Ist denn nicht das ganze mythische Arsenal doch im Veralten und also im Verfall begriffen? Das Veralten des Mythischen ist unser Schlußproblem.

Hier gilt es freilich schärfer zuzusehen. Wir erinnern uns des zu Anfang gemachten Unterschieds zwischen Mythologie und Mythos; von ausufernder Mythologistik braucht nicht weiter die Rede zu sein. Mythologie ist die immer irgendwie zeitgebundene Gestalt, in welcher der Mythos auftritt, ist dessen Kostüm und Maske, ohne die er sich nicht verständlich machen könnte; so mußte sich die gültige Wahrheit, die ein Aischylos und ein Sophokles zu verkünden hatten, in Rollen und

Kostüme jener griechischen Sagenhelden »verkleiden«, deren wirkliche Existenz für die damaligen Athener eine Selbstverständlichkeit war, nicht aber für die Besucher einer Tragödieninszenierung in der Berliner Volksbühne. Darin stellt sich unseren modernen Theaterfachleuten ja ihr geheimes Dauerthema, sobald sie an eine Inszenierung älterer Bühnenwerke gehen, von Aischylos bis Shakespeare, Goethe, Schiller, Mozart, Büchner, Wagner, Hofmannsthal, ja heute sogar schon Brecht. Doch dieses Dauerthema der Theaterleute hat zum Hintergrund noch ein weit hintergründigeres Dauerproblem, nämlich das Veralten von Mythologie überhaupt.

Jede große Dichtung, Bildnerei und Musik greift seit Jahrtausenden auf den Bestand der alten, archetypischen Wahrheiten zurück, auf das Mythische also. Womit wir auch schon wieder bei Michelangelo sind: Der hatte es insofern leichter als unsere Theaterleute, als er ja den lebendigen Mythos voraussetzen durfte, den religiösen versteht sich, der in der Kapelle beim Ritus zur Sprache kam, die Einheit von Mythos und Mythologie war also gegeben; doch, wir sagten es schon, er hat auch dem mythologischen Kostüm eine so sehr überzeitliche wirksame Gestalt zu geben vermocht, daß sich hieran nicht die von des »Gedankens Blässe angekränkelte« modernistische Frage nach historischer Exaktheit und damit auch das Empfinden des Veraltetseins anhängen konnte. Bei Buonarroti war das Problem gelöst, seine Kunst schuf die Lösung.

Die Aufgabe der Theologie

Doch stellt sich uns das Problem neu, auch noch von einer anderen Seite her. Die Geistesgeschichte des nun zu Ende gehenden Jahrtausends hat es, wie schon zu sagen war, mit sich gebracht, daß die christliche Schöpfungsmythologie zur vom Ritus ganz abgelösten Metaphysik, und das heißt letztlich zur bloßen *Naturkunde* geworden ist. Wird Mythologie aber zur Naturkunde, so veraltet sie ebensoschnell wie jede heutige naturkundliche Theorie gegenüber der von morgen schon.

Natürlich läßt sich eine solche Entwicklung nicht einfach rückgängig machen. Ist Mythologie einmal zur Metaphysik erstarrt und schließlich zur Physik geronnen – Pseudo-Physik sollte man besser sagen –, so bedarf sie zunächst einmal einer kräftigen Widerlegung. An dieser ist ja nun heute wirklich kein Mangel, die ganze Makrophysik wie die Genetik sind nichts anderes als eben diese notwendige Widerlegung; es wäre freilich geschmacklos, wollte der Physiker oder Genetiker heute im Stil des ausgehenden neunzehnten Jahrhunderts die Rückständigkeit des biblischen Schöpfungsmythos anprangern. Solches tun nur noch Propagandisten einer Populärwissenschaft in den Medien oder eben jene Wissenschaftler in totalitären Staaten, übrigens keineswegs alle, die ideologische Pflichtübungen nötig zu haben glauben. Die seriösen Forscher unserer Zeit tun das eigentlich durchweg nicht mehr; der Grund ist ein zweifacher: einmal, weil die Sache zu selbstverständlich geworden ist, zum andern, weil erkannt wurde, daß diese vordergründige Selbstverständlichkeit ja keineswegs die tiefe Wahrheit der mythischen Aussage antastet. Es ehrt die heutige Physik wie die heutige Genetik in besonderem Maß, daß gerade aus den Reihen dieser Forscher gewichtige Bekenntnisse laut werden, die auf tiefe mythische Wahrheiten hinweisen; wir nennen, stellvertretend für viele, aus den Reihen der Physiker nur den Namen Werner Heisenberg, der Genetiker den Namen Alister Hardy.

Mit der Widerlegung allein ist es also nicht getan, natürlich nicht. Der bequemste Ausweg scheint nun der zu sein, den seit dem ausgehenden letzten Jahrhundert die Theologen beflissen benutzt haben und mit dem sich dann, oft genug penetrant glücklich über solches kompetente Vorbild, auch die Naturwissenschaftler weithin einverstanden erklärten: Natur und Glaube sind zwei getrennte und stets scharf zu unterscheidende Wirklichkeiten, nur keine unklaren Vermischungen bitte. Von seiten der Theologie hat kein Geringerer als Rudolf Bultmann sein ganzes Denksystem vom Ansatz her auf eben diesen Ausweg ausgerichtet. Natur und Geschichte, Natur und Existenz, das sind zwei Bereiche, die bei ihm so eindeutig getrennt sind wie die beiden Herzkammern bei Warmblütern; nur hat er nie einen Gedanken daran verschwendet, daß die beiden Herzkammern in Wirklichkeit ja doch durch ein und denselben Blutkreislauf miteinander verbunden sind! So wurde sein Zweikammersystem also aus einem organischen zu einem mechanischen, und das gilt heute noch in weiten Kreisen der Fachtheologie.

Man fragt auf theologischer Seite hierbei leider immer noch zu wenig nach dem beide Kammern Verbindenden. Nur am Rand sei wenigstens darauf hingewiesen, daß nach der christlichen Lehre der Gottessohn einen leiblichen, also naturbedingten Tod erlitten hat. Was unser Thema anlangt, so wird die Wahrheit übersehen, für die Luther mit größter Ausführlichkeit in seinen Abendmahlsschriften eingetreten ist: Gott ist, und das leiblich, das »Allerinwendigste« in allem, kein Wesen existierte ohne ihn als Wesenskern!

Das ist eine theologische Aussage, aber ebenso eine metaphysische. Damit kommen wir zum Kern des Problems. Begann der Abweg damit, daß aus Mythos Theologie wurde, aus Theologie Metaphysik und schließlich aus Metaphysik Physik, so kann der richtige Weiterweg nur darin bestehen, daß aus der Physik heraus je und je neu nach der besseren Metaphysik gefragt wird, aus dieser nach der besseren Theologie, um aus dieser wieder zum Vernehmen der uralten, der ewigen mythischen Wahrheit zu gelangen. Dies ist ein Prozeß, der nie abgeschlossen sein kann. Es ist dies eine ständige Aufgabe, vorab für jede künftige Theologie. Bislang ist damit kaum angefangen worden; wiederum seien von wenigen wenigstens die Namen von Karl Heim und Adolf Köberle genannt, dazu der Name von Conrad Bonifazi, dem wir eine »Theologie der Dinge« verdanken.

Bedeutsam ist aber auch, daß auf der anderen Seite, der Naturwissenschaft, auf solche theologische Aufarbeitung gewartet wird. Natürlich nicht auf Versuche, die einen allzu billigen Ausgleich anstreben, davon hat es nun seit der Aufklärungstheologie im achtzehnten Jahrhundert wahrhaft genug gegeben, wo man Gott aus der so schön geordneten Natur leicht beweisen zu können meinte, manchmal im Stil jener optimistischen Predigt aus dieser Epoche: »Seht, wie weislich Gott die Welt eingerichtet hat: An jeder großen Stadt fließt auch gleich ein großer Fluß vorbei.«

Für jede künftige theologische Aufarbeitung, durch welche die – scheinbar – veraltete Mythologie neu belebt und mit dem wissenschaftlichen Denken in Zusammenhang gebracht werden kann, müßten eben jene Forschungswege eingeschlagen werden, auf die wir bei unserem gesamten Überblick immer wieder aufmerksam wurden. Es sind Wege, welche seit geraumer Zeit von der Religionswissenschaft erkundet und wieder freigelegt wurden, jene Wege nämlich, die zu den Ursprüngen der Religion führen.

Die Theologie muß sich also auf diesen ihr neuen Gängen, die im Grund doch die uralten sind, ihre künftige Thematik von der empirischen Religionswissenschaft zureichen lassen; sie tut so etwas nicht gern, weil sie gewohnt ist, in ihren eigenen Wänden zu bleiben, doch es ist nunmehr hoch an der Zeit, daß sie sich im offenen freien Raum mit allen religionskundlichen Nachbarwissenschaften ernstlich einläßt, und das in der gesamten Breite der anstehenden Thematik und auf Dauer.

Wir fanden bei unserer Suche nach den Ursprüngen der Schöpfungsmythologie zunächst die Themenkreise »Weltelternmythos« (oder »Heilige Hochzeit«), »Heiliger Streit« und »Gottesopfer«. Dies theologisch aufzuarbeiten kann nicht schwerfallen, denn die geistige Entwicklung führte ja schon von diesen primitiven Ansätzen aus in entwicklungsträchtige Bereiche, und das in allen Hochreligionen. Wir brauchen nur an wenige Züge zu erinnern. Im *Buddhismus* wird die Heilige Hochzeit zur innerseelischen Paarung von Buddha und Shakti, der Heilige Streit zur Bekämpfung der Finsternis durch das Bodhi-Licht, symbolisiert in schwertführenden, kämpferischen Schutzgöttern, und das Gottesopfermotiv verwirklicht sich in Mitleid und Menschenliebe des Buddha. – Im *Hinduismus* hat eine ganz ähnliche Entwicklung stattgefunden. Die hochzeitliche Verbindung zwischen Vishnu und Lakshmi, Krishna und Radha, Shiva und Parvati, auf allen Tempelwänden dargestellt, ist Symbol innerer Schöpfungsvorgänge, der Kampf des Indra gegen Vritra, der des Vishnu als Narasimha (»Löwenmann«), der des Shiva wider den Dämon Ravana symbolisiert innere Siege; in beiden Fällen finden wir Vergeistigungen von Heiliger Hochzeit und Heiligem Streit. Das Gottesopfermotiv ist unschwer in Askese und Yoga wiederzufinden. – Im *Islam* ist das Motiv der Heiligen Hochzeit in den Paradiesmädchen mit ewig sich erneuernder Jungfrauschaft verkörpert, der Heilige Streit im Dschihâd, dem heiligen Krieg für den Islam, und das Gottesopfer verlagert sich auf den Märtyrer, den Schahîd, der unmittelbar ins Paradies einreitet. Die Motive sind hier also anthropologisiert (»vermenschlicht«). – In der *biblischen Religion* fanden wir diese Motive ebenfalls, und zwar historisiert und eschatologisiert. – Alles zusammengenommen, leben die primitiven Schöpfungsmotive also in gewisser spiritualisierter (»vergeistigter«) Weise fort, wobei ihre ursprüngliche Bedeutung als Kausalerklärung für das Entstehen der Welt sich verschoben hat zu einer geistigen, aber durchweg religiös nachzuvollziehenden *Sinndeutung* des Weltgeschehens. Diesem Bedeutungswandel und seiner Auswirkung auf das Welt-, Gottes- und Selbstverständnis gälte es nun insbesondere im Rahmen der biblischen Religion – doch auch der anderen Religionen – theologisch neu nachzudenken; solch neues Nachdenken müßte zu neuen Erkenntnissen dessen führen, was in der eigenen Religion an Keimen zur Sinnfindung unter früher nicht vorhersehbaren Denkvoraussetzungen doch schon für weite Zukunft angelegt war: Die Kraft des Mythos ist eben unabsehbar und unermeßlich.

Besonders bedeutsam sind nun die beiden letzten der fünf primitiven Schöpfungsmotive für die biblische Religion. Der Urmuttermythos bzw. Urvatermythos hat einen fundamentalen Bedeutungswandel durchgemacht. Der ursprüngliche Bedeutungsgehalt hinsichtlich realen Zeugens und Gebärens hat sich weithin vergeistigt; erhaltengeblieben ist davon allerdings ein Rest in der Trinitätsdogmatik des alten Christentums: Gott der »Vater« zeugt ewig Gott den »Sohn«. Diese auf den großen Denker Origenes (3. Jahrhundert n. Chr.) zurückgehende Lehre unterscheidet aber streng die irdische Zeugung Jesu in Maria von der ewigen, völlig geschlechtslosen »Zeugung« des Sohns. Diese letztere ist nun freilich, anders als Psalm 2,7, doch bei dem Platoniker Origenes lediglich bildhafte Umschreibung für ein rein geistiges Geschehen, welches als Sich-selbst-Hervorbringen der Gottheit zu einer zweiten, weltnäheren Existenzweise mit dem spätantiken Begriff der *Emanation* Gottes bezeichnet wird. Solches Hervorgehen Gottes aus sich selbst, worin sich der bislang noch nicht Offenbare offenbart, ist ein Denkmodell, das in mancher heutigen Hochreligion von hoher Bedeutung ist; am kräftigsten im Buddhismus und Hinduismus, wo alles um die Avataras, eben um solchermaßen emanierte Gottgestalten geht, am wenigsten auf der anderen Seite im Islam, der vorwiegend aus Gründen der Abgrenzung, dabei aber die christliche Trinitätslehre wie das Dogma von der »Jungfrauengeburt« gründlich mißverstehend, immer noch beharrlich die quranische Polemik vertritt: »Nicht steht es Allah an, einen Sohn zu zeugen« (QS 19,36).

Wesentlicher noch fürs heutige Verständnis des Urvaterthemas ist ein anderer Gesichtspunkt. Der Begriff des Vatergotts ist im alten Israel schon lange vor der Zeit Jesu vergeistigt worden; Gott ist ein *väterlich* liebender Gott (vgl. Jeremia 3,4; Jesaja 63,16 u. v. a. St.). Bei Jesus erhielt dann die Verkündigung dieses liebenden Vatergotts eine so zentrale Bedeutung wie nie zuvor, das Vaterunser ist stets Mittelpunkt der christlichen Anbetung geblieben. Die Entwicklungslinie führt aber, blickt man weit genug zurück, vom primitiven Urmuttermythos über den Mythos vom zeugenden Vatergott zum väterlich liebenden Gott; darin liegt einerseits gewiß eine großartige Spiritualisierung und Personalisierung der Gotteserkenntnis, andererseits aber doch auch eine Vereinseitigung, die heute noch der immer dringlicher verspürten Ergänzung wartet. Von Carl Gustav Jung spätestens wäre zu lernen, daß die »weibliche Seite in Gott« endlich zu ihrem theologischen Recht kommen muß. Gott ist so väterlich wie auch mütterlich (vgl. Jesaja 66,13)!

Von der Problematik, vor die wir geraten, wenn die Frage nach dem »Anfang« aufbricht, war schon eingehend die Rede. Die primitive Mythologie antwortet darauf mit dem *Selbstentstehungsmythos*. Das war unter den damaligen Denkvoraussetzungen eine angemessene und durchaus ehrerbietige Lehre; unter heutigen kann sie so freilich nicht genügen. Doch bietet sich ein anderer, hilfreicher Ausdruck an. Statt Selbstentstehung muß es *Selbstentfaltung* heißen. Damit wird der Ewigkeit Gottes »vor« aller Zeitlichkeit gebührend Rechnung getragen. Zugleich entsteht die Möglichkeit, den ganzen, nach Zeit und Raum ungeheuer ausgedehnt gewordenen Kosmos als Sphäre der göttlichen Selbstentfaltung zu begreifen, was die unserem Bewußtseinsstand einzig angemessene Denkweise wäre. Die mythische Veranschaulichung dazu wurde, wie schon erwähnt, beispielhaft, in »klassischer« Weise also, von Michelangelo in seinem ersten Schöpfungsbild geleistet. Aus der unbegreiflichen, unanschaulichen Sphäre des »Vorher« bricht Gott in die Zeitlichkeit hinein, die in diesem Hereinbruch überhaupt erst geschaffen wird, und sein Hereinstürmen ist schon ein Teilen: Licht hier, Finsternis da, Gottes Möglichkeiten – es sind ihrer unendlich viele – sowohl setzend wie unterscheidend, so setzt Gottes Wirken ein, und so entfaltet sich Gott selbst in der Schöpfung. Wir bescheiden uns hier mit einer kurzen Andeutung: Es wären Bücher zu schreiben über die damit angerissenen Probleme, vor allem über die Frage, was es denn nun mit der doch auch in Gott urständenden Finsternis auf sich habe; es wäre freilich dem Leser gegenüber auch wieder unangemessen, nicht wenigstens kurz anzudeuten, wo die Lösung gesucht werden könnte.

Carl Gustav Jung hat in seiner Spätschrift »Antwort auf Hiob« darauf geantwortet; es war freilich nur der Ansatz einer solchen, und keine Antwort wird wohl je viel weiterkommen. Immerhin hilft nüchtern vorgenommenes Unterscheiden wenigstens zu notdürftiger Klärung. Wir blenden dazu zwei gut zu unterscheidende Aspekte auf.

Die Erschaffung der Gestirne und der Vegetation. Ausschnitt aus dem Deckengemälde Michelangelos in der Sixtinischen Kapelle im Vatikan. Gottes Selbstentfaltung und Gottes Sichabwenden im Schöpfungsgeschehen, verbunden mit dem Abendmahlsritus.

Ethik als Zeugenschaft

Der erste dieser beiden Aspekte weist ins Ethische. Hierzu müssen wir etwas ausholen. Es hat Ethik, zu verstehen als Lehre vom heilsamen Sich-Einstellen, Wollen, Sich-Verhalten und Handeln, gegeben, solange es je Menschen gab. Doch in primitiven und noch halbprimitiven Phasen der Bewußtseins-, Kultur- und Religionsentwicklung lag das Ethische vorwiegend in der selbstverständlichen Befolgung jener als heilsam bewährten Regelsysteme, welche in die rituellen und mythischen Traditionen eingebunden waren. Anders aber in der Hochreligion, der dritten Phase der Religionsentwicklung, in welcher, hierin ganz dem Bewußtseinsstand der von Karl Jaspers als »Achsenzeit« bezeichneten Epoche entsprechend, dem Geist des einzelnen, des Individuums, in völlig neu eröffnetem Horizont die freie Entscheidung aufgegeben ist. Der einzelne steht nun für die jeweils höhere Wahrheit ein, und hätte er sie gegen eine ganze Welt von Unverständigen zu vertreten. Das fängt schon in der griechischen Epoche der hohen Tragik an, Kassandra, Orestes, Antigone stehen dafür. Noch eindringlicher wirkt diese Zeugenschaft im Bereich der altisraelitischen Religion, denn da sind es statt der tragischen Sagengestalten historische Personen, angefangen bei den frühen Propheten bis zum Täufer Johannes und zu Jesus, und diese »Wolke von Zeugen« (Hebräer 12,1) reicht von da weiter über alle folgenden Generationen weg, Gestalten wie Johannes Chrysostomus und Augustin gehören dazu, Franz von Assisi, Savonarola und Luther sind da zu nennen, Giordano Bruno wie auch der einsame Missionar im China der Ming-Zeit Matteo Ricci, ferner Pascal und Kierkegaard und schließlich der große neuzeitliche Denker einer Theologie der Schöpfung und Naturentwicklung Teilhard dc Chardin – sie alle stehen für die Macht der Wahrheit, die sich nunmehr souverän ihren Bürgen erwählt, der als einzelner gegen eine Welt zeugt. Zeugenhaftes Eintreten, das ist der Kern der neuen Ethik.

Das muß so sein und kann gar nicht anders sein, und das nicht bloß deshalb, weil das Bewußtsein nunmehr aus eigener Kraft sich einen ganz neuen Freiraum geschaffen hat – das natürlich auch; aber letzten Endes weiß der Religiöse doch immer, daß sein eigenstes geistiges Sein, sein Erkennen und Entscheiden nichts anderes sein kann als Reflex, Spiegel-Abbild eines Bewußtseins von höherer Art, eines metaphysischen, »übernatürlichen« Geistes, des Gottesgeistes eben. Das hieße dann aber auch, daß seit dem geistigen Sprung in der Achsenzeit und während der gesamten anschließenden Bewußtseinsgeschichte der Gottesgeist selbst in jenen Stand der Zeugenschaft eingetreten ist, der sich in der neuen Ethik widerspiegelt. Selbstverständlich war Offenbarung seit jeher Überraschung, unerwartetes Überwältigtwerden des in den Bahnen des Gewohnten befangenen Menschengeists; doch nunmehr ist eben dieses Moment zur vollen Bewußtheit gelangt, das ist das Neue. Nun aber gilt es, die volle Konsequenz zu ziehen aus jener neuen ethischen Erkenntnis, die da lautet: Gott selbst ist zum einsamen Zeugen für sein eigenes Selbst geworden, für sein eigentliches Wesen also.

Zeugenschaft ist nur nötig, wo Wahrheit nicht bewiesen und also nicht anders erwiesen werden kann denn durch persönlich bürgendes Einstehen. Das aber hat nun im Fall der neuen Weise von bürgender Selbstoffenbarung Gottes einen unendlich viel weiteren Hintergrund als bloß menschliches Bürgen. Im Grund ist ja die ganze Schöpfung, die Welt, die Natur nichts anderes als göttliche Offenbarung – »Uroffenbarung« nennt sie Paul Althaus. »Die Himmel erzählen die Ehre Gottes«, man lese den 19. Psalm und dazu das erste Kapitel des Römerbriefs. Es gibt nichts Seiendes, was nicht offenbarungshaltig wäre. Somit muß also Gott in seiner neuen Weise als Bürge der Heilsoffenbarung im Grund gegen seine eigene Uroffenbarung stehen und zeugen!

Das hat in gewisser Hinsicht immer schon gegolten, denn in Gott ist alles ewig, das sagt schon der Gottesbegriff. Dennoch aber tritt dieser Ewige in die Geschichte ein, das sagt ein durchdachter Gottesbegriff heute ebenso; also ist Gottesoffenbarung stete Wandlung, und das kann nur so gedacht werden, daß Gott selbst, eben als der Ewige, zugleich als der Lebendige stete Wandlung ist. Unwandelbarkeit gibt es nur für naturkundliche Formeln und Gesetze – solange sie eben in Geltung stehen –, Leben jedoch ist Wandel. Der »ewig unveränderliche Gott« ist eine Abstraktion, die ihrerseits das klassische Resultat ist von jener veraltenden Naturkunde, zu welcher man die lebendige Mythologie der Schöpfung gemacht hat – wir haben davon schon gehandelt. Lebendige Religion sieht es aber anders: Gott ist als der Ewige zugleich der Lebendige. Und da Gott schon von Anfang an »alles in allen« sein muß, wenn er dies dann am Ende der Tage sein soll – nach Paulus einstmals verhüllt, dann aber offenkundig (1.Korinther 13,12; 15,28) –, so läßt sich nur folgern: Wenn auch im Spiegel der Geistesgeschichte gesehen dies sich als ein verhältnismäßig neues Geschehen manifestiert, so ist es doch, theologisch gesehen, das uranfängliche; es ist das Geschehen, worin Gott sich selbst unablässig überwindet zu jeweils höherem Gott-Sein, also Gott wider Gott, so wie es Goethe verstand – ich erwähnte dies schon –, als er dem vierten Teil von Dichtung und Wahrheit jene wohl auf Jakob Böhme und Friedrich Christoph Oetinger zurückzuführende Formel als Devise voransetzte »Nemo contra Deum nisi Deus ipse« (Keiner wider Gott außer Gott selbst).

Nun sind wir soweit, das angerissene Thema »Gottes Dunkelseite« wieder aufgreifen zu können. Wir sagten, es handle sich dabei unter dem ersten Aspekt um ein Problem, das ins Ethische weist. Die »dunkle Seite in Gott« bezieht sich dabei auf all die Finsternis, die über der Schöpfung waltet, ja in ihr liegt. Dunkelheit, so gesehen, als Chiffre für das Schlimme, ja Böse, für den Grimm des Vernichtenden also. Davon ist die Welt voll, jeder kann es wahrnehmen. Das gilt schon für die endlos sich selbst zeugende, sich dann ins Unendliche versprühende und schließlich immerzu selbstzerstörende Natur, diesen fürchterlichen Kronos-Saturn, der ewig Kinder zeugt und sie wieder verschlingt, und wir wissen es ja mit schrecklicher Klarheit, daß wir als Naturwesen selbst diese Unglückskinder sind! Das gilt aber ebenso für die Geschichte, jene titanische Prometheus-Macht, welche uns ständig dazu antreibt, das göttliche Feuer vom Himmel zu stehlen, damit die Natur zu unterjochen und uns selbst schließlich immer mehr in jenes Schuldverhängnis zu verstricken, aus dem nur neue Gewalttat herauszuführen verspricht, um uns in Wahrheit noch tiefer ins Verhängnis zu stoßen. Aller Fortschritt erweist sich, so gesehen, als der täglich neue Heranflug des Adlers, der dem an den Felsen Geschmiedeten die eben verheilte Wunde neu aufreißen wird.

Die alten mythischen Bilder haben ihre gültige Wahrheit. Kronos und Prometheus sind ja die titanischen Vorfahren der Olympier und werden von diesen schließlich überwunden und gebändigt. Die metaphysische Wahrheit, die in dieser Mythologie steckt, muß sich auch im Rahmen des weiterentwickelten und gedanklich voll durchlichteten Monotheismus aufzeigen lassen. Goethes Motto drückt sie in schlechthin klassisch zu nennender Klarheit aus, doch wird sie ja auch schon von Michelangelo deutlich genug bezeugt.

Wir erinnern uns an das erste Freskenbild von der Teilung von Licht und Finsternis, wie an das zweite – Sammlung der Wasser und Erschaffung der Gestirne wie der Vegetation. In diesem zweiten Bild ist das auffälligste der Drehschwung, worin sich Gott im Flug sozusagen von eigenen, ihm durchaus zuzutrauenden anderen Möglichkeiten abwendet, um im Chaos neuen Segen zu stiften. Im ersten Bild aber fängt alles an: Die qualitätslose Einheit »vor dem Anfang« läßt sich nicht malen, Anfang heißt, daß Gott Licht von der Finsternis scheidet. Doch wohin kann er die Finsternis ausscheiden? Es gibt keine zweite Schöpfung, keine zweite Welt neben der einen. Scheidet Gott die Finsternis aus seinem zuvor qualitätslosen Sein aus, so kann er sie nur in diese seine Schöpfung einsenken als Teil der Gesamtheit seiner ureigensten Möglichkeiten, als jenen Dunkelteil, den er selbst in diesem Verweisen verwirft – was auch hätte sonst der Gedanke von Gottes Allmacht für einen Sinn, schlösse er nicht auch die Möglichkeit zum radikal Bösen ein?

Doch sagt uns die Religion noch ein anderes dazu, was so die Philosophie allein niemals sagen könnte, ein anderes, das zugleich das Entscheidende ist: Gottes Wesen ist ja Liebe (1.Johannes 4,16)! Ist Gott selbst im eigensten Wesen Liebe, so kann es nicht bloß liebende Gesinnung sein, denn Gott kann nicht anders gedacht werden denn als unablässig schaffender Täter. Das Wesen der Liebe also ist Tat.

Tat aber ist das Wesen der Ethik, in der Ethik geht es ums rechte, ums wesensgemäße Tun. Und das Wesen des rechten Tuns ist Liebe. Demnach bedarf es eines Widerparts, eines Gegen-Stands, an welchem die Tat sich betätigen kann; Betätigung der Liebe aber kann nur Versöhnung sein. So ist denn auch im nachhinein der Widerpart gerechtfertigt, wiewohl eben nur – was stets festgehalten werden muß – vom Ziel her, von der Eschatologie aus also. In diesem Sinn gewinnen die Worte, die Goethe dem Mephisto in den Mund legt, erst ihren tiefsten Sinn: Ich bin »ein Teil von jener Kraft, Die stets das Böse will und stets das Gute schafft . . . ich bin ein Teil des Teils, der anfangs alles war, Ein Teil der Finsternis, die sich das Licht gebar . . .«

Da erst rühren wir an die Tiefe jenes Geheimnisses, an das wir geraten, wenn wir den Namen Gott beschwören. Es ist gewiß ein Geheimnis und bleibt es letztlich auch, doch ist es nicht jenes Dunkel, von dem späterhin, unter dem zweiten Aspekt, noch die Rede sein muß; es ist vielmehr das Geheimnis, das auch über jeder ethischen Aufgabe des Menschen schwebt und erst durch die Tat einigermaßen durchlichtet werden kann. Doch vorläufig ist es auch schon durch die ethische Überlegung zu erhellen, durch die Erwägung dessen nämlich, was Gut und was Böse ist. Die Erwägung ist möglich, ganz ohne Wissen von Gut und Böse ist kein Mensch.

Das Böse ist die Finsternis, doch Finsternis entsteht erst, indem sie von Gott verworfen wird. Ist der Mensch Gottes Ebenbild, so ist er auch dazu bestellt, diejenigen seiner Möglichkeiten zu verwerfen, die auch Gott als seine eigenen Möglichkeiten verwirft. Dies recht zu erkennen, dazu ist, unter dem ethischen Aspekt gesehen, die Offenbarung, der Mythos da. »Es ist dir gesagt, Mensch, was gut ist und was Jahwe von dir fordert, nämlich Gottes Wort halten und Liebe üben und demütig sein vor deinem Gott« (Micha 6,8). Wir wissen es also. Doch das allein enthält noch nicht die Antwort auf die Frage, vor die wir, so wie Jung in seiner »Antwort auf Hiob«, geraten, wenn uns die »Dunkelseite in Gott« zum Thema des Nachdenkens geworden ist. Darüber weiter nachzudenken war in der Theologie alten Stils verpönt; da galt es sich zu bescheiden mit der Auskunft, daß Gottes Wege letztlich unbegreiflich seien. Das sind sie natürlich auch, aber eben letztlich; doch die Grenze, hinter der solche Letztlichkeit beginnt, hat sich im Zug der neuzeitlichen Bewußtseinsentwicklung weit hinausgeschoben, und diesem Denkgeschick der Aufklärung entkommt man nicht mit der trotzigen Beharrung auf den altbewährten Richtigkeiten. Wir müssen endlich den theologischen Mut erschwingen, daß das Denkgeschick der Aufklärung eben »geschickt« ist – von wem anderem aber als von Gott! Und darin liegt der Wandel, von dem wir sprechen: Gott selbst will nunmehr neu erkannt werden, dazu dieses »Geschick«!

Der Wandel in Gott ist gewiß einerseits ein ständiger, ein ewiger Prozeß; und doch findet er zugleich in der Zeit statt. Was wäre das auch für ein langweiliger Gott, der immer das gleiche ist! Das gewiß herrliche Bildwerk des thronenden Zeus von der Hand des Pheidias zu Olympia, als immer gleich lächelnder Gold-Elfenbein-Koloß, das nahezu alle Griechen alle vier Jahre in natura zu sehen bekamen, hat doch gewiß nicht wenig zum Langweiligwerden der gesamten altgriechischen Mythologie beigetragen! Gott war gewiß einmal so, für einen gnadenreichen Augenblick versteht sich, wie ihn Pheidias geschaut und dann nachgebildet hat; doch war er auch so schrecklich wie der gigantentötende Lanzenschwinger von Artemision, und so fort durch die Zeiten. Gott ist immer anders, immer neu. Immerhin hat die neutestamentliche Religion einen entscheidenden Grundzug in die Mitte der Gotteserkenntnis gerückt: Gottes Sich-Wandeln verläuft gerichtet, nämlich in der Tendenz vom Gericht zur Gnade, vom Zorn zur Liebe. Faßt man beides nicht, wie allzuhäufig der Fall, zu billig auf – Zorn als Laune, Liebe als Harmlosigkeit des »lieben Gottes« –, so dürfen wir in solchem Wandel das immerzu sich vollziehende Werden Gottes selbst erkennen. Scheuen wir nicht die verfänglichen Vokabeln: seine Reifung, seine Läuterung, seine eigenste Charakterbildung, und in all dem seine gewaltigste Schöpfertat: Überwindung des bösen Dunkels und Stiftung des heilsamen, lichten Seins!

Damit haben wir nun das Grundprinzip einer religiösen, auf Gott bezogenen Ethik erarbeitet; wenigstens ansatzweise, denn natürlich ist dies, die in der theologisch-systematischen Fachsprache sogenannte »Ethik I«, ein bändefüllendes und niemals abgeschlossenes Thema für sich. In dieser Grundlegung liegt die eigentliche Schwierigkeit jeder Ethik, nicht in der mehr oder weniger »kasuistischen«, auf jeweilige Fälle bezogenen Anwendungslehre. Die Anwendungslehre ist, wenn das Prinzip richtig begriffen wurde, einfach. Hier gilt, in freilich vertieftem Sinn, Friedrich Theodor Vischers bekanntes Schlagwort: »Das Moralische versteht sich immer von selbst.« Das scheint banal zu klingen, ist es aber im Grund doch nicht, denken wir nur an die zahlreichen Beispiele, in denen Jesus das rechte Handeln einleuchtend zu machen weiß als das einfach Selbstverständliche. Augustin hat das in die Formel gefaßt: »Liebe und tu, was vor die Hand kommt.« Luther hat sich zu dem ungeheuerlichen Satz verstiegen: »So ein Ehebruch im Glauben geschehen könnte, wäre er nicht Sünde« (WA 7,231f.). Oder man stelle sich einmal den ausnahmsweise rechtzeitig eingetroffenen Polizeibeamten vor, der von seiner Schußwaffe Gebrauch machen muß, um einen Mord zu vereiteln, der also töten muß, um Tötung zu verhindern. Das alles nur zur Veranschaulichung des praktisch unbegrenzten Bereichs ethischer Möglichkeiten, gerechtfertigter und gegebenenfalls geforderter.

Ungefähr alles ist also ethisch möglich, was die Anwendungslehre anlangt. Die Grenze dieses Ungefähr fehlt freilich nicht ganz, die Prinzipienlehre setzt sie, und eben diese Prinzipienlehre ist es, in der jede ethische Problematik wurzelt. Ein einfaches Beispiel: Es erstaunt immer wieder, mit welcher Leichtigkeit in Staatswesen, die ideologisch auf den Atheismus festgelegt sind, die gesetzliche Freigabe der Abtreibung erfolgt, oder auch, je nach bevölkerungspolitischem Bedürfnis, deren Verbot: Da der Einzelmensch hier keinen metaphysischen Rang hat, gibt es keine ethische, sondern nur die pragmatische Erwägung; denn der metaphysische Rang des einzelnen kann ja nur in einer ethischen Prinzipienlehre wurzeln, in welcher das menschliche Sein als von Gott her begründet erscheint.

Wir haben in diesem Beispiel keinerlei konkrete Stellung zu dem so viel diskutierten Problem des Schwangerschaftsabbruchs bezogen, sondern nur beanstandet, daß dieses Problem gar so oft ohne ethische Besinnung betrachtet wird. Wie immer die Entscheidung ausfalle – wozu wir nachher noch ein kurzes Wort zu sagen haben werden –, ohne rechtes ethisches Prinzip, das auf Gott verweist, gibt es kein wirklich menschliches Handeln, also keine Humanität. Denn das Wesen des Menschen ist Gottebenbildlichkeit, und die wirkt sich aus im menschlichen Mitwirken beim göttlichen Überwinden des Dunkels. Ja wir können noch einen Schritt weitergehen: Ohne menschliches Mitwirken kann auch Gottes Schöpfertat nicht zum Ziel kommen. Das ist so, weil Gott das Menschsein auf Freiheit angelegt hat, und das hat er, weil sein Wesen Liebe ist und er daher auf menschliche Gegenliebe hoffen muß. So bedeutet Gottebenbildlichkeit also Lieben in Freiheit: Wo der Mensch Gott liebt, verhilft er sowohl Gott wie sich selbst zum eigentlichsten Wesen. Insofern darf sogar gesagt werden, daß Gott auf das menschliche Handeln angewiesen ist! So wie es Angelus Silesius ausdrückt:

Gott ist so viel an mir, als mir an ihm gelegen,
Sein Wesen helf ich ihm, wie er das meine, hegen.

Die rechte Gotteshege, die dem Gehegtsein des Menschen durch Gott genau korrespondiert, verwirklicht sich aber nirgendwo und nirgendwie anders als da und so, daß der Mensch Gott liebt, und er liebt den Tätigen der Liebe immer mit der ethisch begründeten liebenden Tat.

Nun sind wir soweit, daß etwas von der Denkrichtung deutlich wurde, in welcher die zeitgemäße Antwort auf die von Jung aufgeworfene Frage nach dem Wandel in Gott und der Überwindung des Dunkels durch Gott weiter gesucht und entwickelt werden muß; mehr als einen Ansatz dazu können wir hier nicht entwerfen. Doch noch ein weiteres Problem ist damit angeschnitten worden, welches hier in unserer Schlußbetrachtung nochmals berührt werden muß, wobei wir uns erinnern, daß wir im ersten und zweiten Kapitel schon damit befaßt waren: Es ist das ethische Problem, hier bezogen auf den Gehalt der Schöpfungsmythen. Wir sprachen eben davon, daß ungefähr alles ethisch möglich sei, wenn vom Prinzip recht gerechtfertigt; doch rührten wir ja auch schon, vorsichtig und zurückhaltend gewiß, daran, daß es nun doch Grenzen des Möglichen gebe, von denen jetzt, wenn auch nur knapp, die Rede sein muß. Augustins zitiertes Wort – »Liebe und tu, was du willst« –, das ganz ähnlich auch bei Luther oft vorkommt – hier mehr im Sinn von »Glaube recht und tu, was vor die Hand kommt« –, diese Devise, die einen nahezu unbegrenzten Freiheitsraum für ethisches Handeln zu gewähren scheint, zieht in Wahrheit doch auch Grenzen, denn sie gilt ja doch nur unter der Voraussetzung ihrer strengsten Bezogenheit auf Gott. In Augustins und Luthers Geisteswelt und noch einige

Zeit danach war Gott selbstverständlich, und er war selbstverständlich als Grundlage, Richtmaß und letzte Abgrenzung aller möglichen Ethik. Auch da konnten sich gewisse Trugschlüsse einschleichen, es war schon die Rede von menschlichen Fehleinstellungen gegenüber der Schöpfung, an denen sogar biblische Ansätze mitschuldig sind. Dennoch, alles war noch einigermaßen erträglich, solange der lebendige Gott der lebendigen Religion noch der wirksame Grenzhüter aller möglichen Ethik war.

Das eben hat sich geändert. Im modernen Säkularismus fühlt sich der Mensch allein zuständig für Weltgestaltung – wenigstens der irdischen Welt. Die Schöpfung, die Natur und schließlich die Mitmenschheit wird zum Material, das maschinenhaft dem absoluten Herrschaftszweck menschlicher Ideen, Personen, Gruppen oder Machtblöcke dienlich gemacht werden kann. Damit ist nun aber erstmals in der Geistesgeschichte der Gedanke ins Bewußtsein gerückt, daß der Mensch, was man früher nur von Gottes Möglichkeit zu denken wagte, nun sowohl das Ganze beherrschen wie auch daß er das Ganze, im irdischen Bereich jedenfalls, zerstören, ja vernichten könnte. Der Schrecken über diesen Gedanken ist die Wurzel der modernen Massenpsychose, die sich in Weltpolitik, Weltwirtschaft, Naturausbeutung bis zum letzten und all den anderen katastrophalen Verhaltensweisen auswirkt, die da noch zu nennen wären.

Es wäre eine schlechte Ethik, wollte, der solches schreibt, nicht bei der Schuldsuche erstlich und auch letztlich in sich selbst gehen, wollte er vielmehr praktikable Rezepte angeben, die ja immer einen festumrissenen Teil der Menschheit als alleinschuldig erscheinen lassen, während man sich selbst mit vielleicht wenigen, vielleicht vielen unter einer bestimmten Couleur, sei sie grün, rot, schwarz, gelb oder was auch immer, im fröhlichen Kreis von lauter Schuldfreien in munterem Plänemachen tummelt. Ich muß hier – es geht nicht anders, als davon in der Ichform zu reden – vielmehr bekennen, wie tief ich in der modernen technischen Zivilisation verwurzelt bin, wie abhängig von ihr, wie unwillig, auf deren Vorteile, ja Beglückungen zu verzichten, ja wie unfähig dazu! Dies bedenkend, komme ich notwendig zu einer sehr schlechten Prognose für die nahe menschliche Zukunft.

Das muß noch an einem besonderen Beispiel verdeutlicht werden. Von Beglückungen war die Rede: Das lieblichste von allen menschlichen Glücks-Spielen, die Liebe selbst, ist ja im Grund hauptverantwortlich für die zunehmende Not; da wird, in Nord und Süd und rund um den Erdball, geliebt und gezeugt und geboren und geboren; Söhne, Söhne, endlich Söhne, das ist die Sehnsucht von Milliarden Frauen in Asien, Afrika und Amerika, immer noch und immer neu, dagegen zählen die zahlreichen unerwünschten Geburten wie auch die mit welchen Mitteln immer verhinderten im Grund doch so gut wie gar nicht. Die Bevölkerungslawine wächst und wächst. Und zugleich wächst die Wüste, Nietzsche sollte furchtbar recht bekommen, wiewohl anders als er gedacht, die Menschheit ist im Begriff, wie ein Heuschreckenschwarm den irdischen Gottesgarten kahlzufressen. Da ist wahrlich wenig Anlaß zur Hoffnung zu entdecken. Die Urtriebe der Menschheit, Hunger und Liebe, von denen Schiller sprach, sind in jedem nur allzu mächtig, und sie verleiten zur Ergreifung von immer mehr Macht, Macht zur Vernichtung des Ganzen schließlich. Wenig Hoffnung, wirklich. Und doch gibt es auch das Hölderlin-Wort: »Wo Gefahr ist, wächst das Rettende auch« (Patmos). Eine erkannte Gefahr ist schon eine veränderte Gefahr; das Rettende kann, sofern wir darauf hoffen dürfen, einzig darin liegen, daß die allgemeine Gefahr nun wirklich allgemein erkannt ist.

Ein gutes Zeichen in der Düsternis ist immerhin, daß sich das allgemeine Interesse heute unvergleichlich stärker als noch vor einigen Jahrzehnten, als die Wogen der Bultmannschen Entmythologisierungswelle hochgingen, den alten Schöpfungsmythen zuwendet. Ein explodierendes Universum kann man nicht lieben; eine göttliche Schöpfung aber kann man lieben. Der Mensch besinnt sich offenbar, in letzter Stunde wohl, auf seinen ethischen Auftrag, das Mitgeschöpf und in ihm den Schöpfer zu lieben; darin läge nämlich das Rettende! Du sollst Gott lieben von ganzem Herzen, also sollst du die Schöpfung erhalten helfen, so übst du die rechte Gotteshege – das wäre eine zeitgemäße Formulierung des »vornehmsten und größten Gebots« (Matthäus 22,38). Vergessen werden darf dabei nur nicht, daß wir es da mit einer Grenzbestimmung zu tun haben, die sehr viel Entscheidungsspielraum zuläßt. Nicht jede lautstarke Aktion gegen Bäumefällen geschieht auch wirklich aus Liebe zur Schöpfung oder gar zum Schöpfer! Wir müssen uns mit dieser Andeutung begnügen. Es ist schon viel, vielleicht Entscheidendes geschehen, wenn der Mensch überhaupt wieder die Natur als Kreatur, als Schöpfung erkennt. Da lernt er, als Schöpfungsheger, daß er auch zur Gotteshege bestellt ist, und als Gottesheger begreift er, daß er Schöpfungsheger sein soll. In beidem dient er der Schöpfung, dient er Gott und dient er sich selbst. Das will sagen, er verhilft Gott dazu, wirklich Gott zu sein, und nur wenn und indem der Mensch in diesem Werk tätig ist, bringt er es dahin, daß er, der Mensch, er selbst wird, also zu sich selbst findet; und das ist der einzig mögliche Ansatz zum rechten Wirken im Dienst der Schöpfung.

Zu all dem wollen die Schöpfungsmythen anleiten. Sie müssen natürlich unserem heutigen Verständnis vom geistig-personhaften Wesen Gottes wie seines menschlichen Geschöpfs und letztlich doch auch der ganzen Welt, der Natur selbst, entsprechend interpretiert werden. Das ist auch ganz ohne gewaltsame Künstelei möglich, denn die Ansätze liegen ja schon in ihnen. Heiliger Streit, das heißt Überwindung der grimmigen Finsternis; Heilige Hochzeit, das heißt Liebe, heißt Liebe Gottes zur Welt und Liebe des Menschen zu Gott; Gottesopfer, das ist das Prinzip allen heilsamen Seins und so auch der neuen Ethik. Denn Liebe ist Streit gegen die selbstische Eigensucht; und gerade diese Möglichkeit, nämlich ewig qualitätslos selig in sich selbst zu sein und keine Schöpfung Anteil daran haben zu lassen, diese seine Möglichkeit hat Gott »am Anfang« verworfen – weil er eben Liebe ist. Und Liebe ist wesenhaft Opfer, denn sie ist Selbsthingabe. Die großen Themen der Schöpfungsmythen finden sich also auch in der personhaft-vergeistigten Gottesauffassung, wie sie dem heutigen Entwicklungsstand gemäß ist, ohne weiteres wieder.

Die Dunkelseite Gottes

Nach diesem weit ausholenden Exkurs über die Dunkelseite Gottes und der Schöpfung unter dem ethischen Aspekt können wir uns einem zweiten Aspekt zuwenden, der knapper behandelt werden kann. Dunkelheit, unter dem ersten Aspekt gesehen, bedeutete das Schlimme, den Grimm des Nichtenden; unter dem zweiten Aspekt aber ist Dunkelheit die Chiffre für das schlechthinnige Geheimnis, für das ewig Unbewußte, und Licht ist dann die Chiffre für die Möglichkeit, das Welt- und Daseinsgeheimnis um ein kleines Quentchen zu lichten. So sieht das Verhältnis nun ganz anders aus. Auch so ist und bleibt Licht die herrlichste Gabe an die Schöpfung, jene Kraft, die den Menschen zum Menschen macht. Doch so ist auch das Dunkel ganz neu gerechtfertigt. Dunkles kann Gnade sein! »Der Mensch versuche die Götter nicht, Und begehre nimmer und nimmer zu schauen, Was sie gnädig bedecken mit Nacht und Grauen!« Wir müssen uns hier an Schillers antikisierendem Denkstil nicht stoßen, das gilt auch für christliches Daseinsverständnis. Dunkles kann Gnade sein, weil es zugleich jene Sphäre ist, aus der heraus Gott selbst, der Stifter aller Gnade, sich offenbarend, ins Bewußtsein einbricht. Das Dunkle ist also die Ur-Sphäre Gottes, das Licht seine Neu-Sphäre. Die Ur-Sphäre wird dadurch nicht schlecht, daß Gott eine Neu-Sphäre setzt. Beides sind Gottes Sphären, und sie bleiben es in Ewigkeit und sind so auch in Ewigkeit gerechtfertigt. Wie unermeßlich groß ist das unbewußte Dunkel gegenüber all der vergänglichen zeitlichen und räumlichen Monstrosität des Kosmos! Dieses Dunkel sei ebenso gepriesen wie jenes Licht, das auch unermeßlich ist!

Damit sind wir unversehens wieder beim Mythischen angelangt. Letztlich ist es doch immer wieder der Mythos, der uns auf unserem Weg voranleuchtet. Auch er leuchtet nicht alle Tiefen aus, wie könnte er auch. Aber er leuchtet doch auf unserem Weg jenes entscheidende Streckenstück hinreichend aus, wo wir sonst im fahlen Halbdunkel der bloß wissenschaftlichen Erkenntnis immerzu straucheln und uns im Gestrüpp der Sinnlosigkeit verfangen müßten, das an den Wegrändern wuchert.

Die Leuchtkraft des mythischen Lichts reicht also nicht in die letzten Tiefen von Gottes Unendlichkeit hinein, die uns ewig verschlossen bleiben müssen – zu unserem Heil. Sie ersetzt auch nicht einfach das Lämpchen der fleißigen wissenschaftlichen Naturerhellung; schließlich muß der Physik und der Genetik ja ihr Freiraum zur Forschung offenbleiben. Dennoch reicht sie ungemein weit; so weit, daß alles für unser menschliches Existieren Wesentliche von ihrem Lichtkreis erhellt wird. Das war schon in primitivsten Verhältnissen so; aber so ist es heute noch. Um dies verstehen zu helfen, ist dieses Buch geschrieben. Die mythische Erhellung leuchtet zu diesem Behuf jene Sphären aus, die von der Naturwissenschaft niemals gemeinsam ins Blickfeld gebracht werden können; es ist der Bereich des Ursprungs, des Ziels, und des Sinns in beidem. Ursprung, Ziel und Sinn, diese Ausdrücke sind nicht als innerweltliche Faktoren zu verstehen, sondern, mit Schleiermacher zu reden, als »schlechthinnige«. Eben weil es darum geht, erhellt das mythische Licht, von jeher und so auch künftig, die Sphären des schlechthinnigen Anfangs, des schlechthinnigen Ziels und des beides zusammenfassenden schlechthinnigen Sinns. Das geschieht so, wie wir es immer wieder aufgewiesen haben: Welt, Seele und Gott werden als Ganzheit erfaßt, Kosmologie, Psychologie und Eschatologie erhalten ihren letzten, ihren ewigen Sinn durch sachgemäße Theologie. Darin liegt der Sinn des Mythos.

Es lohnt also, das Licht des Mythos zu hüten und zu fördern. Doch bedarf es auch keiner übermäßigen Sorge um dieses Licht. Es strahlt, und wo es nicht mehr unmittelbar leuchtet, da wird sein Schein immer noch in zahllosen Erscheinungen der Schöpfung reflektiert. Es leuchtete einst auf, dieses Licht, in der lebendigen Religion der ältesten Zeit. Es wird weitergeführt und auf immer neue Leuchter gestellt im Zug des sich höherentwickelnden Glaubensdenkens, also der sich unablässig läuternden Religion. Warum aber entwickelt sich die Religion?

Weil Gott sich in Wahrheit zweifach entfaltet. Er entfaltet sich selbst, zum ersten, in der unermeßlichen, aber dennoch verfallenden Schöpfung mit ihrer verfallenden Zeit. Er entfaltet sich, zum zweiten, im Geist, in dem sich das göttliche Sinnziel dieser Schöpfung in Reingestalt spiegeln will. Die Urgestalt freilich, die heile Zeit und der reine Raum des Unvergänglichen, lebt ewig in Gott selbst.

Das Mittel, dessen sich die Kunde vom reinen Raum und der heilen Zeit bedient, um sich mitzuteilen, ist der Mythos in seiner Lebensgemeinschaft mit dem Ritus, also der praktizierten, lebendigen Religion. Trotz all der bedrohlichen Verfallserscheinungen ist der Mythos unsterblich wie der Ritus auch, denn die Religion, sei es die offen bekannte, sei es die geheime, ist ja beider Ursprung. Der Ursprung der lebendigen Religion aber ist die Offenbarung Gottes, jenes lebendigen Gottes, »der allein Unsterblichkeit hat« (1.Timotheus 6,16). Sollte uns da bange sein? In uns Menschen samt allen Mitgeschöpfen west Offenbarung an und also Sinn und Leben, ewiges Leben, Gottes Leben selbst. Darin stimmen im Grund alle Schöpfungsmythen überein.

Literatur zum sechsten Kapitel

Conrad Bonifazi, Eine Theologie der Dinge, Stuttgart 1977.
Alister Hardy, Der Mensch – das betende Tier, Stuttgart 1979.
Frederick Hartt, Michelangelo – Gemälde, Köln 1981.
Werner Heisenberg, Der Teil und das Ganze, München 1971.
Carl Gustav Jung, Antwort auf Hiob, in: C. G. Jung, Ges. Werke, Bd. 11, Zürich und Stuttgart 1963.
Luther, Weimarer Ausgabe, Bd. 23 und 26.

Buchreihe Symbole

Erich Fromm hat gesagt: »Ich halte die Symbolsprache für die einzige Fremdsprache, die jeder von uns lernen sollte. Wenn wir sie verstehen, kommen wir mit dem Mythos in Berührung, der eine der bedeutsamsten Quellen der Weisheit ist.«
C. G. Jung hat nachgewiesen, daß der Mythos in den Träumen auch derjenigen Menschen lebendig ist, die bewußt von ihm keine Kenntnis haben. Er stellte die Hypothese auf, daß es ein kollektives Unbewußtes gibt, das den Erfahrungsschatz der Menschheit an den einzelnen vermitteln kann. Auf der Basis tiefenpsychologischer Erkenntnismethoden lassen sich Mythos, Realität, der einzelne und das Kollektiv sinnvoll aufeinander beziehen und miteinander ins Gespräch bringen. Ebenso ist ein Dialog mit anderen Religionen möglich. Die Autoren der Reihe »Symbole« fühlen sich dem Ansatz C. G. Jungs verpflichtet. Jeweils von einem Symbol oder Mythos ausgehend, zeigen sie den Horizont der Wirklichkeit, der von ihm erhellt wird. Zugleich erschließen sie einen neuen Zugang zur Bibel, deren Geschichten unmittelbar zum heutigen Menschen sprechen, eben weil ihre Sprache symbolisch ist.

In Vorbereitung sind folgende Bände:

Ingried Riedel, Farben – Paul Schwarzenau, Das göttliche Kind – Gerhard Marcel Martin, Weltuntergangsmythen – Verena Kast, Paare – Gert Hummel, Das Neue Jerusalem – Otto Böcher, Taufe – Uwe Steffen, Drachenkampf – Ulrich Mann, Berg und Höhle

Den gleichzeitig mit dem vorliegenden Band erschienenen Band in der Reihe »Symbole« von Uwe Steffen stellen wir Ihnen auf der folgenden Seite vor.

Kreuz Verlag Stuttgart · Berlin

Uwe Steffen
Jona und der Fisch

Der Mythos von Tod und Wiedergeburt
In der Reihe »Symbole«

192 Seiten mit vier Farbtafeln und mehreren Schwarzweißgrafiken
kartoniert mit vierfarbigem Umschlag

Die biblische Jona-Geschichte schildert in symbolischer Sprache das Grundmuster eines Konfliktes zwischen Ich, Welt und Gott.
Gerade im 20. Jahrhundert übt das Jona-Motiv eine große Anziehungskraft aus, weil der einzelne sich kollektiven Bedrohungen wie Krieg und Diktatur nicht gewachsen fühlt und vor ihnen wie Jona flüchtet – in Depressionen oder in eine abseits der Wirklichkeit gelegene heile Welt, für die der Bauch des Walfisches zum Symbol wird.
Die Geschichte von Jona ist verwandt mit Mythen anderer Religionen, die unter dem Stichwort »Die Nachtmeerfahrt des Sonnenhelden« zusammengefaßt werden. Das Grundmuster von Flucht, Untergang und wunderbarem Neubeginn taucht in psychischen Krisen ebenso auf wie in Märchen und Initiationsriten, und immer wieder haben Schriftsteller und Maler ihren Konflikt mit sich selbst und mit der Welt am Beispiel des Jona verdeutlicht.
Der Mythos von Jona und dem Fisch vermittelt aber auch die Hoffnung, daß der verschlingende Abgrund Schoß einer Wiedergeburt sein kann. Jesus hat sich mit Jona verglichen, dessen Mythos aber gleichsam überboten.
Uwe Steffen macht in seiner Darstellung die Wirkung eines Archetyps sichtbar, der spontan auftaucht, wenn ein einzelner in einen für ihn unerträglichen Konflikt gerät. »Wir sind alle Jona.«

Kreuz Verlag Stuttgart · Berlin